西政文库·教授篇

财税体制改革法治化建构研究

张 怡 等著

商务印书馆
The Commercial Press
创于1897

图书在版编目（CIP）数据

财税体制改革法治化建构研究 / 张怡等著. — 北京：商务印书馆，2022
（西政文库）
ISBN 978-7-100-21429-2

I.①财… II.①张… III.①财税－经济体制改革－研究－中国 ②财政法－研究－中国 ③税法－研究－中国IV.①F812.2 ②D922.204

中国版本图书馆CIP数据核字（2022）第119021号

西政文库
财税体制改革法治化建构研究
张怡 等著

商 务 印 书 馆 出 版
（北京王府井大街36号 邮政编码 100710）
商 务 印 书 馆 发 行
三河市尚艺印装有限公司印刷
ISBN 978 - 7 - 100 - 21429 - 2

2022年9月第1版 开本 680×960 1/16
2022年9月第1次印刷 印张 24

定价：120.00 元

总　序

"群山逶迤，两江回环；巍巍学府，屹立西南……"

2020 年 9 月，西南政法大学将迎来建校七十周年华诞。孕育于烟雨山城的西政一路爬坡过坎，拾阶而上，演绎出而今的枝繁叶茂、欣欣向荣。

西政文库以集中出版的方式体现了我校学术的传承与创新。它既展示了西政从原来的法学单科性院校转型为"以法学为主，多学科协调发展"的大学后所积累的多元化学科成果，又反映了学有所成的西政校友心系天下、回馈母校的拳拳之心，还表达了承前启后、学以成人的年轻西政人对国家发展、社会进步、人民福祉的关切与探寻。

我们衷心地希望，西政文库的出版能够获得学术界对于西政学术研究的检视与指引，能够获得教育界对于西政人才培养的考评与建言，能够获得社会各界对于西政长期发展的关注与支持。

六十九年前，在重庆红岩村的一个大操场，西南人民革命大学的开学典礼隆重举行。西南人民革命大学是西政的前身，1950 年在重庆红岩村八路军办事处旧址挂牌并开始招生，出生于重庆开州的西南军政委员会主席刘伯承兼任校长。1953 年，以西南人民革命大学政法系为基础，在合并当时的四川大学法学院、贵州大学法律系、云南大学法律系、重庆大学法学院和重庆财经学院法律系的基础上，西南政法学院正式成立。中央任命抗日民族英雄，东北抗日联军第二路军总指挥、西南军政委员会政法委员会主任周保中将军为西南政法学院首任院长。1958年，中央公安学院重庆分院并入西南政法学院，使西政既会聚了法学名流，又吸纳了实务精英；既秉承了法学传统，又融入了公安特色。由此，学校获誉为新中国法学教育的"西南联大"。

20世纪60年代后期至70年代，西南政法学院于"文革"期间一度停办，老一辈西政人奔走呼号，反对撤校，为保留西政家园不屈斗争并终获胜利，为后来的"西政现象"奠定了基础。

20世纪70年代末，面对"文革"等带来的种种冲击与波折，西南政法学院全体师生和衷共济，逆境奋发。1977年，经中央批准，西南政法学院率先恢复招生。1978年，经国务院批准，西南政法学院成为全国重点大学，是司法部部属政法院校中唯一的重点大学。也是在70年代末，刚从"牛棚"返归讲坛不久的老师们，怀着对国家命运的忧患意识和对学术事业的执着虔诚，将只争朝夕的激情转化为传道授业的热心，学生们则为了弥补失去的青春，与时间赛跑，共同创造了"西政现象"。

20世纪80年代，中国的法制建设速度明显加快。在此背景下，满怀着憧憬和理想的西政师生励精图治，奋力推进第二次创业。学成于80年代的西政毕业生们，成为今日我国法治建设的重要力量。

20世纪90年代，西南政法学院于1995年更名为西南政法大学，这标志着西政开始由单科性的政法院校逐步转型为"以法学为主，多学科协调发展"的大学。

21世纪的第一个十年，西政师生以渝北校区建设的第三次创业为契机，克服各种困难和不利因素，凝心聚力，与时俱进。2003年，西政获得全国首批法学一级学科博士学位授予权；同年，我校法学以外的所有学科全部获得硕士学位授予权。2004年，我校在西部地区首先设立法学博士后科研流动站。2005 年，我校获得国家社科基金重大项目（A 级）"改革发展成果分享法律机制研究"，成为重庆市第一所承担此类项目的高校。2007 年，我校在教育部本科教学工作水平评估中获得"优秀"的成绩，办学成就和办学特色受到教育部专家的高度评价。2008 年，学校成为教育部和重庆市重点建设高校。2010 年，学校在"转型升格"中喜迎六十周年校庆，全面开启创建研究型高水平大学的新征程。

21 世纪的第二个十年，西政人恪守"博学、笃行、厚德、重法"的西政校训，弘扬"心系天下，自强不息，和衷共济，严谨求实"的西政精神，坚持"教学立校，人才兴校，科研强校，依法治校"的办学理念，推进学校发展取得新成绩：学校成为重庆市第一所教育部和重庆市共建高校，入选首批卓越法律人才教育培养基地（2012 年）；获批与英国考文垂大学合作举办法学专业本科教育项目，6 门课程获评"国家级精品资源共享课"，两门课程获评"国家级精品视频公开课"（2014 年）；入选国家"中西部高校基础能力建设工程"院校，与美国凯斯西储大学合作举办法律硕士研究生教育项目（2016 年）；法学学科在全国第四轮学科评估中获评 A 级，新闻传播学一级学科喜获博士学位授权点，法律专业硕士学位授权点在全国首次专业学位水平评估中获评 A 级，经济法教师团队入选教育部"全国高校黄大年式教师团队"（2018 年）；喜获第九届世界华语辩论锦标赛总冠军（2019 年）……

不断变迁的西政发展历程，既是一部披荆斩棘、攻坚克难的拓荒史，也是一部百折不回、逆境崛起的励志片。历代西政人薪火相传，以昂扬的浩然正气和强烈的家国情怀，共同书写着中国高等教育史上的传奇篇章。

如果对西政发展至今的历史加以挖掘和梳理，不难发现，学校在教学、科研上的成绩源自西政精神。"心系天下，自强不息，和衷共济，严谨求实"的西政精神，是西政的文化内核，是西政的镇校之宝，是西政的核心竞争力；是西政人特有的文化品格，是西政人共同的价值选择，也是西政人分享的心灵密码！

西政精神，首重"心系天下"。所谓"天下"者，不仅是八荒六合、四海九州，更是一种情怀、一种气质、一种境界、一种使命、一种梦想。"心系天下"的西政人始终以有大担当、大眼界、大格局作为自己的人生坐标。在西南人民革命大学的开学典礼上，刘伯承校长曾对学子们寄予厚望，他说："我们打破旧世界之目的，就是要建设一个人民的新世界……"而后，从化龙桥披荆斩棘，到歌乐山破土开荒，再到渝北校区新建校园，几代西政人为推进国家的民主法治进程矢志前行。正是在不断的成长和发展过程中，西政见证了新中国法学教育的涅槃，有人因此称西政为"法学黄埔军校"。其实，这并非仅仅是一个称号，西政人之于共和国的法治建设，好比黄埔军人之于那场轰轰烈烈的北伐革命，这个美称更在于它恰如其分地描绘了西政为共和国的法治建设贡献了自己应尽的力量。岁月经年，西政人无论是位居"庙堂"，还是远遁"江湖"，无论是身在海外华都，还是立足塞外边关，都在用自己的豪气、勇气、锐气，立心修德，奋进争先。及至当下，正有愈来愈多的西政人，凭借家国情怀和全球视野，在国外高校的讲堂上，在外交事务的斡旋中，在国际经贸的商场上，在海外维和的军营里，实现着西政人胸怀世界的美好愿景，在各自的人生舞台上诠释着"心系天下"的西政精神。

西政精神，秉持"自强不息"。"自强不息"乃是西政精神的核心。西政师生从来不缺乏自强传统。在 20 世纪七八十年代，面对"文革"等带来的发展阻碍，西政人同心协力，战胜各种艰难困苦，玉汝于成，打造了响当当的"西政品牌"，这正是自强精神的展现。随着时代的变迁，西政精神中"自强不息"的内涵不断丰富：修身乃自强之本——尽管地处西南，偏于一隅，西政人仍然脚踏实地，以埋头苦读、静心治学来消解地域因素对学校人才培养和科学研究带来的限制。西政人相信，"自强不息"会涵养我们的品性，锻造我们的风骨，是西政人安身立命、修身养德之本。坚持乃自强之基——在西政，常常可以遇见在校园里晨读的同学，也常常可以在学术报告厅里看到因没有座位而坐在地上或站在过道中专心听讲的学子，他们的身影折射出西政学子内心的坚守。西政人相信，"自强不息"是坚持的力量，任凭时光的冲刷，依然能聚合成巨大动能，所向披靡。担当乃自强之道——当今中国正处于一个深刻变革和快速转型的大时代，无论是在校期间的志愿扶贫，还是步入社会的承担重任，西政人都以强烈的责任感和实际的行动力一次次证明自身无愧于时代的期盼。西政人相信，"自强不息"是坚韧的种子，即使在坚硬贫瘠的岩石上，依然能生根发芽，绽放出倔强的花朵。

西政精神，倡导"和衷共济"。中国司法史上第一人，"上古四圣"之一的皋陶，最早提倡"和衷"，即有才者团结如钢；春秋时期以正直和才识见称于世的晋国大夫叔向，倾心砥砺"共济"，即有德者不离不弃。"和衷共济"的西政精神，指引我们与家人美美与共：西政人深知，大事业从小家起步，修身齐家，方可治国平天下。"和衷共济"的西政精神指引我们与团队甘苦与共：在身处困境时，西政举师生、校友之力，攻坚克难。"和衷共济"的西政精神指引我们与母校荣辱与共：沙坪坝校区历史厚重的壮志路、继业岛、东山大楼、七十二家，渝北校区郁郁葱葱的"七九香樟""八零花园""八一桂苑"，竞相争艳的"岭红樱"、"齐鲁丹若"、"豫园"月季，无不见证着西政的人和、心齐。"和衷共济"的西政精神指引我们与天下忧乐与共：西政人为实现中华民族伟大复兴的"中国梦"而万众一心；西政人身在大国，胸有大爱，遵循大道；西政人心系天下，志存高远，对国家、对社会、对民族始终怀着强烈的责任感和使命感。西政人将始终牢记：以"和衷共济"的人生态度，以人类命运共同体的思维高度，为民族复兴，为人类进步贡献西政人的智慧和力量。这是西政人应有的大格局。

西政精神，着力"严谨求实"。一切伟大的理想和高远的志向，都需要务实严谨、艰苦奋斗才能最终实现。东汉王符在《潜夫论》中写道："大人不华，君子务实。"就是说，卓越的人不追求虚有其表，有修养、有名望的人致力于实际。所谓"务实"，简而言之就是讲究实际，实事求是。它排斥虚妄，鄙视浮华。西政人历来保持着精思睿智、严谨求实的优良学风、教风。"严谨求实"的西政精神激励着西政人穷学术之浩瀚，致力于对知识掌握的弄通弄懂，致力于诚实、扎实的学术训练，致力于对学习、对生活的精益求精。"严谨求实"的西政精神提醒西政人在任何岗位上都秉持认真负责的耐劳态度，一丝不苟的耐烦性格，把每一件事都做精做细，在处理各种小事中练就干大事的本领，于精细之处见高水平，见大境界。"严谨求实"的西政精神，要求西政人厚爱、厚道、厚德、厚善，以严谨求实的生活态度助推严谨求实的生活实践。"严谨求实"的西政人以学业上的刻苦勤奋、学问中的厚积薄发、工作中的恪尽职守赢得了教育界、学术界和实务界的广泛好评。正是"严谨求实"的西政精神，感召着一代又一代西政人举大体不忘积微，务实效不图虚名，博学笃行，厚德重法，历经创业之艰辛，终成西政之美誉！

"心系天下，自强不息，和衷共济，严谨求实"的西政精神，乃是西政人文历史的积淀和凝练，见证着西政的春华秋实。西政精神，在西政人的血液里流淌，在西政人的骨子里生长，激励着一代代西政学子无问西东，勇敢前行。

西政文库的推出，寓意着对既往办学印记的总结，寓意着对可贵西政精神的阐释，而即将到来的下一个十年更蕴含着新的机遇、挑战和希望。当前，学校正处在改革发展的关键时期，学校将坚定不移地以教学为中心，以学科建设为龙头，以师资队伍建设为抓手，以"双一流"建设为契机，全面深化改革，促进学校内涵式发展。

世纪之交，中国法律法学界产生了一个特别的溢美之词 —— "西政现象"。应当讲，随着"西政精神"不断深入人心，这一现象的内涵正在不断得到丰富和完善；一代代西政校友，不断弘扬西政精神，传承西政文化，为经济社会发展，为法治中国建设，贡献出西政智慧。

是为序。

西南政法大学校长，教授、博士生导师

教育部高等学校法学类专业教学指导委员会副主任委员

2019 年 7 月 1 日

税收法定化：从税收衡平到税收实质公平的演进（代序）①

党的十八届三中全会通过的《中共中央关于全面深化改革若干重大问题的决定》空前重视财税改革，首次提出了"财政是国家治理的基础和重要支柱""建立现代财政制度""落实税收法定原则"三大理论创新和政策突破。仅就这三者及其关系扼要言之，财政是国家对资财的收入、支出、管理、分配等经济活动，而财政收入则主要来源于税收，税收是国家为了满足社会公共需要，凭借公共权力，按照法律所规定的标准和程序，参与国民收入分配，强制地、无偿地取得财政收入的一种方式。既然税收是财政收入的主要来源且必须依法征收以保障国家治理的最重要的经济基础，那么税法对居于法律体系最高层级之位阶的宪法，不啻是现代宪政国家存在的法理基础和资财保障，也是税法基础理论建设、成长和自成体系、独立发展的内在要求，二者关系极为密切，互为依存。如是税收法定无疑将主要于宪法层面或范域获取其理论养分和法理支撑。

---

① 本文发表于《现代法学》2015 年第 3 期，代序有删改。

一、"税"与"征税"的另类解读

（一）何谓税收？

众所周知，税收法定起源于欧洲中世纪时期的英国。但何谓税收？税收从何而来？古今中外诸多学者从不同学科、不同范域、不同视角和不同层面对税收概念进行了各自的界定和阐释，从中可以看出，随着人类社会的进步和社会科学的发展，税收概念从古典经济学到现代法理学，从理论到实践，从宪法学——母法——到行政法、会计法和程序法等的诸多拓展脉络。[①] 不过，笔者较倾向于日本著名税法学者北野弘久的观点，他认为："理论界向来都是用财政学上的租税概念来表达法律上的租税概念的，虽然在表达上由于个人的看法不同而使概念之间存在着微妙的差别，但他们不约而同地强调着这样一层意思，即：'租税是国家或地方公共团体为满足其必要的开支，强制性地向国民征收的金钱给付。'但它在结构上是极不完备的，不能作为现代国家所能接受的租税概念。"[②] 北野弘久进一步分析，因为"这种租税概念是完全站在国家财政权力的立场上构造出来的，它无法向纳税人提供富有实践性、建设性的法理"[③]。事实上，传统的在国家财政权力上构造的税收概念是以割裂征收与使用的方式构筑而成的，这种国家至上主义无异于抛弃了国民（纳税人）权利意识和公共福祉。在奴隶社会、封建社会，国家为君王的私有财产，所谓"普天之下，莫非王土；率土之滨，莫非王臣"即是实质而有力的注脚。因此，传统的租税概念

---

① 胡小宏：《再论税收的概念》，《安徽大学法律评论》2007 年第 2 期。

② 〔日〕北野弘久：《税法学原论》，吉田庆子、汪三毛、陈刚等译，陈刚、杨建广校，中国检察出版社 2001 年版，第 15 页。

③ 〔日〕北野弘久：《税法学原论》，吉田庆子、汪三毛、陈刚等译，第 18 页。

仅作狭义理解，主张国民（纳税人）按照实然性法律之规定缴纳租税，即依法纳税（这种理解在我国宪法层面上就有烙印，比如"公民有纳税的义务"）。

从人类历史看，传统租税概念内含的国家即国王和君王或皇帝与国民（纳税人）的主仆关系，始终处于动荡、更迭与重构的不稳定的社会形态之中。大概由于统治者意识到单以一己之力难以抵挡揭竿而起的草莽蛮人，以己之言无以笼络民心，便臆造出一种政治理论作为统治臣民的天然合理性的依据，捣鼓出"上帝""天命""天意"等天降大任于斯的观念。汉代董仲舒就提出了"君权神授"的命题来蛊惑民众，使国民（纳税人）心悦诚服地供其役使。但是，过往千年的朝代更迭史证明，即使新王朝的创建有广众百姓拥戴的基础，一旦它背弃或无视国民（纳税人）的政治诉求，那么终将出现饥民起盗心，复举替天行道的大旗，重蹈"天下大变，乃贵贱贫富更替之时"的情况，这就正好印证了"水可载舟亦可覆舟"的历史规律。

（二）为什么征税？

历史上的统治者一方面借助神的力量，以获得王权统治的正当性，让臣民心甘情愿地缴纳捐税，另一方面也要拿出一定捐税赈济灾民和修缮设施，以示爱民之心，实际上，这不过是为了维护这种被人供奉的主仆关系的制度罢了。美国马里兰大学经济学教授奥尔森（Mancur Olson）曾经长期苦恼于大群体内的秩序是怎么产生的。有一天，他偶然读到一本讲述中国 20 世纪 20 年代军阀混战故事的书，其中谈到两种军阀的异同。一种是占山为王的"坐寇"（stationary Bandits），另一种是"流寇"（roving Bandits），两者的区别主要表现在税收的征收形式上：坐寇定期、持续、相对稳定地收税；流寇则是随机、扫荡式地"收税"。虽说坐寇总是贪得无厌，其规定的税率也相当高，但由于税后百姓总还能剩下一点儿，特别是相对于那些生活于流寇区的百姓而言，所以他们也就只好接受现实了。而且坐寇的贪得无厌也是有上限的。他们由于驻守而产生长远眼光，并逐步认识到"竭泽而渔则明年无鱼"的道理。同样，理性的、自利的流寇也会在"看不见的手"的引导下逐渐安顿下来，戴上皇冠，用政府，即提供秩序与公共产品的机构，取代无政府。由于流寇逐渐把随机的掠夺变为正常的税收，特别是他们将掠夺的权力垄断于自身，结果其统治区的百姓便有了生产的积极性，因为他们此时可以安全地受一人掠夺而不必再担心他人的压榨。由此，奥尔森引出结论：大群体内出现政府，不是源于社会契约或自愿交易，而是出自无政府状态下各匪帮首领的自利目标。在奥尔森看来，这就是"看不见的手的第一次恩惠"（the first Blessing of the invisible Hand）。奥尔森给出的大群体内秩序形成过程的经济学解释，揭示了经济因素作用下的生存空间选择与趋势[①]，不过，这尚不足以解释暴力推翻政府、改朝换代的反抗行为和政治动机。在中国两宋时期，地主占有绝大部分土地，农民成为佣耕佃农，皇族、官僚、僧尼和道士都享有免役的特权，沉重的田租和赋役剥削，使起义农民形成了"等贵贱、均贫富、免赋税"的思想和口号，标志着农民从此前单纯的"均贫富、免赋税"的经济诉求上升到了"等贵贱"的初蒙意识。由此可见，历史上的改朝换代和政权更迭，都无不集聚着民心所向之公平和正义的精神诉求，推翻当朝统治不过是国民意识背叛和遗弃当朝言教而重立新政的一种极端表达方式，这种周而复始的背叛与反抗正是国民（纳税人）对公平正义的诉求与愿望没有得到持久尊重所造成的严重后果。因此，必须有一种持续有效的平台功能来承载国民（纳税人）和统治者共同的政治意愿与诉求，形成下情上传、政通人和的社会常态。

---

① 刘军宁等编：《经济民主与经济自由》，生活·读书·新知三联书店 1997 年版，第 28 页。

二、税收法定的渊源

（一）税收法定主义绽露

英国"议会"的出现，为界定税收概念提供了条件。税收为什么必须是法定而非由国王、君主或皇帝等钦定？如果朕言即法，那么税收法定的起源则未必指向英国，中国等其他有更古老文化的国家可以取而代之。显然，税收法定排除了国王、君主或皇帝一言九鼎的执事可能性。那么是何方神圣的权威其意旨可以有违或有别于国王、君主或皇帝的意志呢？英雄的个人魅力和威信或许可以在历史上谱写篇章，但如果缺少了精神价值，英雄也只能昙花一现，尔后便淹没在波涛翻滚的历史长河之中。哪里才是精神价值和心灵的安放之所？这就涉及抗命使者的由来。宪政史学家罗·巴特认为："议会根源的最深处藏于盎格鲁-撒克逊人进入英格兰之初既有的协商习惯。"[①] 诚然，这种既有的协商习惯又是基于协商思维及行为的习惯，也意味着盎格鲁-撒克逊人的精神世界已具有了自由与尊重、占有与让渡、抗争与妥协的文明萌芽。封建私有制社会有"国王自理生计"的财政原则，王室及其政府支出的费用由国王负担。在当时的英国，国王的收入主要由王室的地产收入、王室的法庭收入、贡金等构成。但是由于战争、王室奢侈等因素的影响，这些收入难以维持其整个财政支出。为了缓解财政上的拮据，国王开始在上述收入之外采取诸如借款、出卖官职、征税等手段来增加自己的收入。在其采取这些新的增加财政收入的手段的过程中，基于"国王未征求意见和得到同意，则不得行动"这一传统

---

① 殷陆君编译：《人的现代化——心理·思想·态度·行为》，四川人民出版社1985年版，第93—94页。

观念，议会与国王之间产生了矛盾，这种矛盾逐渐演变成封建贵族和新兴资产阶级与国王争夺课税权的斗争。1215 年，在双方的斗争中处于劣势的国王一方被迫签署了《大宪章》，《大宪章》明确对国王的征税行为进行了限制，它的历史意义在于宣告国王必须服从法律。1225 年，《大宪章》重新颁布并补充了御前大会议有权批准赋税的条款，明确了批税权的归属。长期以来，国王和议会在税权方面的斗争此起彼伏，持续不断，并先后产生了《无承诺不课税法》和《权利请愿书》，它们都进一步限制了国王的征税权。1668 年"光荣革命"爆发，国王按照国会的要求制定了《权利法案》，再次强调未经国会同意的课税应当被禁止。至此，税收法定原则在英国得到了最终的确立。这一原则起到了将国民从行政权的承揽者——国王——的恣意的课税中解放出来的作用。尔后，随着资本主义在全球的兴起和发展，税收法定主义越来越多地体现为对公民财产权益的保护，于是很多国家都将其作为一项宪法原则加以采纳和固定。即便是没有明文规定税收法定主义的国家，释宪者也往往通过对宪法的解释，从人民主权、宪法基本权利、权力监督制约等规定中逻辑地推演出相关的内涵，以显示其与世界税法发展步伐的一致性。

（二）税收法定存在的内涵

在宪法层面，将公民财产权益保护作为限制课税权的规定或者解释，相较于在宪法中只规定"公民有纳税的义务"的公民义务本位的立法意旨，坚定地展现了纳税人权利本位的主权在民的现代国家立法的先进理念、决心和自信。它在法理上涤荡了那些抽象的恣意巧奸民意的梦幻般的辞藻而返璞归真以民为国家之主，主张国家政治是其公民意志的体现，其经济基础主要来源于纳税人的赋税。

"经济民主"与"经济自由"相辅相成，互为条件。如果说"经济民主"意味着对多数人利益的尊重，那么它与自由竞争的关系正如奥地利经济学派的代表人物米塞斯所说：富人并不希望出现充分的自由竞争局面，尤其是那些并非创业者而只是继承了财富的人，最希望凝固现状、制止竞争。因为自由竞争是有损于世袭财富寡头而有利于多数人利益的"经济民主"的基础，也是充满活力的经济形态激发创造力，而创造力又刺激经济，亦如长江之水后浪推前浪般增加财富，进而使得税赋得以增加，充盈国家及政府的府库，以便其提供公共产品和服务。

事实上，经济上的"民主与自由"与一般意义上的"民主与自由"一样，都是相生相克的，并且相生的一面还是主要的。这是因为它们有共同的基础，即公民的个人权利。曾经有一种流行说法：过去的专制是以神和个人的名义实行的专制，而现代的专制则是以"人民"的名义实行的专制。实际上这一区别十分模糊，因为无论古今，真正只以个人名义、完全靠武力威吓公众来维持的专制，即使有也很罕见，实际存在的专制大都是"共同体本位"的制度，即否认个人权利，强调个人服从共同体，从而使共同体的一个个成员都服从共同体的人格化身。因而顺民、顺德、顺天都归结为"顺我"。明末哲人黄宗羲把这样的机制概括为"以我之大私为天下之大公"（《明夷待访录》），的确是一语中的。

"以我之大私为天下之大公"的前提，是不允许每个臣民有"小私"存在。即便事实上存在，那也是出自"我"的特许与恩典，而不是你的固有权利。可见，是否尊重个人权利，不仅仅是自由与不自由，而且也是民主与专制的根本区别所在。在这个意义上，我们可以把民主定义为：在尊重个人权利基础上的多数决定，或者说是以多数决定来防止共同体的人格化身为所欲为，从而保护个人权利的一种机制。一般意义上的民主是如此，"经济民主"进而"税收民主"，大抵也是如此。

简言之，税收法定即是：以法的形式确定民意！

三、税收衡平之法定到税收实质公平

（一）与税收法定密切相关的争论

"经济民主""税收民主"都与税收公平密切相关，而且税收实质公平更是"经济民主"与"税收民主"的试金石。在理论界，较早的有 20 世纪 60 年代詹姆斯·E. 米德所著《效率、平等和财产所有制》，该书体现了作者对平等、权利与自由的笃信和坚守；稍后有 70 年代美国经济学家阿瑟·奥肯的《平等与效率——重大的权衡》问世，"他把权利上的平等与收入上的不平等，看作一种困难的折衷，并且认为正是这两者揉在一起，才在政治原则和经济原则之间激发出一种张力"[1]。我国曾经经历过一场旷日持久的关于"效率与公平"的争论。一种比较普遍的观点认为，效率与公平是对立的统一，二者不能等量齐观，是此消彼长的矛盾关系：前者优先就必然把后者置于次优地位，假若要后者优先也自然会损失前者的效用。经济学界倾向于效率应置于优先的地位，其基本理由有二：一是只有把蛋糕做大才有蛋糕可分；二是针对计划经济时代占统治地位、在 20 世纪 80 年代仍旧有广泛影响的平均主义思想，采取矫枉过正的激进措施和治理手段，才能打破大锅饭的传统观念。[2] 杨斌教授在所著《治税的效率与公平》一书中，

---

[1]　阿瑟·奥肯：《平等与效率——重大的权衡》，王忠民、黄清译，四川人民出版社 1988 年版，序第 5 页。

[2]　吴敬琏：《收入差距过大的症结》，http://news.xinhuanet.com/theory/2006-10/20/content_5226663.htm。

从经济理论的视阈比较系统地研究了税收的效率与公平税赋的问题。①
由此观之，经济学关注税制的效率与公平，在于经济快速发展和经济
总量的增长，这也是符合经济理论、方法等经济逻辑的，至于有意或
无意忽视个体和局部的利益，甚至社会财富分配的尺蠖效应导致严重
的贫富两极分化，或许是经济学界始料不及也无能为力。而法学界和
社会学界则普遍认为，公平或公正乃法律伦理与正义在初始的、过程
上的和结果上的价值体现，只有权利的平等才能实现公平和正义，因
此，改革开放必须坚守"更加注重社会公平"的底线。还有一种折中
的观点认为：既然效率与公平的重要性难分伯仲，那就干脆来个"一
锅炒"，即主张"效率和公平并重"。

　　在笔者看来，以上讨论税收问题所涉及的重大原则和不同理论观
点，似乎忘却了一个最重要的问题，即中国国情。中国是一个社会主
义公有制下，从计划经济向社会主义市场经济迈进和转型的非均衡经
济制度的大国，就当下中国转型过程的现状看，在理论和实践层面都
存在着这样那样的缺陷和失误，因为公平尺并不适用于丈量绷紧的橡
皮筋。社会主义公有制的各类资源集中和现代高技术，现状生产、组
织和管理方式所达到的历史上前所未有的非均衡经济结构的结合，与
资本主义私有制均衡经济结构和现代生产、技术、组织和管理方式的
结合有着本质的区别。对于这种结合，我们在思想上和理论上都准备
得不充分，它带来的巨大冲击不仅是 GDP 的高涨，以及迅速成为世界
最大经济体之一的荣耀，还有囿于各类资源集中的溢价或红利未得到
顶层制度设计的合理分流和有效监控，以及社会财富分配的分化以致
固化。因此，税收法定并不是实定法基础上的教条主义和经验主义的
东西，而必须是基于社会主义公有制的各类资源集中和现代生产、技

---

　　①　杨斌：《治税的效率和公平——宏观税收管理理论与方法研究》，经济科学出版社 1999
年版，前言。

术、组织和管理方式的结合的产物。

（二）先衡平后法定再到实质公平的推演

考察理论界长期争议的"效率与公平"这一不仅对税法及其功能有统辖作用，而且对整个税法体系起着酵母作用的利益分配原则，有必要把它分解成社会主义计划经济的效率与公平原则和资本主义市场经济的效率与公平原则，进行扼要对比和论证。[①] 在此基础上，便可以过渡到社会主义市场经济所应坚守的实质公平原则，严格地讲，应当是社会主义市场经济非均衡结构下的"税收衡平之法定到税收实质公平"原则。

首先，在均衡经济结构中税收立法因其均衡而采中性原则。其意有二：一是国家征税使社会所付出的代价以税款为限，尽可能不再给纳税人或社会带来其他的额外损失和负担；二是国家征税应避免对市场经济正常运行机制造成干扰，特别是不能使税收成为超越市场机制、支配资源配置的决定因素。然而观察我国现状，非均衡经济结构下的税收立法本身似乎并不存在超越市场机制、支配资源配置的决定因素，但政府及主管部门的行政权垄断资源于央企国企，真可谓"一石二鸟"，一方面公有制资源集中配置的方式运用起来轻车熟路，一蹴而就，另一方面既在税收立法上采取中性原则，昭示税法秉持公平与正义之理念，又在税法之外通过行政垄断与国有市场主体影响市场要素资源的配置，弥补了税收中性原则缺失的资源配置功能，这样，即便相关方由此赚得盆满钵满，也无损于税法的公平、公正。然而，在非均衡经济结构之中，税法似乎难以抗拒非均衡经济的怪异陡长，试想一个用平湖秋月般静美的审美观塑造的税法，何以勒住能量失衡而狂

---

① 张怡：《论非均衡经济制度下税法的公平与效率》，《现代法学》2007 年第 4 期。

飙的奔马，无怪乎近期有官方和学者发出央企国企上缴利润似无关税法的弦外之音。①

其次，倘若现实中在两种资源配置方式和机会截然不同（不平等）的经济环境里都适用同一或相同内涵的公平原则，其结果必然是在均衡经济环境里"税收公平"得到的是自然公平，而在非均衡经济环境里"税收公平"得到的则是人为的不公平，因为一般意义上的国家干预是指政府在私有制经济自然平衡基础上施加的外力，而我国的政治经济制度决定了我国经济是政府主导型经济，在计划经济的转型期，市场是被引入的必要因素，因此，与其说我国社会主义市场经济存在国家干预，倒不如讲是市场干预了我国的计划经济。如果说国家干预是必需的，那也必须定位为"普遍深度"的，正名为"国家普遍深度干预"。有鉴于这种定位的失之毫厘谬以千里，这种不公平走势会渐行渐远，甚至找不到"回家的路"。因为前者受制于自由竞争市场，至少机会平等，即使出现行业垄断现象也是凭借其技术性优势所致，而后者是资源受制于国家，一般资源的配置方式由政府主导，各行各业的央企国企与政府形成利害关联关系，于是乎行政、资源和利益链条环环相扣顺理成章，现实的贫富悬殊和严重腐败乃非意外矣。

再次，同理可证，南辕北辙的寓意表明，税收公平原则并不能替换非均衡经济结构的前置条件，它只能从形而上的充当公平变换到实质上的不公平，但它表面上仍被称为公平原则而且还要放之四海而皆准，这无疑加剧了贫富两极分化和腐败等不公平现象。如今是在非均衡经济结构中拯救无动于衷的税法，还是让公平税法洁身自好而另辟

_____

① 在我国现实的非均衡经济条件下，政府集资源、权力、市场和规则支配于一身，与国企（主要指国资企业）垄断伴随而生的利益集团将触角无障碍地延伸至所有所欲之行业和领域，造成了社会经济发展极不平衡和贫富悬殊的后果。对此，有官方人士和学者建言，不管国有企业盈利多少，应该把它的一部分盈利，比如15%，无条件地上缴给财政，成为财政预算，成为国民公共服务资金的来源。本人认为这种唯利不治本的做法，不能解决其病灶潜在的隐患，甚至还会导致更多的矛盾。

蹊径治理资源配置方式？看来只要当下非均衡经济制度基本面没有实质性变革，那么眼下的所谓公平原则的税法调整无异于"拿油门当了刹车踩"①，其后果不堪设想。

综上，工欲善其事，必先利其器。笔者认为，欲保持实存税法的基本框架结构，就必须矫治资源配置方式。先衡平后法定再到实质公平，既是一种步骤，也是一条原则，其意在于从资源配置的发端开始，先要衡平矛盾，化解冲突，解决市场竞争起点的机会平等问题，在此基础上确定一致的"起跑线"，通过税收法定，方能达到协调社会财富公平分配的实质性结果。

四、税收衡平法定功能的实现

（一）价值理念衡平

建构基于不同价值理念的制度安排，在运行中将产生不同的社会效果。同样，内置不同价值理念的税法在调节收入差距、缓解贫富分化中的作用也相去甚远。若对公平与效率的关系选择各异，税法在现实生活中所起的作用也截然不同。过去处理公平与效率关系的范式存在问题，无论是效率优先兼顾公平，还是公平优先兼顾效率，以及公平和效率并重的研究范式都存在与现实脱节的缺陷。不可否认，公平与效率之间确实存在一定的异质性，在价值追求中有时也会相互掣肘。然而，在区分孰重孰轻时，无论是效率优先还是公平优先的论述，都是将公平与效率置于二选一的境地，没有第三条路可走。至于中庸的

---

① "拿油门当刹车踩"，意指驾驶员主观上是想踩下制动，降低汽车运行的速度，使之保持安全和平稳状态，但客观上却踩踏上了油门，瞬间产生加速，往往造成与主观意识相悖的严重后果。

选择无异于选择"无"。因而在我国社会不公现象增多，社会矛盾突出的客观现实条件下，需要我们摆脱对传统研究路径的依赖，开拓新的研究范式，合理地衡平公平与效率二者的价值取向，排除体制内大量的无效损耗和资源浪费，使得税法的价值取向符合构建社会主义和谐社会的要求。

具体而言，衡平公平与效率的关系应该包括以下几层意思：第一，反对低效率或者无效率的制度安排。实践中，由于资源的垄断配置使得资源的利用效率不高，同时隔离化的竞争不能彰显公平，也脱离了市场。因此在进行税收制度安排时，资源配置衡平的价值取向与设计无疑是社会主义市场经济税法创新的重大任务，其衡平价值的效果当是公平与效率排序的市场经济秩序，而不是一种价值挤占另一种价值存在的空间。第二，效率是投入产出之比率，而不是资源堆积的数量型增长，因此效率不能以牺牲公平为条件，相反，公平是保持和提高效率的前提和条件。衡平之后的公平和效率是互为条件和前提的。第三，在不同的社会制度下，在相同的社会制度的不同历史时期，公平与效率的价值取向都存在一定的先后顺序。但无论对公平和效率做怎样的排列组合，都应该符合在市场竞争领域注重权利平等和机会公平前提下的效率，在财富分配领域注重实质公平，使其达到在法治环境中，公民得以实现个人和社会的机会均等，又于机会均等的自由竞争制度中由均衡市场产生出效率的状态。

将这种动态均衡的公平与效率价值序位关系置于当下非均衡经济缔造的贫富两极分化的社会现实中，并以此为基础而进行的税收制度安排更需要注重由于基本制度层面造成的在一个较长时期内保持不公平的资源分配和机会不均等的格局，在调节收入差距、缩小贫富差距的功能发挥过程中，必然需要以税赋实质性公平来弥合当前初始资源配置的不公平。

（二）税权衡平

在调整税收法律制度安排时要回应社会分配不公平的社会现实，就必须实现通过以税权为基础的财权的初始资源配置公平，进而促进经济的均衡发展。具体到税收法律制度的设计，就是要在财权与事权相匹配的原则下，合理划分中央与地方的税权。

纵观世界各国，中央与地方税权的分配存在三种模式：集中型模式，分散型模式，适度集中、相对分散型模式。集中型模式能保证国家税制的协调统一，但不利于调动发挥地方的积极性、自主性；分散型模式使中央与地方都有相对独立的财权，地方可因地制宜地灵活设计税制，但对中央与地方的制衡机制和相应的法律制度要求较高，极易造成地方政府失控，进而带来社会的动荡不安；而适度集中、相对分散型模式在理论上则兼备上述两种模式的优点，运用得好，既能维护中央的统一性，又能调动地方的积极性，应该成为我国税权改革较为理想的模式。在这种适度集中、相对分散的税权模式下，纵向税权改革的首要任务就是建立相互匹配的财权与事权体系，使各地方政府有其稳定的财力完成发展经济的任务，而不致使政府疲于应对层层集中的财政压力而怠于发展地方经济，导致富省越富、穷省越穷的困境。

因此，在税收制度设计时，需要更加注重由于地方差异而形成的初始资源不均衡所导致的差异，通过税权的倾斜性配置来弥补地方初始资源配置失衡，进而达到各地方均衡发展、缩小贫富差异的效果。

关于衡平税法体系安排，我们认为应该建立以宪法为指导，以税收基本法为根据，以各税收实体法为主体，以税收程序法为救济措施的完整的税法理论和制度系统。

（三）税负衡平

税负衡平的核心内涵是在非均衡经济模式下，要按照量能纳税的原则，兼顾东部发达地区和西部欠发达地区，通过对现行税收法律制度的改革，达到区域间税负衡平，即实现税负实质公平。

长期以来，中西部地区与东部地区价值和税负逆向运行，中西部地区承受着较大的税收牺牲。税负衡平的核心内涵是在非均衡经济模式下，要按照量能纳税的原则，兼顾东部发达地区和西部欠发达地区，使其税负达到实质公平的要求，以缓解收入分化过大、社会分配不公的问题。量能课税的原则是以纳税人的纳税能力为依据，纳税能力强的多纳税，纳税能力弱的少纳税。对如何评判纳税能力，存在客观和主观两种标准。客观标准即以纳税人拥有财富的多少作为衡量其纳税能力的标准，主观标准则是以纳税人因纳税而感受的牺牲程度的大小作为进一步测定其纳税能力的标准。而牺牲程度的衡量又以纳税人纳税前后从其财富得到的满足（或效用）的差额为基准。若所有纳税人感受的牺牲程度相等，则税负公平；相反，则不公平。无论采用何种标准，客观上缩小贫富悬殊、两极分化的态势，发挥税法的调节功能则是不变的主题。因此，衡平税法理论下，税负的实质公平就是要立足于区域间的差异，通过对现行税制的改革，达到区域间税负衡平的目的。①

---

① 张怡等：《衡平税法研究》，中国人民大学出版社 2012 年版，第 54—84 页。

目　录

第三部分　地方税法治体系重构研究

第一部分　我国财税体制改革法治化理据

第一章　我国财税体制改革提出的背景

一、财税体制的基本界定

国家财税制度乃是"分割国民财富之利器"，亦为"实现社会正义之天平"。[①] 由于财政与财税体制息息相关，长期以来，学界都在混用"财税体制"和"财政体制"。二者虽然近义，但笔者更倾向于使用"财税体制"这个概念。一方面，依据日本著名财税法学者北野弘久的观点，财政代替税收是一种传统的说法。关于租税的定义，曾有学者认为可以将传统财政学中的租税概念作为日本法律的租税概念[②]，北野弘久教授在回应这种观点时，认为这种概念是完全站在国家财政权力的立场上构造出来的租税概念，它无法向纳税人提供富有实践性、建设性的法理。也就是说，如果单纯地谈"财政体制"，例如有学者认为"财政体制是划分各级政府财权、加强中央宏观调控、协调地区发展的一项重要制度安排"[③]，就带有计划经济的色彩。另一方面，财税体制是我国所特有的、具有中国国情特色的一个概念。其他国家与之相匹配

[①]　周刚志：《宪法学视野中的中国财税体制改革》，《法商研究》2014 年第 3 期。

[②]　这种观点认为租税概念有四个要素，即：第一，国家或地方公共团体是进行课税的主体。第二，租税一般是用来充当财政经费。第三，租税是被强制性征收的财产。第四，租税是一种金钱给付。

[③]　财政部财政科学研究所、吉林省财政厅联合课题组：《中国财政体制改革研究》，《经济研究参考》2011 年第 50 期。

或具有类似含义的表述，往往是"财政制度"。我国之所以常常将财政制度称为财税体制，是因为我国的财政与税务部门在管理体制上实行分设。主要出于凸现各自重要性的考虑，举凡涉及政府收支领域的事项，往往以"财税"二字冠之。①

何谓财税体制？学界已有不少论述，高培勇认为：财税体制是广义的财税体制，用以规范政府收支行为及其运行的一系列制度安排的统称，而非狭义的财政体制，即单指用以规范不同级次政府收支关系的财政管理体制。②财税体制所涵摄的内容不但广泛而且复杂，究其根本，可以看到它涉及一个问题的两个方面，即：政府的财税收入和财税分配。围绕政府的财税收入和财税分配，我们可以将财税体制分解为财税收入制度和财税分配制度两个基本内容。由于地方政府更具信息优势，在提供公共物品方面更具效率，因此政府的财税收入和分配不可能仅仅在中央政府层面展开，政府必定要被分为若干级次且在不同级次的政府间发生财税收支关系，进而形成分税制。现代民主社会要求，无论是财税收支还是财税管理，都必须融入公众参与，使其全方位处于公众监督之下，因此，围绕政府展开的一系列财税问题都应当纳入预算的框架下，进而形成预算管理制度。所以，财税体制包括了财税收入制度、财税分配制度、分税制和预算管理制度。其中，财税收入制度尤其是税收制度是最为重要的部分，因为财政分权以及后面的关于财税分配问题的源头和根本都在税收问题上。例如，《预算法》中的"以收定支原则"就充分说明，没有"收"何来"支"。

古今中外，财税体制与国家命运息息相关：中国历代"太平盛世"的后面都有一个好的财税体制在支撑；同样，透析英国光荣革命、法

---

① 高培勇：《论国家治理现代化框架下的财政基础理论建设》，《中国社会科学》2014年第12期。

② 高培勇：《由适应市场经济体制到匹配国家治理体系——关于新一轮财税体制改革基本取向的讨论》，《财贸经济》2014年第3期。

国大革命和美国独立战争，都可以看到财税体制改革的正反经验教训。按照德国经济学家瓦格纳的解释，财政是连接社会各个子系统 —— 政治体系、经济体系和社会体系 —— 的关键环节。[①] 政治体系从经济体系取得财政资源，用以维护社会秩序，转而又为经济体系服务，保护产权和交易行为，以换取经济系统为其永久性地提供资源；同时，政府要为社会提供公共服务，以获得社会成员对它的支持。没有政治上的赞同和支持，政府就无合法性可言。[②] 因此，我们可以认为，财税体制不是纯粹的经济意义上的工具，它也天然地将政治和社会因素融入其中。

二、我国现行财税体制存在的问题

1994 年财税体制改革是新中国历史上的一次里程碑，搭建了我国现行财税体制的基本框架。然而，随着时间的推移，现行财税体制已经在社会经济发展的过程中表现出种种不适。

（一）政府职能界定不清致事权划分不明

界定政府职能，必须处理好政府与市场的关系。让政府这只"看得见的手"与市场这只"看不见的手"齐头并进，是现代经济社会发展中最为本质、最为核心的内容。在计划经济时期，政府对社会经济活动进行全面干预，这种干预一方面取得了局部的成功，另一方面也对资源配置和经济运行的效率产生了消极影响。随着社会经济的进一

---

① 转引自李炜光：《财政何以为国家治理的基础和支柱》，《法学评论》2014 年第 2 期。
② 李炜光、任晓兰：《财政社会学源流与我国当代财政学的发展》，《财政研究》2013 年第 7 期。

步发展，计划经济体制难以继续推动生产力的进步。正因为如此，中国开始步入改革开放时期。改革开放初期，我国的微观经济主体取得了一定的经营决策自主权；商品市场逐渐发育，价格、供求、竞争等市场机制开始形成，对资源配置的作用逐渐突出；经济主体也呈现出多样化的趋势。在先后尝试了"计划调节为主，市场调节为辅"和"有计划的商品经济"之后，政府开始明确意识到，全面干预经济运行并不是明智之举，承认了"政府失灵"现象的存在，经济干预开始向国民经济的重点领域收缩。1992 年初，邓小平同志的南方谈话解放了国人思想上的禁锢，即计划和市场不是非此即彼的关系，谁多一点或少一点不是判断社会主义或资本主义的标准，两者都只是一种经济手段。换言之，市场经济不是资本主义的专属，社会主义也应该有市场经济。而后，共产党各次全国代表大会的报告，对市场在资源配置中作用的表述均存在一定程度的变化，体现了党的认识正在不断深化。如表 1.1《历届党的全国代表大会报告关于"市场对资源配置作用"的表述》所示：

表 1.1　历届党的全国代表大会报告关于"市场对资源配置作用"的表述

历届会议	报告中"市场对资源配置作用"的表述
党的十五大	使市场在国家宏观调控下对资源配置起基础性作用
党的十六大	在更大程度上发挥市场在资源配置中的基础性作用
党的十七大	从制度上更好发挥市场在资源配置中的基础性作用
党的十八大	更大程度更广范围发挥市场在资源配置中的基础性作用

市场与政府的关系在表述上虽有变化，但这种变化主要是对市场作用的"量"的调整，究其本质，依旧是"基础性作用"。不过，何为"基础性作用"？"基础性作用"之上是否还有一个"决定性作用"？在特定的中国语境下，这种"决定性作用"容易被等同于政府作用，从而为政府干预提供理论上的支撑。如果政府和市场的关系无法厘清，

政府职能和作用就难以界定，事权的划分就会不清晰、不科学。

党的十八届三中全会明确提出"使市场在资源配置中起决定性作用"，将"基础性作用"改为"决定性作用"，两字之变，意义十分重大，是我国社会主义市场经济内涵"质"的提升。它揭示了社会主义市场经济的本质要求，就资源配置而言，政府作用是引导和影响资源配置，而不是直接配置资源。同时，只有明确界定政府的职能，才能解决目前政府职责越位、缺位和不到位的问题，切实保障市场在资源配置中的决定性作用。《中共中央关于全面深化改革若干重大问题的决定》清晰界定了政府职能和作用，可以概括为"五项职能、二十个字"，即宏观调控、市场监管、公共服务、社会管理、保护环境。但是，由于计划经济体制惯性的影响，实践中政府职能远远超出了上述范围。如果只要市场一旦出现问题马上就用政府手段去解决，真正的市场经济是永远建立不起来的。在这个意义上广而言之，凡是政府干预过多的地方，市场秩序一定是混乱的。

（二）财权、财力与事权不相匹配

1994年分税制改革把"财权与事权相匹配"作为基本原则，党的十七大和十八大报告又提出"健全中央和地方财力与事权相匹配的体制"，表述上的变化表明我国财税体制改革的原则和目标的转变，但理论界对此分歧较大。笔者更倾向于"财权与事权相匹配"。财权，是指各级政府依法享有的筹集收入的权力，主要包括税权、收费权及发债权。财力，是指各级政府在一定时期内拥有的以货币表示的财税资源，来源于本级政府税收、上级政府转移支付、非税收入及各种政府债务等。事权，是指一级政府在公共产品或服务中应承担的任务和职责。其中，财力和事权分属"钱"和"权"两个范畴，位于不同范畴的"钱"和"权"若要匹配，必须借助中间的换算，实践中换算过程的缺失增加了"财力与事权相匹配"的难度。

我国 1994 年开始的分税制改革,从某种程度上说,是对政府间事权和财权的重新调整,调整中央和地方的财税收支范围。遗憾的是,这种调整并没有得到宪法和法律的确认,法制框架外的调整直接导致了财权与事权匹配上的混乱:一方面,中央财权比重大幅提高,地方财税收支出现缺口,地方财政运行面临困难。《中国财政年鉴》的财经统计数据显示,分税制实施前我国地方财政自给率为 102%,但这一指标在 1994 年骤跌至 59%,其后基本维持在这一比例;另一方面,中央政府和地方政府应各自承担和共同承担的公共事务划分不清,各级政府行为中的"错位""越位"和"缺位"现象共存。① 首先,政府活动的"错位",是指各级政府尚未完全厘清其职能范围,对于应该由自己管理的事情,没有能力去管好,乱用权力,乱搞一通。其次,政府活动的"越位",是指应当由企业或私人进行的投资,其中相当部分却由政府完成,致使政府职能呈扩大化趋势,加剧了地方政府财政支出的压力。最后,政府活动的"缺位"会造成政府提供的公共产品或服务数量不足,诸如基础教育、卫生保障、环境改善和社会保障等需要由政府管的事情得不到有效落实,影响全体居民福利水平的提高。从总体上看,我国呈现出中央政府"财权多、事权少",地方政府"事权多、财权少"的局面。

(三)事权与支出责任不相匹配

事权可以划分为三类:中央事权、地方事权、中央和地方共同承担的事权。目前,我国关于事权和支出范围划分的依据是 1993 年 12

---

① 寇铁军:《政府间事权财权划分的法律安排——英、美、日、德的经验及其对我国的启示》,《法商研究》2006 年第 5 期。

月 15 日颁布的《国务院关于实行分税制财政管理体制的决定》。由此，中央财政主要承担国家安全、外交和中央国家机关运转所需经费，调整国民经济结构、协调地区发展、实施宏观调控所必需的支出以及由中央直接管理的事业发展支出。具体包括：国防费，武警经费，外交和援外支出，中央级行政管理费，中央统管的基本建设投资，中央直属企业的技术改造和新产品试制费，地质勘探费，由中央财政安排的支农支出，由中央负担的国内外债务的还本付息支出，以及中央本级负担的公检法支出和文化、教育、卫生、科学等各项事业费支出。地方财政主要承担本地区政权机关运转所需支出以及本地区经济、事业发展所需支出。具体包括：地方行政管理费，公检法支出，部分武警经费，民兵事业费，地方统筹的基本建设投资，地方企业的技术改造和新产品试制经费，支农支出，城市维护和建设经费，地方文化、教育、卫生等各项事业费，价格补贴支出以及其他支出。[①] 揆之于现实，我国中央和地方政府在事权和支出责任的划分上，除国防、外交、行政管理等归属中央外，涉及公民基本权利保障方面的事权和支出责任划分不够清晰，尤其是基础教育、卫生医疗和社会保障等。在我国，公共服务几乎均由省级以下地方政府提供。以基础教育和卫生医疗为例，二者主要由县、乡两级政府提供，然而基于国民要求在上述事项应当受到公正、平等地对待的宪法原则和上述事项具有明显的外溢性等原因，中央政府毫无疑问应当担此重任，把庞大的开支转交基层地方政府的确有违常理。这也造成了我国中央财税支出仅占 15%，而地方实际支出却占 85% 的局面，对于大量的专项财政转移支付，中央与地方政府都不承认这部分资金是属于自己支出的钱，中央政府认为资金下放到地方就应该归属于地方政府，而地方政府认为资金是"戴帽"下来的，甚至还需配套，所以并不是自己的钱。

---

① 《国务院关于实行分税制财政管理体制的决定》（国发〔1993〕85 号）。

（四）财政转移支付制度存在局限性

基于我国的历史原因和特殊国情，目前的财政转移支付制度存在一定的局限性，具体表现在以下几个方面：

第一，转移支付立法层次低。从国际比较的视角看，西方国家财政转移支付最大的共性在于制定了较高位阶的法律。受制于经济体制转轨的影响，我国财税体制改革滞缓，财税法制建设落后，转移支付制度相当不健全。具体来说，为建立旨在实现公共服务均等化的财政转移支付制度，财政部于 1995 年制定了《过渡期财政转移支付办法》，之后每年都会根据实际情况调整完善，但整个制度结构没有实质性变化。2002 年，财政部以《中央对地方一般性转移支付办法》代替《过渡期财政转移支付办法》。2011 年，财政部发布了《中央对地方均衡性转移支付办法》并于 2012 年和 2016 年先后进行了修订。可见，当前财政转移支付制度并没有正式的法律依据，实践中主要靠国务院以及财政部等部门发布的各类"通知""决定"或"办法"等行政规章指导工作。这些规章的立法位阶太低，属于系统内部发文的性质，缺乏法律的权威性、制度的稳定性和民主的有效性，不仅固化了政府间的行政性调节机制，妨碍了中央与地方财政关系的规范化，还容易对地方政府非理性行为产生变相激励，增大财政风险。[①] 事实上，有不少转移支付项目和资金数额都是中央与地方政府逐个谈判的结果。[②]

第二，财政转移支付立法政出多门。该问题实质是由"立法位阶不高"衍生而来。由于我国法律和行政法规没有针对转移支付的专门

---

① 陈治：《国家治理转型中的预算制度变革——兼评新修订的〈中华人民共和国预算法〉》，《法制与社会发展》2015 年第 2 期。

② 郭庆旺、吕冰洋等：《中国分税制：问题与改革》，中国人民大学出版社 2014 年版，第 84 页。

立法，实践中也自然缺乏一个统筹全局的转移支付管理机构。从现实来看，有权参与财政转移支付管理或资金分配的部委较多，除财政部外，还有农业部、国家卫生健康委员会与国家体育总局等。[①] 然而，由于各部委间针对转移支付的目标和标准等问题往往缺乏一致的认识，其结果自然是各有各的道理，并由此带来立法上的混乱，造成财政转移支付种类繁多、资金分配散乱、功能重叠或冲突以及政策目标无法实现等不良后果。

第三，财政转移支付法律目标不明确。作为分税制财税体制的一项重要制度，财政转移支付制度应当有明确的法律目标，即一般性转移支付是为了促进各地区公共服务水平的均等化，而专项转移支付主要是服务于国家特定的调控或政策目标。遗憾的是，我国财政转移支付制度的目标并不明确。这是因为我国现行的财政转移支付制度并不是从转移支付本身的定位出发，去设计一系列的具体规则，而是为了确保新旧财税体制转型过程中的平稳过渡和正常运转，因此更多地考虑了地方在原体制下的利益，与财政转移支付本身的目标背道而驰。例如：现行财税体制按照"基数法"进行税收返还和原体制补助，以维持原体制下各地方的既得利益。由于发达地区基数高、欠发达地区基数低，在相同的返还比例下，它不仅未能解决地区间财力分配不均和公共服务水平差距大的问题，反而在一定程度上影响了地区间差距的缩小，使发达地区和欠发达地区的差距越拉越大。

第四，财政转移支付结构不合理。财政转移支付的结构，是指财政转移支付资金在各类型转移支付之间的配置状况，其主要涉及"种类"和"规模"两个要素。在种类上，我国财政转移支付可以划分为

[①] 近年来，这些部门制定的转移支付文件主要有：《农业部办公厅关于做好 2017 年中央财政支农专项转移支付项目整体绩效评价工作的通知》（农办财〔2018〕7 号）、《中央财政农村综合改革转移支付资金管理办法》（财农〔2016〕177 号）、《国家卫生计生委关于进一步加快中央财政转移支付地方卫生计生项目结余结转资金使用的通知》（国卫财务函〔2015〕261 号）、《国家体育总局经济司、财政部教科文司关于编制 2014 年体育转移支付预算的通知》等。

税收返还、一般性转移支付和专项转移支付。首先，为确保分税制改革顺利推进，中央政府按照来源地将地方上划中央的部分税收返还给地方政府，补偿其在新财税体制下的损失。税收返还包括两税返还和所得税基数返还。显然，税收返还是我国分税制财税体制改革的特殊产物，是一种维护地方既得利益的制度设计。其次，为实现特定政策及事业发展战略目标，或委托地方政府代理一些事务，中央以项目形式向地方政府拨付专项资金，其范围涵盖义务教育、医疗救助、社会保障和农业发展等方面。诸如，在财政部 2000 年制定的《中央对地方专项拨款管理办法》中，规定了包括"各项事业费支出""社会保障补助支出"等种类繁多的专项补助。再次，2008 年《中央对地方一般性转移支付办法》明确规定"一般转移支付的目标是缩小地区间财力差距，逐步实现基本公共服务均等化"。在规模上，以 2016 年为例，根据中央对地方转移支付和税收返还的统计数据，一般性转移支付、专项转移支付和税收返还规模分别为 31977.35 亿元、20826.56 亿元和 9675.35 亿元，各类型转移支付在总规模中的占比依次为 51.18%、33.33% 和 15.49%。[①] 总之，虽然一般性转移支付的规模和比重都明显大于专项转移支付和税收返还，但作为现行转移支付体系中唯一具有均等化功能的类型，其规模和比重都没有达到能够满足地方财力需要的理想状态，由此制约了均等化功能的实现。[②] 专项转移支付主要集中在中央的各个部委手中，这部分转移支付规模庞大且支出项目繁多而分散，由于缺乏相关约束，容易产生权力寻租，滋生腐败，同时也容易进一步扩大地区间的财政差距。而税收返还会对地区之间的发展差异起到"逆向调节"作用，强化区域经济发展的"马太效应"，导致"富者愈富、穷者愈穷"。

[①]　数据来源:《中央对地方税收返还和转移支付预算表》(2017 年)。

[②]　根据《国务院关于改革和完善中央对地方转移支付制度的意见》，一般性转移支付的占比至少应在 60% 以上。

（五）预算制度和财政监督制度不完善

我国现行预算管理制度和经济社会发展在总体上是相适应的，不过，随着我国社会主义市场经济的发展，经济规模不断壮大，预算管理制度的弊病也开始逐步暴露。具体来说：第一，预算体系缺乏统一性和完整性。目前，我国预算体系包括公共财政、国有资本经营、政府性基金和社会保障四个预算部分，各部分相互独立又彼此衔接。公共财政预算约束力和执行力较弱，透明度不高，预算外收支和体制外融资渠道缺乏整体协调，不利于规范财税分配秩序；国有资本经营预算尚处于起步阶段，预算编制不完整，预算收支政策不完善；政府性基金预算管理比较粗放，预算编制的内容、程序等规范性不足；社会保障预算在建立中因部门之间缺乏有效协调配合而受到较大的阻力。第二，预算公开性较弱。公共财政是公开的财政，预算透明度不高是我国当前财政活动中一系列低效、浪费甚至是贪污腐败等问题屡禁不止、愈演愈烈的重要诱因。目前包括预算信息、预算内容、预算活动和预算过程等在内的公共财政诸多环节都还不够透明，包括公开信息的简单化和公开方式的复杂化。这就导致了普通纳税人，甚至人大代表根本就看不懂、看不清预算。说到底，还是一个"愿不愿意"的问题。第三，预算绩效保障机制不健全。预算绩效强调公共资金不但要取之于民、用之于民，还要有效地用之于民；不但要让纳税人知道政府花了多少钱，办了什么事，还要让纳税人知道政府花钱的效益。由于"官本位"思想根深蒂固，我国长期实行事业发展经费投入与财税收支增幅或生产总值挂钩机制，各级政府及其部门较少考虑成本与效益，形成固化的财税支出结构，政府间财政转移支付不合理，尤其是专项转移支付项目繁多，有的扭曲了资源配置，造成政府资金投入的重复、低效与浪费，不符合社会事业发展规律。第四，年度预算控制方式不合理。目前，我国实行"年度平衡"管理，预算年度为 1 月 1 日至 12 月 31 日。这种以年度内收支平衡为基本要求的财政预算，主要存在两个方面的弊端，阻碍社会经济的发展：一方面，人为调节财税收入进度。"年度平衡"管理内蕴预算执行的"顺周期"问题：当经济过热时，税收会随之快速增长，为保证当年预算收支平衡，税务机关在完成当年预算任务后会出现压库或是有意识放松征管，将应征收的税款少征或不征，藏税于民，导致"热上加热"；当经济较冷时，税务机关会将压库税收上解国库，出现税收收入与经济形势不一致，或是有意识地多收税，甚至为完成任务而收"过头税"的现象，进一步抑制社会总需求，这不仅违背依法治税，也干扰政府的"逆周期"调控。另一方面，虚列或少列预算支出。如果年底预算收支情况无法平衡，为保证"年度平衡"，预算部门在结余较多时，就会虚列支出项目；在收不抵支时，就会将本年度应支出的项目不列入当年支出，甚至将已经安排了的支出冲销以实现收支平衡，导致预算决算时获取的收支信息虚假、错误，不利于决策部门进行决策，也削弱了预算的严肃性。第五，预算执行严肃性不够强。由于法律观念淡薄、预算法约束弱化和监督不到位等原因，导致预算执行中的弹性较大，没有形成"硬预算"。例如，巨额资金可以仅仅根据官员意志和领导喜好而随意改变用途。在预算执行过程中，频繁发生某些项目还未执行就要调整，或是反复追加预算的情况，造成预算执行不规范，影响了预算的严肃性和约束力。第六，预算监督不严格。财税资金截留、挪用等违法问题时有发生，财政综合监督体系的构建有待进一步完善。此外，我国于 2006 年颁布的《中华人民共和国各级人民代表大会常务委员会监督法》，对于人大依法行使监督职权，加强监督工作至关重要，并且该法在监督对象、监督手段等方面做了较为详尽的规定。但是，这部监督法依然存在一些不足，例如监督主体缺位、监督对象涵盖不全面、相关内容规定还比较笼统以及缺乏可操作性等。

（六）财税法位阶偏低

当前，《国务院关于实行分税制财政管理体制的决定》是我国分税制财税体制的依据，这就表明我国现行分税制属于中央政府主导的行政性财税分权。由于该决定位阶较低，缺乏足够的稳定性与约束力，从而为"财权上收、事权下移"或"中央请客、地方买单"提供了便利，导致中央与地方政府间财税利益关系日益失衡。遗憾的是，分税制实行至今已有 20 多年，仍然没有一部专门法律对其予以调整和规范，致使中央与地方政府间财税利益关系已经面临着严重的"财税收支倒挂"局面。地方政府无力承担必要的财税支出，又催生了"跑部钱进""土地财政""地方债高筑"等问题，尤其是在"后营改增"时代，地方政府如何应对"营改增"对地方收入的影响，获取能够代替营业税的新主体税种？这一系列的问题将进一步凸显现行财税体制的矛盾。

在具体税制上，我国授权立法现象历来比较严重。在 2010 年之前，由全国人大制定的税收法律只有三部，仅包括《企业所得税法》《个人所得税法》两部实体法和《税收征收管理法》一部程序法。2010年至 2017 年底，我国仅有《车船税法》顺利完成了立法程序，实现了由行政法规（《车船税暂行条例》）以平移方式升格为法律的转变，其余税种均"游离"在全国人大的立法之外。可喜的是，随着我国法治化进程的推进，完善各税种的立法工作自 2018 年起进入全面提速的新时期，环境保护税、烟叶税、船舶吨税、车辆购置税、耕地占用税、资源税、城市维护建设税、契税、印花税九个税种已相继完成了立法工作。目前，我国共有十二个税种制定了法律，即已有十二部税收实体法（见表 1.2《我国十八个税种的税收立法情况一览表》），另有一部税收程序法（《税收征收管理法》），共计十三部税收法律。但是，诸如增值税、消费税等主要税种，我国仍然由全国人大授权国务院以暂行条例等形式开征。而国务院又进一步授权给财政部、国家税务总局或者地方政府制定各种具体规定。可见，税收授权立法现象仍然存在。例如，2011 年开始在重庆、上海试点的房产税，实质就是转授权，即国务院将全国人大赋予的税收立法权转授权给地方政府，这种做法与《立法法》第十条关于"被授权机关不得将该项权力转授给其他机关"的规定相违背。

表 1.2　我国十八个税种的税收立法情况一览表

税种	是否制定法律	法律法规名称	制定机构	法律实施时间
个人所得税	是	个人所得税法	全国人大	1980.9.10（新法：2019.9.10）
企业所得税	是	企业所得税法	全国人大	2008.1.1
车船税	是	车船税法	全国人大常委会	2012.1.1
环境保护税	是	环境保护税法	全国人大常委会	2018.1.1
船舶吨税	是	船舶吨税法	全国人大常委会	2018.7.1
烟叶税	是	烟叶税法	全国人大常委会	2018.7.1
车辆购置税	是	车辆购置税法	全国人大常委会	2019.7.1
耕地占用税	是	耕地占用税法	全国人大常委会	2019.9.1
资源税	是	资源税法	全国人大常委会	2020.9.1
城市维护建设税	是	城市维护建设税法	全国人大常委会	2021.9.1
契税	是	契税法	全国人大常委会	2021.9.1
印花税	是	印花税法	全国人大常委会	2022.7.1
增值税	否	增值税暂行条例	国务院	2009.1.1
消费税	否	消费税暂行条例	国务院	2009.1.1
关税	否	进出口关税条例	国务院	2004.1.1
土地增值税	否	土地增值税暂行条例	国务院	1994.1.1
城镇土地使用税	否	城镇土地使用税暂行条例	国务院	1988.11.1
房产税	否	房产税暂行条例	国务院	1986.10.1

三、我国现行财税体制改革的制约因素

（一）经济上：非均衡经济制度致财税体制红利递减

20世纪80年代末90年代初，中央财政陷入严重困难，"两个比重"显著下降，即财税收入占GDP比重和中央财税收入占整个财税收入的比重。财政的严重匮乏，使得需要国家财政投入的各方面建设停滞下来，宏观经济更是呈现出大起大落的混乱局面。正因为如此，一场意义深远的改革——分税制改革——在中国拉开帷幕，它的首要任务就是要扭转中央财税收入的相对下降趋势和实现宏观经济的稳定。如预期一样，在启动分税制改革后，我国的财税收入开始迅速蹿升，"两个比例"逐年上升，使中央财政贫弱的局面得到改观，进而使中央有钱、有能力完成其在财政贫乏时期未能完成的大事，例如加强基础设施建设、增加科技与教育经费、增加对低收入群体的社会保障等。可以说，每一个纳税人都在分享分税制带来的红利。

1994年分税制实施至今，我国经济一直保持着高速增长，但是非均衡经济发展模式使得我国分税制建设更加重视"经济"特性。[①] 以财政转移支付为例，中央政府更加青睐那些能够有效发展经济和增加财政收入的地方政府。进一步讲，财政转移支付相当于中央政府的"投资"。由于投资旨在实现收益，故而中央政府更愿意将转移支付资金流向那些能够产生高收益，即经济效益好、财政增长快的地方，以此强化中央政府的财政汲取能力。然而，当前我国经济发达地区与欠发达

---

① 1971年，尼斯坎南（Niskanen）在《官僚制组织与代议制政府》一书中提出官僚预算最大化模型，认为官僚犹如经济市场中的消费者和厂商，是理性的、自利的，他们是预期收益最大化的追求者，因此，政府机构趋于实现自身财力的最大化。分税制作为中央促进财政增长的工具之一，中央政府往往会考虑财政资金在地方所能产生的效益并以此作为资金分配的依据。

地区之间存在着较大的经济差异，这种差异不仅表现在社会财富的分配上，更表现在地方经济发展的潜力上。实践中，"投资"环境的优劣是中央政府做出旨在实现财政增长的转移支付决策的重要因素。现阶段，通过考察投资环境指标体系，包括经济发展水平、对外资的态度、市场发育程度、企业运行便利程度、劳动力素质、政府效率和廉洁程度等，可以发现经济发达地区的投资环境更胜一筹，故而将导致地区之间的经济差距被进一步拉大。

事实上，自分税制实施以来，我国纳税人享受更多的是"开放红利"而非"改革红利"，即经济发展的最大贡献因素是中国加入 WTO，使得人口红利得以发挥，成为世界工厂。不过，由于分税制自身的不彻底，其制度红利效应已经开始呈现递减状态。例如，我国的现实情况是中央财权多，事权少；地方事权多，财权少。按照事权与财权相匹配的原则，当地方财权不足以支撑事权时，地方主要有三种选择：要么向中央拿钱，要么发行地方债，要么征收各种费以此增加财税收入，不过其中不少收入并未纳入预算，比如土地出让金，这也是房价居高不下的原因之一。又如，现行财税体制是根据"基数法"进行税收返还和体制补助，因东部发达地区基数高，西部欠发达地区基数低，导致现行财税体制不但无法解决因历史原因造成的公共物品横向分配不均，而且反而阻碍了欠发达地区的经济发展，导致欠发达地区和发达地区的差距越拉越大。可见，在我国经济取得跨越式发展的同时，自身也承担着高昂的社会运行成本。当社会运行成本过高情况下，整个社会必将为之付出"惨痛"的代价，其中之一就是社会分配不公。

总之，我国现行财税体制在一定程度上扰乱了市场经济秩序，对中央和地方以及发达地区和欠发达地区之间的经济和谐发展造成阻碍。因此，必须借助新一轮财税体制改革的东风，加快消除制约经济增长的体制障碍，释放新的改革红利，切实保障我国经济的健康发展。

（二）政治上：政府强势控制市场和资源致潜在隐忧积聚

依据诺思悖论的描述，政府既是经济增长的关键，又是经济衰退的根源。[1] 诚然，经济职能是财税法的重要职能之一，但过度强调可能导致其在实践中被扭曲为"经济增长至上"。我国非均衡经济结构持续运行，在经济快速增加和税收同步增长的背后是国家权力凌驾于市场和资源之上：国家权力居于核心地位，市场和资源则归属于权力范畴，两者呈上下游级次分布且相辅相成、相互关联、相互作用。[2] 然而，权力和经济互动的结果却是将资源的利用方式和市场配置资源的功能扭曲得面目全非，公平正义让位于身先士卒的政策经济，效率变换为经济增长总量，于是权力脱离公平正义之本位，社会浮现出权力与金钱的缠绵与追逐，全能型政府以一种前所未有的强势姿态复出。[3] 是故，财政开始过多、过广、过深地介入经济领域，政府越位、错位现象不断涌现，去管那些不该管、管不了或管不好的事。

例如，分税制后，随着中央掌握的财税收入越来越多，其所支配的财政转移支付资金也越来越多。大量资金的分配权被部委控制，尤其是专项财政转移支付资金。在没有强有力的外部力量制衡的情况下，部委掌握着权力、市场和资源，就会寻租，以追求自身利益最大化，从而滋生"跑部钱进"，这也是长期以来被诟病为导致腐败的原因之一。有学者基于 2003 年部长更换的自然实验，采用倍差法研究了部长的政治关联效应与转移支付分配之间的关系，结果发现新任部长的出

---

[1]　诺思：《经济史上的结构和变革》，厉以平译，商务印书馆 1992 年版，第 21 页。

[2]　张怡：《论税收法定的法理基础与抉择》，载刘剑文主编：《财税法学前沿问题研究：依法治国与财税法定原则》第六卷，法律出版社 2016 年版，第 105 页。

[3]　张怡：《论税收法定的法理基础与抉择》，载刘剑文主编：《财税法学前沿问题研究：依法治国与财税法定原则》第六卷，第 105 页。

生地、籍贯地和工作地等地区都会因政治关联而受益，获取额外的专项转移支付资金，并且这种关联效应不会随部长的卸任而立马消失。[①]又如，我国建立了以流转税为主的税制结构，部分地方官员为了私利，在对上级负责和有限任期的双重因素下，加大招商引资的力度，大力投资，发展制造业尤其是重工业，以获取快速回报，造成我国在全球范围内独树一帜的高投资率。为了支持投资和经济增长，资金利率、水电煤土地等各种要素的价格长期被人为压低，彻底的市场化经济体制迟迟无法建立，并直接导致了收入分配格局更加偏向于资本而非劳动力，收入差距急剧恶化。

总之，权力不受约束是制约财税体制发挥作用的一大禁锢，因此，我国财税体制改革须先行破除政治体制上的阻碍，修正权力、市场和资源的配置结构，削弱权力所承载或被赋予的特定使命，并将其关进"制度的笼子"里。否则，政治制约因素的存在，不仅使得现行财税体制下病灶潜在的隐患无法解决，还会导致更多犬牙交错的矛盾。

（三）法律文化上：未因应本土体制构造引发社会棘手问题

法治作为一种特定的社会政治实践方式，与经济条件、政治体制、主流价值观念、整体行为模式和个体行为习惯等社会系统的各个要素有机地相互关联着。[②]是故，法治问题离不开其赖以生存的外部社会条件。我国财税体制改革法治化问题亦是如此，它与文化，尤其是法律文化密切相关。1969 年，美国法学家劳任斯·M. 弗里德曼（Lawrence M. Friendman）在《法律文化与社会发展》一文中，率先提出法律文化的概念。把它作为一种分析工具，对法律文化因素进行思考，有利

[①]　范子英、李欣：《部长的政治关联效应与财政转移支付分配》，《经济研究》2014 年第 6 期。
[②]　龚廷泰等：《法治文化建设与区域法治》，法律出版社 2011 年版，第 49 页。

于我们从文化角度研究财税体制改革的问题，使其既顺应国际发展趋势，又根植我国社会实践。

纵观当下世界各国的税法，但凡采取税收中性原则的国家或地区，其政治经济制度内部结构，要么原本就承袭着深谙纳税人权利意识的"议会制"，其政治权力结构和私有制经济基础延续至今且呈均衡状态；要么借鉴前者并经改造后达到均衡状态，呈现适应市场经济运行的法治体制下的制约监督格局。[①]是故，可以认为各国财税体制的构建完全是从"民主文化"出发，以期弘扬民主制度、理念和精神，而发展民主文化也是实现法治财税的重要环节。反观我国，"长官文化"传统长期存在，从价值取向、基本内容与现实影响上看，它是反现代性的，主要表现在对人性的压抑、与民主意识的矛盾、与市场文化的悖谬、官民利益的冲突以及与现代执政理念的背反等方面[②]，容易导致权力意识至上。

进一步讲，虽然我国现行税收立法采取中性原则，却忽视了非均衡经济制度环境对人的伤害，没有对权力、资源和市场进行改造和调整，貌似公平的税收中性原则异化为实质上的不公。例如，我国分税制采用形式上公平的"一刀切"模式，忽略了发达地区和欠发达地区之间社会财富分配失衡，其结果必然是进一步拉大地区间的社会财富分配的差距，犹如一个已经倾斜的天平，分别在其两端加上同等重量的砝码，天平会依旧处于倾斜状态，不会回归平衡。唯有对天平向上倾斜一端加上较重的砝码，向下倾斜一端加上较轻的砝码，天平才可能重归平衡。又如，我国新个人所得税法虽考虑到纳税人的家庭负担状况，增加了专项附加扣除，但现行规定较为粗略，缺乏差异化、精细化的扣除方案。此外，新个人所得税法尚未涉及纳税人创造财富的

---

① 张怡：《论税收法定的法理基础与抉择》，载刘剑文主编：《财税法学前沿问题研究：依法治国与财税法定原则》第六卷，第103页。

② 杨楹、王富民：《对中国"官文化"的理性批判》，《科学社会主义》2004年第1期。

难易程度及其生理、心理年龄等客观因素，可能造成个体情况差异较大的纳税人在最终的财富占有上产生巨大差别，导致个人所得税在一定程度上呈现出逆向调节功能。

总之，在财税体制改革的过程中，不仅要看到现行财税体制整体效应的不足，更要深入剖析造成这种不足的法律文化因素。如果我国财税体制改革继续对非均衡经济制度视而不见，想当然地在"看上去很美"的中性原则里故步自封，而未能剔除法律文化上的制约因素，那么财税体制改革将难以奏效，使社会付出贫富悬殊、冲突加剧以及腐败严重的代价。

第二章　财税体制改革内容与目标的解读

一、财税体制改革的内容解读

（一）《决定》和《方案》的文本分析

《中共中央关于全面深化改革若干重大问题的决定》（以下简称《决定》）和《深化财税体制改革总体方案》（以下简称《方案》）均有关于财政和财税体制的地位、改革的路径和目标以及具体内容和重要领域等方面的表达：

首先，在财政和财税体制的地位方面，《决定》明确指出："财政是国家治理的基础和重要支柱，科学的财税体制是优化资源配置、维护市场统一、促进社会公平、实现国家长治久安的制度保障。新一轮财税体制改革是一场关系国家治理体系和治理能力现代化的深刻变革，是立足全局、着眼长远的制度创新。"《方案》指出："财政是国家治理的基础和重要支柱，财税体制在治国安邦中始终发挥着基础性、制度性、保障性作用。新一轮财税体制改革是一场关系国家治理体系和治理能力现代化的深刻变革，是立足全局、着眼长远的制度创新。"

其次，关于深化财税体制改革的路径和目标，《决定》指出："必须完善立法、明确事权、改革税制、稳定税负、透明预算、提高效率，建立现代财政制度，发挥中央和地方两个积极性。"《方案》指出："深化财税体制改革的目标是建立统一完整、法治规范、公开透明、运行高效,有利于优化资源配置、维护市场统一、促进社会公平、实现国家长治久安的可持续的现代财政制度。"

再次,就财税体制改革的具体内容和重要领域而言,《决定》涵盖了"改进预算制度、完善税收制度和建立与事权和支出责任相适应的制度"等三个方面。《方案》同时指出"重点推进改进预算管理制度、深化税收制度改革和调整中央和地方政府间财政关系"三个方面的改革。

最后,《方案》还涉及财税体制改革的时间表和路线图,明确指出:"新一轮财税体制改革将在 2016 年基本完成重点工作和任务,2020 年基本建立现代财政制度。"

通过分析、研究《决定》和《方案》文本的主要内容和用词比较,我们可以清楚地发现二者之间的联系与区别:

一方面,在顶层设计和指导思想上,无论是《决定》还是《方案》,都已经把财政的重要性、新一轮财税体制改革的意义上升到了一个空前的高度。一直以来,关于财政和财税体制的探讨,主要集中在经济领域。比如,财政是一个经济范畴,是指政府集中一部分社会资源或国民收入,用于社会生产或提供公共服务,以满足公共需求的活动,可称之为政府的收支活动或以国家为主体的分配活动。[①] 可以说,《决定》和《方案》摒弃了对"财政""财税体制"的传统认识,对其赋予了新的政策表述并以专章进行表述。财政的概念实现了从"政府的收支活动"或者"以国家为主体的分配活动"到"国家治理的基础和重要支柱"的转变,财税体制的概念实现了从"政府收支行为及其运行的一系列制度安排"到"关系国家治理体系和治理能力现代化的

---

① 高培勇主编:《财政学》,中国财政经济出版社 2004 年版,第 15 页;陈共主编:《财政学》,中国人民大学出版社 2004 年版,第 25—26 页。

深刻变革"的转变，是一次从"管理国家"到"治理国家"的新跨越。

首先，国家治理一直以来是一个容易被忽略的主题，直至其概念在《决定》中第一次被写入党的重要文件。与此同时，财政、财税体制的概念也是第一次被纳入国家治理体系的范畴之中，并在二者的互动中加以界定。认识到国家治理体系是一个全面覆盖经济、政治、文化、社会、生态文明和党的建设等所有领域的概念，将以往主要作为经济范畴、在经济领域内定义的财政，转换至国家治理体系的总棋局上重新进行定位，这一变化的意义当然非同小可。[1] 国家治理离不开财税资金的筹集、管理与支出，可以说国家治理体系领域和范围的扩张，势必引起财政平台的提升和作用的延伸。

其次，国家管理视野内的主体通常只是政府，而在国家治理的视野内，其主体除了政府之外，还包括社会组织乃至居民个人等利益攸关者，体现的是统一共治的理念。将以政府收支为基本线索、主要表现为政府收支活动的财政与国家治理相对接，意味着财政并非仅仅着眼于满足政府履行职能活动的需要，而是要满足包括政府、社会组织和居民在内的所有国家治理主体参与国家治理活动的需要。[2]

最后，我们可以看到，财税体制改革被中央定位为我国全面深化改革的"排头兵"，《决定》和《方案》都将财税体制改革的具体内容和重要领域分解为三个方面，即：改进预算制度、改进税收制度和建立事权和支出责任相适应的制度（调整政府间财政关系）。

另一方面，《方案》是在《决定》的基础上，对财政和财税体制改革的进一步突破与细化。申言之，具体体现为三个"更加注重"：一是更加注重改革顶层设计的功用和指导性。《方案》突出强调了新一轮

---

[1]　高培勇：《论国家治理现代化框架下的财政基础理论建设》，《中国社会科学》2014 年第 12 期。

[2]　高培勇：《论国家治理现代化框架下的财政基础理论建设》，《中国社会科学》2014 年第 12 期。

财税体制改革之于国家治理的相互关系,视其为具有全局性和长远性的制度创新。二是更加注重改革目标的层次提炼和可操作性。《方案》将深化财税体制改革的目标进行了概括和分层,并列明了时间表和路线图。三是更加注重规范权力运行和推动法治保障。《方案》强调了"法治规范""规范政府行为""实现有效监督""推进依法治税"等特定词语。[①]

(二)改进预算管理制度

现代预算是关乎国泰民安的重要制度,也是国家和公民利益的协调机制,反映了预算活动和预算制度建设的一般规律和通行做法,既充分体现了本国预算改革发展的成功经验,也积极借鉴了他国预算立法的普遍做法。[②] 现代预算是法治预算,然而,我国预算管理制度却尚未完全步入法治化轨道,这在一定程度上制约了制度的实施效果。

从历史的发展脉络看,自 1978 年改革开放以来,我国的预算管理制度大致经历了四个阶段:其一,1979—1993 年,预算管理制度恢复阶段;其二,1994—1999 年,与市场经济相适应的预算管理制度初步形成阶段;其三,2000—2013 年,预算管理制度逐步健全阶段;其四,2013 年至今,适应国家治理现代化要求的预算制度改革阶段。虽然我国预算管理制度改革在前三个阶段取得了跨越式的积极进展,但仍然存在诸多问题,尤其在法治化建设上还"任重而道远"。因此,改进预算管理制度已经非常必要且迫在眉睫。《决定》指出:"改进预算管理制度,实施全面规范、公开透明的预算制度。审核预算的重点由平衡状态、赤字规模向支出预算和政策拓展。清理规范重点支出同财

---

① 刘剑文:《论财税体制改革的正当性——公共财产法语境下的治理逻辑》,《清华法学》2014 年第 5 期。

② 施政文:《新预算法与建立现代预算制度》,《中国财政》2014 年第 18 期。

税收支增幅或生产总值挂钩事项，一般不采取挂钩方式。建立跨年度预算平衡机制，建立权责发生制的政府综合财务报告制度，建立规范合理的中央和地方政府债务管理及风险预警机制。要完善一般性转移支付增长机制，重点增加对革命老区、民族地区、边疆地区、贫困地区的转移支付。中央出台增支政策形成的地方财力缺口，原则上通过一般性转移支付调节。清理、整合、规范专项转移支付项目，逐步取消竞争性领域专项和地方资金配套，严格控制引导类、救济类、应急类专项，对保留专项进行甄别，属地方事务的划入一般性转移支付。"《决定》把改进预算管理制度放在深化财税体制改革的首要位置并提出了明确要求。

第一，实施全面规范的预算公开。公共财政与政府信息公开均要求全面、规范的预算公开。然而，现在的预算公开主要是财税收支情况的报账，简单公开账目。常言道，财税收入"取之于民、用之于民"，那么怎么让群众能看懂、社会能监督？最有效的途径就是提高政府行为的透明度。而后预算改革应当更多地推进政策公开，增强预算的透明度，让公众更好地了解预算。进一步讲，预算公开包括公平、公正、透明、完整和便民等方面的内涵：首先，"公正""公平"涉及预算编制能否体现社会公众的真实需要，尤其是社会弱势群体的需要。易言之，预算编制本是具有"普遍性"的过程，但非均衡经济发展造成的贫富悬殊，要求我们在强调规范预算编制的同时，还须回应"个别性"需求，即除遵循基本的预算编制规则之外，还须更多地考量欠发达地区及贫困人口的需要。其次，"透明"最基本的要求是分类与细化，故而预算编制应当严格按照法律要求①，甚至更加详细、清晰地公开预算内容，完整地展现财政资金的分配情况。此外，预算透明也为

---

① 根据新《预算法》规定，各级预算支出须按"功能"和"经济性质"分类编制，前者应编列到项，后者应编列到款。转移支付预算编制包括一般性和专项转移支付两种形式，前者按照国务院规定的基本标准和计算方法编制，后者则分地区、分项目编制。

构建财政问责制和纠错机制奠定了基础。[①] 再次，"完整"是对预算公开范围的原则要求，也是对全口径预算管理的回应，要求政府的全部收入和支出都应当纳入预算。一个能够做到预算完整的政府才是真正负责任的政府，只有这样，方能使社会公众明确每一笔资金的"来龙去脉"。最后，受专业性限制、传导媒介匮乏、公开方式单一等因素制约，即使预算公开，普通公众也未必能看懂。但是说到底，这还是一个政府愿不愿意让民众看懂的问题。如果预算公开不能让公众看得懂、看得明白，那么，其就只能流于形式。据此，我国应落实"便民"原则，综合运用各种手段和方式，通过各种途径完善预算公开平台，以信息公开倒逼预算管理水平的提高，实现财政收支透明化和公开化。

第二，改进年度预算控制方式。目前，我国的预算审批以财税收支平衡为核心，但年度预算控制方式存在执行"顺周期"问题，如果当年的财税收入无法完成预算安排，就会造成赤字扩大。因此，预算改革应当实现由审核财税收支的平衡，转向支出预算和政策拓展。例如，是否依法征收财税收入？财税支出要用于哪些方面？体现了哪些政策导向？可以说，这项转变也意味着税收不再是任务，而是预期。

第三，建立跨年度预算平衡机制。预算控制方式的改变，使得收入预算从任务改为预期，预算确定的收支平衡状态在执行中有可能被打破。因此，建立跨年度预算平衡机制可以保障财政的持续性，一方面是建立跨年度弥补超预算赤字的机制，另一方面是建立中长期重大事项科学论证的机制。[②] 对于重大项目，其政策不能一年一定，要通盘考虑，实行中长期规划，强化年度预算的"硬约束"，增强财税政策的前瞻性和财税资金的可持续性。

---

① 有学者认为，当今世界不再是军事和国力的竞争，而是纠错机制的竞争。遗憾的是，构建以财政信息透明化为基础的纠错机制，在中国尚未引起足够的重视。参见周其仁：《为什么中国的体制改起来特别难？》，经济观察网，2013 年 8 月 7 日。

② 王秀芝：《深化分税制改革必须改进预算管理制度》，《财政监督》2014 年第 6 期。

（三）完善税收制度

在当前和今后一段时期，我国应当根据"五位一体"总布局、总要求推进税收制度改革。《决定》指出："深化税收制度改革，完善地方税体系，逐步提高直接税比重。推进增值税改革，适当简化税率。调整消费税征收范围、环节、税率，把高耗能、高污染产品及部分高档消费品纳入征收范围。逐步建立综合与分类相结合的个人所得税制。加快房地产税立法并适时推进改革，加快资源税改革，推动环境保护费改税。按照统一税制、公平税负、促进公平竞争的原则，加强对税收优惠特别是区域税收优惠政策的规范管理。税收优惠政策统一由专门税收法律法规规定，清理规范税收优惠政策。完善国税、地税征管体制。"

第一，逐步提高直接税比重。目前我国税制结构是以流转税为主，直接税是中国当前税制的"软肋"。由于直接税具有税负不转嫁的特点，更容易实现税负公平。因此，下一步改革在稳定既有税负水平的条件下，要逐步降低来自间接税的税收收入比重，同时增加来自直接税的税收收入比重。[①]换言之，未来应当在"稳定税负"的前提下，降低来自企业的纳税比重，提高来自于居民个人的纳税比重，两者宜同步操作，彼此呼应，逐步实现由企业"独挑"税负转向由企业和居民个人"分担"税负。

第二，六大具体税种的改革。《决定》将改革的重点锁定为六大税种，包括增值税、消费税、资源税、环境保护税、房地产税、个人所得税。具体来说，一是按照税收中性原则，建立规范的消费型增值

---

① 高培勇：《财税体制改革与国家治理现代化》，社会科学文献出版社 2014 年版，第 110—112 页。

税制度。目前，我国增值税还存在诸多问题，比如税率档次设置过多、税率和征收率并存、临时过渡措施较多以及抵扣项目不完整等，与规范的消费型增值税制度相去甚远，故而应结合增值税改革和立法进程，进一步优化税制。二是"营改增"全面扩围。我国已于2016年5月1日，打响了"营改增"的收官之战，将其范围扩大到生活服务业、建筑业、房地产业和金融业等领域。可以说，"营改增"打通了服务业内部与第二、第三产业之间的抵扣链条，成功减轻了企业的税收负担。三是增强消费税的调节功能，包括对不良消费行为的矫正功能，对环境、资源的保护功能和对收入分配的平衡功能。其实，消费税改革一直在有条不紊地推进，下一步改革应在征收范围、环节、税目以及税率结构上有所突破，为企业的生产经营以及居民的消费升级减轻负担。四是逐步探索建立综合与分类相结合的个人所得税制，实现与新《税收征收管理法》的契合。此外，个人所得税的改革还应提高个人所得税的起征点以及增加专项扣除。五是加快房地产税立法并适时推进改革，应当做到人大牵头、加强调研、立法先行、扎实推进。六是加快煤炭资源税改革和建立环境保护税制度，前者可以推进资源税从价计征改革，并逐步将资源税的范围扩展到自然生态空间，后者应当实现由排污收费转向征收环境保护税，充分发挥征税对生态环境保护的促进作用。随着时间的推进，诸如环境保护税、资源税和个人所得税已经完成了立法或修法，但仍然存在一些值得探讨的问题，比如个人所得税制如何实现与新《税收征收管理法》的契合；专项附加扣除的范围如何拓宽等。

第三，清理规范税收优惠政策。我国现行税收优惠政策过多过滥，不利于维护国家税制的规范和市场竞争环境的公平。此外，还有一些地方政府及相关部门存在执法不严的问题，不惜出台一些损害国家财税权益的政策，制造"税收洼地"，例如以税收返还等形式变相减免税收。因此，从长远看，规范税收优惠政策、填平"税收洼地"是大势所趋。2014 年 11 月 27 日，国务院根据《决定》的精神，出台了《关于清理规范税收等优惠政策的通知》，可见国家对制定税收优惠政策的权限是收紧的，今后地方政府和部门出台优惠政策，不但要依法依规，还要经国务院批准。下一阶段，地方政府和相关部门应当按照"把握节奏、确保稳妥"的原则，继续推进税收优惠政策的清理与规范，主要包括：其一，对已出台的税收优惠政策进行清理，对于已经执行到期的要立即终止，而对于没有执行到期的要明确一个期限，给企业一个必要的缓冲，有利于经济的平稳运行；其二，对于有价值的试点性税收优惠政策，应按照一定程序转化为普惠制，在全国范围内推广；其三，税收优惠政策应统一由法律进行规定，严禁越权进行税收减免，也不再出台区域性税收优惠政策。

第四，完善国、地税征管体制。在 1994 年分税制改革下形成的国税、地税两套税务系统在运行中问题频显。例如，资源分散导致实践中国税、地税重复执法。同时，由于执法标准不统一、征收成本高，国税、地税要么争着管，要么都不管，给纳税人带来负担，也增加了纳税成本。在当前发展背景下，为了进一步理顺统一税制和分级财政的关系，提高服务效能和征管效率，国地税已经顺应时代的要求完成了合并。据此，如何打造一个规范、高效、统一的税收征管体系和纳税服务体系，以降低纳税成本、提高服务质量、增强纳税人的获得感，是亟待完善的问题。

（四）建立事权和支出责任相适宜的制度

《决定》指出："建立事权和支出责任相适应的制度。适度加强中央事权和支出责任，国防、外交、国家安全、关系全国统一市场规则和管理等作为中央事权；部分社会保障、跨区域重大项目建设维护等作为中央和地方共同事权，逐步理顺事权关系；区域性公共服务作为地方事权。中央和地方按照事权划分相应承担和分担支出责任。中央可通过安排转移支付将部分事权支出责任委托地方承担。对于跨区域且对其他地区影响较大的公共服务，中央通过转移支付承担一部分地方事权支出责任。保持现有中央和地方财力格局总体稳定，结合税制改革，考虑税种属性，进一步理顺中央和地方收入划分。"

第一，正确处理政府与市场的关系是政府事权和支出责任划分的基础。政府与市场的关系，决定了政府活动的范围和内容，决定了财税支出的方向与规模。如果政府与市场职能的边界不清，容易导致政府在经济活动中的缺位、错位和越位，减损市场在资源配置中的决定性作用。处理政府与市场的关系，可以依据"法无授权即禁止，法无禁止皆可为"的基本原则来规范政府和市场各自发挥作用的领域。理想的情况是，把权力关进笼子里，制定"政府职能清单"，政府事权必须于法有据，以保证其权力在法律框架下运行，实现依法行政。

第二，划定中央和地方、地方各级政府之间的具体事权范围。只有在明确政府和市场的边界的情况下，才能进一步划定中央和地方、地方各级政府之间的具体事权范围。制度的生命在于执行，执行的关键在于规定的精细化、具体化和适度量化。目前，《决定》中已有理顺中央与地方财政关系的原则性要求，因此，如何将其细化，形成中央和地方、地方各级政府事权清单制度至关重要。改革的方向应当是增加中央政府的事权，减少中央对地方的委托，各级政府按规定分担支出责任，即"事权上移。"

第三，进一步理顺中央和地方收入划分。首先，应当以"保持既有格局大体不变"作为改革的基础和前提。其次，充分考虑税种的属性与功能。由于税基分布较广、税源流动性大的税种更具再分配功能，应当划为中央税，或在共享税中由中央享有更高比例；而对于税基稳定、对本地影响较大的税种，更宜划为地方税，或在共享税中，地方分成比例多一些。最后，通过财政转移支付制度平抑收入划分后地方政府依旧存在的财政缺口。

二、财税体制改革的目标解读

财税体制改什么？改革应当包含财税收入制度、财税分配制度、分税制和预算管理制度四个方面，尤其是完善现行税法和分税制两个前置位制度，以确保我国财税体制能够达到实现国家治理体系和治理能力现代化的要求。鉴于《决定》已对完善现行税法和预算管理制度作了较为详尽的论述，此处不再累述；财税分配制度属于后置位问题，暂不在此讨论。这里重点研究完善现行分税制的目标。

迄今为止，我国的财税体制一直冠以"分税制"之名，将分税制作为财税体制的前缀，至少表达了我国财税体制改革的前景与方向。本来意义上的分税制至少具有"分事、分税、分管"三层含义：所谓"分事"，就是在明确政府职能边界的前提下，划分各级政府间职责（事权）范围，在此基础上划分各级财税支出责任；所谓"分税"，就是在划分事权和支出范围的基础上，按照财权与事权相统一的原则，在中央与地方之间划分税种，即将税种划分为中央税、地方税和中央地方共享税，以划定中央和地方的收入来源；所谓"分管"，就是在分事和分税的基础上实行分级财政管理。一级政府，一级预算主体，各级预算相对独立，自求平衡。[①]

在过去二十多年中，现实中分税制的运行轨迹早已偏离分税制的"应然含义"，回归统收统支和分灶吃饭财税体制时期的"分钱制"：

第一，财权、事权界定不清。分税制财税体制的灵魂在于"财权与事权相匹配"，而我国现行分税制是一种权力主导型的分税制，导致

---

① 高培勇：《由适应市场经济体制到匹配国家治理体系——关于新一轮财税体制改革基本取向的讨论》，《财贸经济》2014 年第 3 期。

财权过度集中在中央，事权过度下移到地方。实践中对二者的模糊界定，导致一系列戏剧性的"匹配"：一方面，2007 年将"财权与事权相匹配"修正为"财力与事权相匹配"，微妙的变化意味着中央淡化财权，强调转移支付，因为地方能从中央争取到的是财力，而不是财权。然而，由于财力和事权分属"钱"和"权"两个范畴，不同范畴的"钱"和"权"若要匹配，必须借助中间的换算，换算过程的缺失增加了"财力与事权相匹配"的难度。另一方面，新《预算法》的修订，以"支出责任"代替"事权"，"财力与事权相匹配"转换成"财力与支出责任相匹配"，"财力"与"支出责任"虽然同属"钱"的范畴，但是这种由"权"的匹配退居为"钱"的匹配，无疑是开历史的倒车。

第二，地方税体系建设不力。我国现行税制把十八个税种划分为中央税、中央与地方共享税、地方税。然而，基于当时提高"两个比重"的需要，我国在建设分税制时更加注重中央税和中央与地方共享税。在此后的调整中，地方税建设的意义和重要性依然没有受到重视，无论是 2002 年的所得税分享改革，还是自 2012 年开始启动的"营改增"，都进一步挤压了地方税的生存空间。总体上看，我国地方税体系建设主要有以下三个方面的问题：其一，地方税体系法制化程度不高。目前，我国尚没有一部统领分税制实施或地方税体系构建的基本法律，由于立法混乱以及位阶不高等原因，中央和地方财政关系的随意性较大，地方税体系并不规范、稳定。其二，地方税权不完整。如前所述，我国分税制并非严格意义上的分税制，其实质是一种中央对地方的授权。[①] 因此，我国地方税权并不完整，尤其是税收立法权几乎为零。其三，地方缺乏主体税种。"营改增"从表面看是对税制构成要素的调整，但基于两个税种的重要性，从深层次看，"营改增"于整个地方税

---

① 刘剑文、熊伟：《税法基础理论》，北京大学出版社 2004 年版，第 47 页。

体系建设"牵一发而动全身"，意味着地方唯一的主体税种不复存在。由于现有地方税种都是一些小税种，自然无法及时补位①，故而地方税体系存在的基础将荡然无存。况且，地方主体税种的缺乏，将会进一步导致地方财政收入锐减。②

第三，分级财税管理不到位。在"分事""分税"基础上实行"分管"是分税制的终极目标。分级财税管理，要求每一级政府享有独立的收支平衡权与管理权。一级政府，一级财政，一级税收是世界通行做法，但是鉴于我国存在五级政府构架、法治尚不健全、无国际经验可循等因素，现阶段无法科学、成熟地进行分级财税管理。但是，对于财政转移支付资金，尤其是专项财政转移支付资金，必须严格规范，做好预算与监督，否则容易滋生地方的"跑部钱进"③和"酱油财政"④。长此以往，我国多级财政国情下的各级地方财政，将因为缺乏独立的收支平衡权与管理权，而形成制度化的"分钱制"，偏离应然目标。

正因如此，我们应当对分税制进行更为彻底地改革。"分事""分税""分管"是分税制的应然含义，三者的逻辑联系内在规定了分税制改革的方向："分事"是前提，在"明确事权"的基础上，才能了解政府的开支有多大，究竟需要多少钱；"分税"是保障，税种的明确划分才能充分巩固和切实保障地方的财权，避免"跑部钱进"和"酱油财政"；"分管"是归宿，只有在法定框架下，地方能够自主地进行财税管理，才意味着"发挥中央和地方两个积极性"落到了实处。

---

① 全面"营改增"实施后，地方独享税主要包括：房产税、城镇土地使用税、耕地占用税、土地增值税、车船税、契税和烟叶税。

② 全面"营改增"还会导致地方政府依附于营业税的税收收入随之减少，例如城市维护建设税和教育费附加等。如果再考虑"营改增"造成的减税效应，地方将变得更加困难。

③ "跑部钱进"是指由于专项转移支付资金分散在中央许多部门手里，在立法滞后的情况下，导致钱应该给谁、为什么给、给多少等一系列问题都没有统一标准。地方为了获取这部分资金的扶持，不少地方官员主动去上级各个主管部门跑动"沟通"，达到要项目、要资金的目的。

④ "酱油财政"是指地方政府没有独立自主权，中央让干什么就干什么，花多少钱，给多少钱。

第三章　中外国家财税体制理论比较与选择

一、国外财税体制的理论研究与实践考察

（一）国外财税思想拔疏

　　长期以来，我国财税体制改革研究主要是借鉴西方国家财税法理论，相关的译著和阐释性研究成果不计其数。其中，税的正当性依据是财税体制存在的前提，其地位在国外财税思想史上举足轻重，而公共产品和公共选择理论对指导我国财税体制改革的理论研究和制度实践也有重大意义。

1. 税的正当性

　　"税收国家"（Steuerstaat，Tax State）是继"民主国家""法治国家"之后，西方学者针对市场经济国家的特点，从财政视域对现代国家形态提出的一个新概念。税收国家以"国家无产"和"私人有产"为前提，国家不直接从事营利性经营活动，而是运用公权力向纳税人征税并以此作为财政收入的一种形态。因此，税收国家的主要收入来源于税收。①那么，税收何以存在？国家为什么征税以及公民为什么

---

　　①　税收国家的概念由德国学者 Rudolf Goldscheid 在其 1917 年发表的《国家资本（转下页）

要纳税？税收是否具有必要性？对这一系列基础性问题的解答，是探索财税体制理论根基的先导性研究。申言之，如果税收不具备正当性，财税体制的构建以及改革也就失去了价值和意义。关于税的正当性，学者们说法不一，主要有公共需要说、交换说、义务说和经济调节说等观点。公共需要说认为，国家的职能在于满足公共需要，增进公共福利，征税是其获取履行职能的费用的途径。交换说认为，国家和国民是独立而平等的关系，二者之间是一种以税收为桥梁的"交换"关系，国家给国民保护，国民给国家税款。义务说主张税收是国民的义务，因为国民的生活离不开国家的存在，因而国民必须为维持国家的存在而纳税。经济调节说认为，市场失灵会导致市场机制的失效，因此需要国家运用一定的手段予以调节，以确保资源配置的有效和财富分配的公平，而税收恰好是这种重要手段。[①]

2. 公共物品理论

各种税的正当性学说纵然角度不同，但大都包含相同的逻辑进路：国家征得纳税人同意，以征收税款的方式获取纳税人的私人财产，再将获得的税款转换为"公共物品"提供给纳税人。国外学者财政研究的主流立论基础也正是公共物品理论，公共物品理论可谓是财税体制的核心范畴。

萨缪尔森认为，经济中存在私人消费和集体消费两种商品，其中集体消费商品在本质上就是公共物品，即个人对该物品的消费不会导

（接上页）主义或国家社会主义》一文中提出，迅速在经济学界引起轩然大波。国际上，Joseph Alois Schumpeter、Josef Isensee、北野弘久及葛克昌教授等人对此有大量研究。例如，葛克昌教授在《税法基本问题（财政宪法篇）》中提到，租税系一种单方负担，用以满足一般之公共财政需求，即税收是公共团体代表国家为满足公共利益的需要而向私人征收的公共物品费用。

①　除上述四种学说，还有保险说和新利益说等学说。参见张守文：《财税法学（第五版）》，中国人民大学出版社 2016 年版，第 110 页。

致其他人对该物品消费的减少。① 可以说，萨缪尔森的定义发现了公共物品的"非竞争性"。马斯格雷夫在此基础上又发现了公共物品的"非排他性"。揆之于现实，公共物品的"非竞争性"和"非排他性"催生了人们搭便车的心理，私人不愿投资公共领域，相关自愿合作难以开展，导致公共物品不能依靠市场机制来配置，只能靠市场主体之外的国家介入，由国家来提供。与这一财政思想相对应，财税体制应当围绕提供公共物品、满足公共需要来构建。在 19 世纪 80 年代以前，以斯密、萨伊为代表的学者在探讨公共支出时，大都关注国家职能范围，即国家有哪些职能或者国家应当承担哪些支出。但是，他们并没有办法回答"最优公共支出"的问题。直到有学者将边际效用分析工具用于公共支出领域，才为解决这一问题提供了可能性。公共物品理论的兴起，与当时国家职能的拓展相呼应，源于国家职能由非生产性职能向生产性职能的转变，即国家职能不再局限于斯密、萨伊等定义的最小的消费性职能，而要积极地促进社会经济发展。当然，衡量国家职能范围是否合适，取决于国家因履行职能而产生的支出，是否对得住纳税人所承担的税收牺牲。

3. 公共选择理论

公共选择学派提供的思想资源，是支撑财政和财税体制的一笔重要财富。以布坎南为代表的公共选择学派认为，公共物品具有不可分割性，所有消费者都能等量地消费公共物品，容易形成消费上的"搭便车"问题。在讨论公共物品时，如何筹集公共资金是一个不可回避的问题。一般认为，有两种方式可以解决：其一是市场机制，其二是政治程序。在市场机制中，由于不同消费者对公共物品具有不同的利益偏好，如何显示公共需求就成为一个难题，而公共需求恰好是消费

① Paul A. Samuelson, "The Pure Theory of Public Expenditure", *Review of Economics and Statistics* 36, 1954.

者根据受益程度支付公共物品价格的前提。正基于此，一些意大利学者，诸如潘塔莱奥尼、马佐拉等，试图通过政治程序来解决筹集公共物品资金的问题。之后，维克赛尔接受了前人的思想，主张自利主义的分析方法。从上述分析可知，公共选择理论不是纯粹的经济学理论，它介于经济学和政治学之间，因而不宜被过分数学化。

（二）分税制的理论基础

进一步推进分税制改革是新一轮财税体制改革的"重头戏"。因此，为什么要进行分税制改革和怎样进行分税制改革成为亟待解决的两大理论问题。其中，前者是一个必要性问题，后者是一个合理性问题，但是两者共同依附于一个基础性问题——分税制改革的正当性。因此，探寻和审视分税制改革的正当性依据至关重要。事实上，关于分税制改革的正当性，学界有福利改进说、国际借鉴说、一级事权一级财权一级税权说、地方无税权导致收费泛滥说、调动地方积极性说等多种学说。[①] 但追根溯源，它们都肇始于"财政分权"和"地方自治"两个影响最为深远的经典理论。

1. 财政分权理论

英国著名理论政治家阿克顿（Lord Acton）有一句至理名言："权力导致腐败，绝对的权力导致绝对的腐败。"[②] 是故，许多思想家、法学家都不惜笔墨对权力的制约或分工展开论述。在概念上，分权包括横向分权和纵向分权两个维度。横向分权，主要是指国家权力在同级政府不同部门之间的权力配置，其精髓在于采取权力制衡机制"以权控

[①] 杨斌：《关于我国地方税体系存在依据的论辩》，《税务研究》2016 年第 5 期。

[②] 〔英〕阿克顿：《自由与权力——阿克顿勋爵论说文集》，侯健、范亚峰译，商务印书馆 2001 年版，第 342 页。

权"，防止任何"单一意志"掌控整个国家，通常涉及立法机关、行政机关和司法机关之间的关系。纵向分权，与中央和地方政府之间的关系紧密相连，其以国家的存在为前提并伴随国家疆域、人口及其职能的扩大而产生与发展。当一国领土和人口达到一定规模，领导者无法直接统治基层民众时，就需要在全国范围内设立若干层级的政府，以有效地管辖和治理整个国家。本文所称的财政分权，即是纵向分权。

（1）第一代财政分权理论

财政分权，是指财政权力在中央和地方政府间的一种配置，其核心在于地方政府能够享有一定的自主权，并被允许自主地决定其预算支出规模和结构。可以说，财政分权在本质上是权力的分配，而非财政资源的分割。① 第一代财政分权理论是从 20 世纪 50 年代及 60 年代流行的公共财政理论发展而来的，以蒂博特（Charles Tibeout）、马斯格雷夫（Musgrave）和奥茨（Wallace E. Oates）三位先驱者为代表。

1956 年，蒂博特在《地方支出纯理论》一文中提到"用脚投票"机制，他以两个假设为前提：一是地方政府可以为辖区内居民提供公共物品；二是居民可以在不同地区之间自由流动。是故，各个地区可以通过提供优质的公共品等方式来吸引居民，而居民可以通过"用脚投票"来选择满意的地区生活，从而实现帕累托最优，因此蒂博特的观点被称为"完全竞争市场理论"。奥茨在《财政联邦主义》一书中对中央政府集中供应公共品和地方政府分散供应公共品进行比较，认为地方政府在公共品的供给上具有"信息优势"。因为人口的异质性使得各地方居民的偏好存在差异，而地方政府比中央政府更能接近自己辖区内的居民，更能了解他们的利益需求。因此，如果同一件公共品，上级政府和下级政府都可以提供，那么由后者提供更有效率。马斯格雷夫在《公共财政理论》一书中指出，政府有三方面的主要功能：资

---

① 徐阳光：《财政转移支付制度的法学解析》，北京大学出版社 2009 年版，第 129 页。

源配置功能、收入分配功能和宏观经济稳定功能。鉴于财力不足和人口流动等因素存在，地方政府不具有稳定宏观经济和收入再分配的天然秉性。但就资源配置而言，由于不同地方居民的利益偏好不同，由地方政府来配置资源比中央政府更有效率。此外，在其他学者的研究中，地方政府还具有代理成本优势、信息费用优势、标尺竞争和具有创新的激励等优势[①]，故而他们大都强调分权治理的重要性。

由此可见，第一代财政分权理论强调了地方政府的竞争机制的作用。进一步讲，如果由地方政府来配置资源，各地政府会因争夺居民而进行竞争，提供满足纳税者利益偏好的财税决策。此外，地方政府会严格约束自身行为，同时促使中央政府在决策中倾听地方的意见。不过，第一代财政分权理论也存在着一些现实制约。一方面，该理论与新古典经济学的厂商理论相类似，把组织视为"黑箱"，但却忽视了一个根本性问题：政府是由若干官员组成的，故而官员的"经济人"特性可能使政府为"恶"。也就是说，现实中的政府绝不是纯粹的公益性服务组织。既然如此，政府官员有何动机如理论描述一般去提供公共品和维护市场秩序呢？另一方面，该理论存在失效的可能，以蒂博特假设为例，当居民自由流动的成本较高，或者说，当法规限制甚至禁止居民的自由流动时，"用脚投票"机制就会失去效用。

（2）第二代财政分权理论

囿于第一代财政分权理论对政府激励问题的忽略，以钱颖一、温格斯特（Weingast）、罗兰（Roland）和哈特菲尔德（William Hatfield）为代表的经济学家，在分权的框架下借鉴新制度经济学的理论成果，引入"激励相容与机制设计"，提出了市场维护型财政联邦主义，又称第二代财政分权理论。

---

① 参见 V. Tanzi, "Fiscal Federalism and Decentralization: A Review of Some Efficiency and Macro-economic Aspects", in M. Bruno, *Annual World Bank Conference on Development Ecnomics*, edited by B. Pleskovic, Washington, 1995, pp. 295-316。

第二代财政分权理论认为，市场效率和政府结构有关，故而政府行为既要有效果，又要受限制。市场维护型联邦主义将激励机制融入政府结构，为市场提供支持性的政治系统。是故，中央和地方政府均在这个框架下行动，市场机制受到维护和推进，同时市场交易各方也在市场的增进中获益。[①]钱颖一将市场维护型财政联邦制所需要的基本条件归纳为五个方面：一是政府内部存在层级体系；二是央地之间存在权力划分；三是制度化的地方自主权；四是地方政府对地方经济负主要责任；五是各级政府有硬预算约束。同时，他认为一个完善的市场维护型财政联邦制引入了地方之间的竞争，由此可以产生一些重要的经济效果。[②]

此外，Brennan 和 Buchanan 在公共选择理论的分析范式之上，以限制政府征税权为研究视角，指出第一代财政分权理论存在的问题：其一，现实社会并不存在理论中所描述的"仁慈而高效"的政府。根据公共选择理论，相较于社会福利最大化，预算最大化才是政府的追求。但政府规模在没有约束或限制的情况下，势必无限扩张，榨取社会经济资源，损害社会福利。其二，忽略了联邦制结构的宪法内涵。政府是一个最大的垄断机构，不存在政府之上的约束力量，联邦主义以政治结构约束政府的潜在剥削行为，因此，对政府内部进行分权是限制政府规模的唯一办法，通过政府内部各级政府间的竞争，创造出一种类似于市场的约束机制。

总之，第二代财政分权理论假定政府不是"仁慈的救世主"，而是"自利的经济人"，它承认对政府本身有激励机制。鉴于政府官员也有对物质利益追求的"自利性"，他们很可能在政治决策中进行权力寻

---

① 马珺：《财政分权：分析框架与文献评述》，载杨之刚等：《财政分权理论与基层公共财政改革》，经济科学出版社 2006 年版，第 44 页。

② 相关经济效果，参见钱颖一：《现代经济学与中国经济改革》，中国人民大学出版社 2003 年版，第 210—211 页。

租。是故，一个高效的政府结构应当通过制度设计，实现官员利益与地方居民福利之间的激励相容。

（3）财政分权的内涵

第一代和第二代财政分权理论都明确了在中央与地方政府财政分工的前提下，强调地方财政独立自主的意义。本书通过梳理和提炼上述理论，认为财政分权的内涵是多方面的：

第一，财政分权以多级政府架构为前提。一个政府内的层级体系是财政权力在各级政府间纵向分配的基础。在各国经济生活中，无论国家政治结构如何，是联邦制还是单一制，几乎都未出现过极端的岛屿经济世界和中央集权国家。[①] 例如，美国和日本实行三级政府架构，分别为"联邦—州—地方"和"中央—都道府县—市町村"。又如，法国的政府级次包括四级，即中央—大区—省—市镇或市镇联合体。

第二，财政分权是主权国家内部的权力划分。虽然当前学界对"主权"的表述不尽相同，但学者们大都主张，主权是对内的最高统治权和对外的独立自主权的统一。从这个意义上讲，国家享有对其国内一切财政活动进行管理的权力，它是统治权的一部分。因此，既然一国对财政权力进行了划分，那么包括中央政府在内的任何一级政府都无权垄断全国范围内的所有财政决策，中央必须尊重地方政府的权力，各级政府都应在自己的"权力地界"内行事。

第三，财政分权是中央和地方政府间的权力分享。财政分权并非是财政权力在中央和地方政府之间的"分庭抗礼"，而是一种"权力分享"，由各级政府共同行使。但在特殊时期，地方须依法服从于中央政府的财政决策。可见，政府间财政分权在本质上是一种分工与合作关系。从世界各国实践看，这种权力分享源于"法律赋予"或"中央授

---

① 刘云龙：《民主机制与民主财政——政府间财政分工及分工方式》，中国城市出版社2006年版，第104页。

予"①，但无论哪种情况，它都必须依法进行。因为制度化的分享方式能够对各级政府形成制约，据此，权力分享才可能更加具有科学性、合理性和稳定性。

第四，财政分权使公共物品具有层次性。与计划经济下中央政府包揽所有公共物品的方式不同，财政分权使得政府提供的公共物品是分层次的。根据受益范围的不同，公共物品可分为全国性公共产品和地方性公共产品。②在具体分配上，通常地方政府的事务不得上交中央政府，而中央政府只处理地方政府"力所不及"的事务，诸如提供国防、外交、公共安全以及具有正外部性的公共物品。

第五，财政分权理应包含地方政府之间的竞争。在一个国家内，居民虽无法选择全国性公共产品，但却可以根据自身偏好在不同地区间自由迁移，自主地选择地方性公共产品，这也是蒂博特"用脚投票"理论的体现。③因此，地方政府为吸引人才、引进资金以及实现区域内的发展与繁荣，就会展开竞争。一般认为，地方政府竞争的好处有两个方面：一是促使地方政府努力地提供更好的公共物品组合；二是促使地方政府在财政上谨慎行事，以避免"破产"。

2. 地方自治理论

自治，它的英文表达为 autonomy、self-government、home rule。地方自治与财政分权属于一个"一体两面"的问题，因为两者天然契合：地方自治以财政分权为前提，财政分权以地方自治为归属。可以说，地方自治和财政分权都是国家治理体系和治理能力现代化命题中

---

① 通过对比中日两国中央和地方政府间的权力分享，可以发现：首先，日本《宪法》明确规定了地方自治，因此，这种权力分享是《宪法》赋予的，是地方公共团体自治权的自然延伸。其次，中国《宪法》明确规定，除民族自治区外，不实行地方自治制度且现行法律体系也没有相关规范对此进行确认。是故，就权力分享而论，日本属于"法律赋予"范畴，中国属于"中央授予"范畴。

② 刘剑文、熊伟：《税法基础理论》，第45页。

③ 徐阳光：《政府间财政关系法治化研究》，法律出版社2016年版，第69页。

的应有含义，是中央与地方政府关系中的重要内容，日本学者吉村源太郎将其视为"充实立宪政治之根本，巩固国家之基础"。如果说财政分权关注国家权力的纵向分配，那么地方自治则注重对地方自治权的保障。

（1）两大法系的自治观

由于各国历史发展、文化传统和民族精神不同，地方自治理论也并不是一套具有普适性的理论。相反，它是在发展过程中逐渐形成的具有差异性的本土化特色理论，主要以英美法系和大陆法系的自治观为代表。一方面，英国被盛赞为"地方自治之家"，其自治权源于天赋人权和国家契约论，国家权力是派生的。作为与"官治"相对的概念，"自治"排斥"官治主义"，倡导"人民自治"，主张公共事务应由人民自己处理，国家对其没有干涉的权力，只有保护的义务，并在此基础上逐步产生了以名誉职处理公共事务的专门自治人员。总之，英美法系的自治观是一种人民自治、政治上的自治和广义上的自治，强调"人民的自我实践"和"名誉职"。[①]另一方面，大陆法系国家的自治观以法国为代表。它们一般奉行团体自治的观念，认为在国家领土内存在地方团体且其具备独立的法律人格，能够按照自己的意志在特定区域范围内自主管理公共事务。相较于英美法系国家，大陆法系国家的自治观是一种团体自治、法律上的自治和狭义上的自治，它重视团体而非个人，致力于培育并加强团体的自治精神，主张地方自治团体在法律框架下独立自主地处理地方行政事务。

由此观之，两大法系国家对自治的认识迥然相异。然而，正是由于两大法系将各自的自治观发挥到极致，从而导致其理论因过于理想化而缺乏现实操作性。于是，在20世纪前后，一种折中的自治观逐渐形成：人民自治与团体自治是须臾不可分离的，团体自治是人民自治

---

① 陈邵方：《地方自治的概念、流派与体系》，《求索》2005年第7期。

的前提，人民自治是团体自治的保障。这是因为如果没有独立于国家的区域性团体存在，人民自治就会因缺乏载体、平台而难以实现；同时，如果没有人民对团体自治的充分参与，团体自治将因脱离人民意志而形同虚设。是故，这种折中的自治观认为，地方自治是指自治团体享有法律上的独立人格，同时设有"名誉职"并在国家的监督下自行处理地方公共事务。

（2）地方自治的基本含义

要了解地方自治的基本含义，应当首先了解地方自治或自治权的法律本质。有关自治权的学说主要有承认说、固有权说和制度保障说等。首先，承认说认为地方自治源于国家的承认、委任和赋予。如果抛开这一前提，地方自治团体根本不存在所谓的法律人格。其次，固有权说指出，地方权与个人权利一样，都是自然法上当然享有的权利，宪法或法律对它的作用并不在于创设，而在于确认。可以说，地方自治是作为民主主义的内在要素所固有的东西而存在的。[1] 最后，制度保障说认为地方自治是一种自治性保障制度，它是民主国家构造中的一环，要求各地在自己的责任下行使权力。日本著名财税法专家北野弘久教授在对上述三种学说加以质疑的基础上提出了"新固有权说"，倡导将自治权尤其是财政权当作一定范围内连法律也不可侵犯的、由宪法保障自治的自治体的固有职权。[2]

上述各种学说都是地方自治对其实践所面临问题的回应。虽然观点不同，视角也有所差别，但它们依然存在一些共性，那就是对地方居民权利的保障。事实上，关于地方自治，学界已有内容丰富和剖析深入的研究。就其文义本身，地方自治是指国家特定区域的人民，由

---

① 〔日〕山内敏弘：《分权民主论的50年》，载张庆福主编：《宪政论丛》，法律出版社1998年版，第372—373页。

② 北野弘久认为，首先，承认说在实质上会给地方自治带来形式化的风险；其次，国家权力具有单一性和不可分割性，并以此作为反对固有权说的依据；最后，制度保障说在发挥保障功能的同时，也带来了制约权利的危险性，地方自治恐遭受大幅度的制约。

于国家授权或依据国家法令，在国家监督下自行组织法人团体，用地方的人力物力财力自行处理自己的事务的政治制度。地方自治是相对于中央集权而言的一种治理地方社会的理念、制度与方式，其实质是一定区域内的公民对该区域内的公共事务拥有自主权，其精髓是民主精神。[①] 日本学者认为，它是一定的地域中的自治团体（共同体）、住民按照自己之意思，组成机关，处理区域内之公共事务。我国台湾地区学者认为，地方自治系指国家将部分统治权概括移转于地方自治团体，让地方自治团体内之居民以自我负责之方式管理其事务。劳伦斯·普拉特车特（Lawrence Pratchett）将地方自治概括为三个方面："免于中央干涉""自由地产生特定的结果"和"代表地方本身"。[②] 如果用最通俗、最简练的话来表述，那就是"本地方的人，用本地方的钱，办本地方的事"，其实质就是要保障地方居民处理本区域公共事务的自主权。可见，地方自治要求在坚持国家主权和统一的前提下，充分发挥地方居民的主体性，尊重他们的意愿，满足他们参与地方事务的愿望，从而实现地方生动、活泼的生活，这既是民主的精髓，又是法治的价值所在。

笔者认为，尽管学者们的表述各不相同，但他们对地方自治的界定都传达着这样三层意思：第一，在主权国家内部存在若干个特定区域。区域的划分是地方自治的前提，它以民族、地理和行政区划等因素为划分依据，在划分时可以采用二级次划分，也可以采用多级次划分。第二，国家权力通过授权或法令在中央政府和特定区域内合理分配。世界上除极少数国家外，不论各国的政治体制是联邦制还是单一制，都存在着国家权力的纵向分配，只是鉴于国情不一，地方获取权力的方式不同。例如，日本地方权力来自于"授法令"，而我国除民族

---

① 陈绍方：《地方自治的概念、流派与体系》，《求索》2005 年第 7 期。

② Lawrence Pratchett, "Local Autonomy, Local Democracy and the 'New Localism'", *Political Studies* 52, 2004.

自治区外，不实行地方自治制度。第三，特定区域的居民对该区域内的公共事务自行负责。地方自治是地方与中央政府之间的分工合作，是国家对特定区域内自治团体活动的一种承认，但是必须以地方自治权服从于国家主权为限。换言之，地方居民在政治上必须忠诚于中央政府。

（3）地方自治与地方财政独立

综观世界各国，根据地方财政的独立程度，可以将地方财政划分为独立型地方财政、依附性地方财政和半独立半依附型地方财政。在独立型地方财政中，地方政府自主权较大，有相当的独立性，中央与地方的财税收支划分较为明确，自求平衡，地方政府对中央政府依赖很小。依附性地方财政则体现了中央财政在整个国家中的主导和控制地位，地方政府没有财权，事权也是徒有虚名，财政基本由中央政府来集中分配。半独立半依附型地方财政契合了均权主义理念，中央和地方政府所具有的权力来源于其所拥有的资源，二者之间是一种"讨价还价"的博弈关系。由于地方自治是政治上的自治，而政治上的自治又必须以经济上的独立为保障。因此，独立型地方财政是地方自治的关键，地方财政独立不可避免地被纳入中央与地方财政关系的研究范畴。要实现地方财政独立，具体来说，包括以下三个方面：

第一，赋予地方政府适当的税权。通常情况下，政府收入的绝大部分来源于税收，非税收入所占比重较小，故而税权状况在某种程度上可以代表财权状况。因此，给予地方政府一定的税权，尤其是税收立法权，可以调动地方政府的积极性，为其履行职责提供财力支持和保障，同时还有助于构建相对健全和完善的地方税体系。当然，赋予地方政府的税权并非是完全、完整的，而应当具有限度上的考量，即不得危及中央政府的调控力。因为当地方政府获得更多的财政自主权时，地方之间就会出现竞争，而竞争势必加剧经济发展的不平衡，如果中央政府的宏观调控力度不足，不能应对这种经济差异，就会诱发社会风险，甚至政治风险。反之，足够的调控力能够保障在地方经济发展出现严重不平衡时，中央政府也有能力通过转移支付平抑这种差异，维持社会和谐与人民团结。需要指出的是，税权的配置必须在法律的框架下完成，否则，地方政府来之不易的税权很可能遭到中央权力的"侵蚀"。此外，地方政府的收费权和发债权也应当规范化。

第二，实现财权与事权相匹配。地方自治旨在实现、保障社会福利最大化。如果地方的自主权不清晰，中央可以对地方"发号施令"，不受任何标准或程序的限制，政府间财税收支划分和财政转移支付所能发挥的效果都会十分有限。因此有必要依照法律严格划分各级政府之间的权力与责任，尽可能实现财权与事权的匹配度。明确各级政府的财税收支范围，以及转移支付的财税规模和资金流向等，极力减少政府支出过程中的人治色彩，推进法制化进程，避免因争夺财源而引起的地方财政负担和支出压力。

第三，落实预算监督双保障。首先，现代预算是关乎国泰民安的重要制度，也是国家和公民利益的协调机制。[①] 因此，要保障地方财政独立，应将预算纳入法制化轨道，确立地方权力机关预算审批和决算的法律权利，建立地方居民自行决定预算收入和分配的财税体制。其次，查尔斯·亚当斯指出，我们是如何征税和用税的，在很大程度上决定了我们是繁荣还是贫穷、自由还是奴役，以及最重要的，正义还是邪恶。[②] 因此，要保障地方财政独立，应完善财政监督法律制度，这样一方面，可以监督中央政府在执行《预算法》《财税收支划分法》《财政转移支付法》等法律规范过程中的违法侵害地方政府权利的行为，防止地方自治"空洞化"的现象出现；另一方面，可以监督地方政府在财政法律实施过程中出现的财政违法行为，避免地方自治出现"脱法化"的现象。

---

① 施政文：《新预算法与建立现代预算制度》，《中国财政》2014 年第 18 期。

② 〔美〕查尔斯·亚当斯：《善与恶——税收在文明进程中的影响》，翟继光译，中国政法大学出版社 2013 年版，扉页。

（三）税权配置模式的国际比较

税权，作为税法的核心范畴之一，国内外均有关于它的阐述和论证。对税权的理解，关键在于"权"，经济学界一般将其理解为一种"权力"，认为它是国家权力在财税领域的延伸，而法学界则认为它是权力和权利的统一。在各个国度或者在各种政治体制下，税权通常包括了税收立法权、税收征管权和税收使用权三个部分。其中，税收立法权位居权力配置链条的初始环节，依据"无代表不得征税"（no taxation without representation）的古老宣言和税收法定的现代精神，该权力应由国家权力机关代表人民来行使。税收征管权处于中间环节并受立法权的约束，由执行国家日常事务的行政机关行使。税收使用权依附于征管权，是政府将通过行使征管权筹集的用于支出活动的权力。税权配置，是政府间财政关系的核心问题，是指税收立法权、税收征管权和税收使用权在中央与地方之间的分割与重组。① 从国际比较的视角看，税权配置主要有三种：集权模式，分权模式和相对集中、适度分权模式。②

1. 集权模式

集权模式，是指大部分国家税权集中在中央，地方政府没有或只有占比很小的税权。该模式强调中央政府的宏观调控能力，旨在实现"举全国之力办大事"的功效。法国是采用集权模式的典型国家。

---

① 税权配置，包括税权的横向配置和税权的纵向配置。前者主张不同的权力分设不同的机构，以便对税权从制度上进行根本约束；后者主张多级政府配以多级财政，着眼于税权是否应当分配以及如何分配。本书所称税权配置，均指税权的纵向配置。

② 也有学者将其概括为四种模式，即高度分权的美国模式、相对分权的日本模式、相对集权的德国模式和高度集权的法国模式。参见彭艳芳：《中央与地方税权配置的法经济学研究》，经济科学出版社 2016 年版，第 156—161 页。

就税收立法权而言，权力集中于中央，中央税和地方税都由中央来立法。法国宪法规定，由国家议会统一决定税种的开征与停征、税目的增减和税收的减免、税收收入的分配等问题，而具体的税收条例、法令等则由财政部负责制定。地方政府主要负责执行，但在一定范围内，也享有调整税率、采取减免措施以及开征一些捐费的权力。

就税收征管权而言，受单一制和中央集权传统影响，法国是税收征管权集中于中央政府的典型国家。法国只设立了全国统一的、隶属于中央政府的一套税务机构，即国家税务机构，并在各地下设分支机构。除此之外，法国不存在地方税务机构。无论是中央税还是地方税，各税种的征收工作均由国家税务机关负责。

就税收使用权而言，鉴于法国的税收收入结构以中央税为主体，因此中央税收约占总税收的 85% 以上，而地方税仅占 15% 以下。为解决地方政府资金不足的问题，中央政府会通过一般补助和专项补助来对地方进行补助。

2. 分权模式

分权模式，是指在税权配置中，各级政府都拥有相应的税权，国家税权在各级政府间呈现出一种分散态势。美国以联邦制作为其国家的基本政治制度，是采用分权模式的典型代表。

就税收立法权而言，美国三级政府都享有自己独立的税收立法权。具体来说，联邦政府所享有的税收立法权全部集中于中央，联邦税法的制定和修改，包括税种的开征与停征、税率的调整等，一律由国会调整。州政府所享有的立法权由州议会行使，各州的税收也由州议会通过立法决定。此外，地方政府除了按照州的规定进行征税外，也在一定范围内享有独立的税收立法权，由此形成了各级税收制度并存的局面，包括统一的联邦税收制度和有差别的州及地方税收制度。为了对下级地方的税收立法权进行约束，美国的相关法律规定，联邦有权判定州、地方的税收立法无效。[1]

就税收征管权而言，与税收立法权相对应，美国三级政府都享有税收征管权，联邦、州和地方都各自有自己的税收管理机构。联邦政府通过国内收入局在各个州设立税收服务中心，征收联邦税收。州和地方政府也分别设有自己的税务局，负责本级税收的征收。联邦国内收入局与州和地方税务局之间不存在隶属关系，但在工作中涉及共享税源的问题时会联手合作。

就税收使用权而言，中央税收收入比重较大，联邦各项税收、州税和地方税分别约占 60%、25% 和 15%。州与地方所享有的税收收入在很大程度上能够满足其经济自主的需求。如果出现州和地方政府遇到资金不足的情况，联邦政府会对其进行有条件补助或无条件补助。

3. 相对集中、适度分权模式

相对集中、适度分权模式，是指在税权配置中，中央和地方各级政府分享税权，相互制约。该模式是对集权模式和分权模式的一种折中，强调税收立法权的相对集中，以及税收征管权和使用权的相对分散。它有机结合了上述两种模式的特点，如果制度设计得科学、合理，能够对集权和分权模式进行"扬弃"，吸收它们的优点、避免它们的短板。日本则是采用该模式的代表。

就税收立法权而言，一方面，日本的税收立法权相对集中于中央，中央税和地方税原则上由国会统一制定，内阁负责制定政令实施税法。其中地方税以《地方税法》的形式确定，都道府县和市町村等地方政府可以根据国会颁布的法律或内阁制定的政令制定属于地方税种的条例。另一方面，如果地方政府支不抵收，可在地方议会讨论通过的前提下，开征法定税外的普通税。但是，普通税的开征必须经过自治大

---

[1]　孙文基、魏文斌：《税权划分的国际比较与借鉴》，《国外社会科学》2011 年第 2 期。

臣批准。中央实行"课税否决制度"的目的在于限制地方擅自立法征税而出现地方税和中央税的重复。有利于防止因税权划分而出现税政混乱的情形。

就税收征管权而言，日本的税收征管机构分为国税系统和地方税系统，三级政府都有自己的税务机构。中央税由财务省国税厅负责征收，都道府县税由都道府县财政局或税务局负责征收，市町村税由市町村财政局负责征收。

就税收使用权而言，由于地方政府承担着比中央政府更多的公共职责，因此地方政府支出比重较之中央政府要高。但从中央和地方税收收入总额的分配来看，中央税收占税收总额的60%左右。因此，日本政府间财政转移支付规模较大，其中，根据日本政府财务省的统计（见图3.1《日本政府2011年度一般会计预算——政府支出》），地方交付税达到了政府支出的18%。

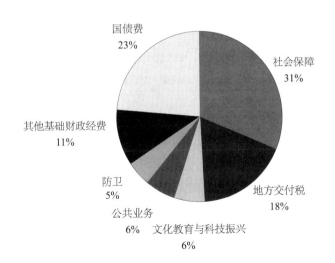

资料来源：日本财务省《日本的财政相关资料——2011年预算（政府方案）补充材料》。

图3.1　日本政府2011年度一般会计预算——政府支出

（四）国外中央税与地方税划分比较

1.法国的中央税与地方税划分情况

作为单一制的中央集权制国家，法国的税收分为中央、省、市镇三级管理。总体上说，法国的分税制注重财权、财力收支的集中，采用完全划分税种的做法，不设共享税或同源课税。

法国目前开征的税种大约有二十多种。依据课税权主体的不同，可划分为中央税和地方税两大类（见表3.1《法国现行税收体系简表》）。

表3.1　法国现行税收体系简表

税收归属	税收分类	主要税种
中央税	所得（收入）税	个人所得税、公司所得税、工资税
	商品和劳务税	增值税、消费税
	财产和行为税A	登记税类：不动产销售登记税、商业实体产权转让登记税、公司登记税、继承与赠与登记税
		印花与执照税类：印花税、机动车执照税及其附加、私人机动车污染附加税、公司机动车税
		其他税类：财富税、股份转让税、金融交易税
	社会保险相关税收	
地方税	财产和行为税B	土地税类：已开发土地税、未开发土地税
		其他税类：居住税和房产空置税、地方经济捐税、垃圾清理税、特别发展税

资料来源：依据法国财政部公共财政总署发布的信息整理而成。

中央税主要包括所得（收入）税、商品和劳务税与部分财产和行为税（表3.1所示财产与行为税A）。同时，为了弥补社会保障资金的不足，法国除社会保险分摊金外，还征收社会保险相关税收。中央税的主要税种包括个人所得税、公司所得税、增值税、消费税、登记税、印花税、工资税和关税等。其中，增值税、个人所得税、公司所得税、消费税是中央税最重要的四大税种，约占中央税收总收入的99%。
2011年法国中央税收入为2543亿欧元（不含关税）。其中，增值税占
51.4%，个人所得税占20.5%，公司所得税占17.4%，能源产品消费税
占5.6%，烟草产品消费税占4.1%，其他税收占1%。[①]

地方税包括除中央政府征收之外的财产和行为税（表3.1所示财
产与行为税B），它又分为土地税类和其他税类：前者包括已开发土地
税和未开发土地税；后者包括居住税和房产空置税、垃圾清理税和特
别发展税等其他税收。

法国的税收收入结构以中央税为主体。其中，以增值税、所得税
等为主体税种的中央税收占总税收的85%以上，而地方税仅占15%
以下。

2. 美国的中央税与地方税划分情况

美国是联邦制国家，政府机构分为联邦、州和地方三级。由于政
治体制上实行联邦制，为了保证各级政府拥有一定的财力，能够提供
其事权范围内的服务，联邦政府、州和地方政府在财政上相对独立，
而且州和地方政府有许多自主权。换言之，各级政府都拥有与其事权
相对应的财税收入。在各级政府的财税收入中，最主要收入都是税收，
尤其是联邦政府，税收收入更是在财税收入中占有绝对比重。

具体来说，目前美国联邦政府是以个人所得税和社会保障税为
核心，辅之以公司所得税、货物税、消费税、遗产与赠与税及关税等
税种。根据美国国会预算办公室（Congressional Budget Office）的数
据，2011年个人所得税和社会保障税是联邦政府收入的两大来源，分
别占联邦税收入的47.1%和35.3%。其余税种无一占比超过联邦税

---

① 参见中华人民共和国财政部网站国际财经广角，http://www.mof.gov.cn/mofhome/guojisi/
pindaoliebiao/cjgj/201309/t20130927_994351.html。

收的 10%，例如消费税、遗产与赠与税、其他税种分别占比为 3.1%、0.4%、5.9%。①

州政府的税收体系以销售税和个人所得税为主体，辅之以公司所得税、货物税和各种使用税。地方政府的税种体系以财产税为主体，辅之以个人所得税、营业税和其他税收。需要特别说明的是，由于美国不同州与地方之间在产业构成等因素上存在着较大差异，直接导致了美国各个州和地方政府在税收构成上的不同。例如，在华盛顿州是没有个人所得税的，那么销售税和财产税自然成了州政府税收的主要来源。

由此可见，美国税种归属较为明确，分税制较为彻底，主要采取税源共享的方式划分税收收入。尽管有共享税源、名称相同的税种，但各级政府都是分率定征的，例如个人所得税虽然是联邦政府的主要税种，但也有部分州和地方政府对个人所得税进行征收。各级政府按照自己的税率征收个人所得税，不但有利于提高征收管理中的效率，而且也便于各级政府实现自己的社会经济目标。另外，主要税种在各级政府之间合理划分，个人所得税、销售税和财产税这三大税种分别归属于联邦、州和地方政府，使三级政府各自拥有稳定可靠的收入来源。

3. 日本的中央税与地方税划分情况

日本属于单一制国家，除中央政府外，地方政府包括都道府县以及市町村。它们在日本《宪法》中被称为"地方自治团体"。由于日本实行中央集中领导下的地方自治体制，日本的财政级次与政府的级次构成是相适应的，也分为中央、都道府县和市町村三级。在日本的财

---

① Douglas W. Elmendorf, "The Distribution of Household Income and Federal Taxes", Congress of the United States Congressional Budget Office, 2012: 14.

税收入中，税收收入约占 45%。

依据不同的标准，可以对日本的税收进行不同的划分。依据课税权主体的不同，可将税收划分为国税和地方税：中央政府课征的税为国税，地方政府课征的税为地方税。地方税又包括都道府县税和市町村税。依据经费开支目的的不同，可以将税收划分为普通税和目的税：以一般性经费开支为目的的课税为普通税，以特定的经费开支为目的的课税为目的税。其中地方税中的普通税又分为法定普通税和非法定普通税，目的税又分为法定目的税和非法定目的税。依据从财产的取得到使用的全过程中课税环节的不同，可将税收划分为所得税、财产税、消费税与流通税：其中，着眼于依取得收入的事实来进行课税的为所得税，着眼于依财产所有的事实来进行课税的是财产税，着眼于对支出货币、购买或消费商品以及服务行为等事实进行课税的成为消费税（支出税），着眼于对财产的转移或流通进行课税的就属于流通税。①

根据日本现行税收体系（见表 3.2《日本现行税收体系简表》），国税包括个人所得税、法人税、继承税、赠与税、消费税、酒税、烟税、印花税等税种；在地方税中，都道府县税包括都道府县居民税、事业税、固定资产税（大规模固定资产税）、汽车税等税种；市町村税包括市町村居民税、矿产税、固定资产税、市町村烟税等税种。其中，中央政府以个人所得税和法人税为主体税种，都道府县政府以居民税和事业税为主体税种，市町村政府以居民税和固定资产税为主体。可见，日本各级政府均有其税收来源的主体税种，且除市町村政府征收的固定资产税属于财产税外，各级政府征收的主体税种均为所得税。

---

① 〔日〕北野弘久：《税法学原论》，吉田庆子、汪三毛、陈刚等译，第 22—36 页。

表 3.2　日本现行税收体系简表

收入归属		征税形态	税收分类 A	税收分类 B	主要税种
国税			普通税	所得税	个人所得税、法人税等
				财产税	继承税、赠与税等
				消费税	消费税、酒税、烟税、烟特别税等
				流通税	许可注册税、印花税等
			目的税		电源开发促进税
地方税	都道府县税	直接征税形态(都道府县直接课征)	普通税	所得税	都道府县居民税、事业税、非法定普通税等
				财产税	固定资产税（大规模固定资产税）、汽车税、矿区税、非法定普通税等
				消费税	地方消费税、都道府县烟税、非法定普通税等
				流通税	不动产取得税、汽车取得税、非法定普通税等
			目的税		狩猎税、水利地益税、非法定目的税
		间接征税形态（国家征税后转让给都道府县）	交付税		个人所得税、法人税、消费税、酒税、烟税的一部分
			让与税		地方挥发油税、石油天然气税等的一部分
	市町村税	直接征税形态（市町村直接课征）	普通税	所得税	市町村居民税、矿产税、非法定普通税等
				财产税	固定资产税、微型汽车税、非法定普通税等
				消费税	市町村烟税、非法定普通税
				流通税	非法定普通税
			目的税		入浴税、营业所得税、城市规划税、非法定目的税等
		间接征税形态（国家征税后转让给都道府县等的）	交付税		个人所得税、法人税、消费税、酒税、烟税的一部分
			让与税		地方挥发油税、石油天然气税等的一部分

注：税收分类 A 以经费开支目的为划分标准，其中，在地方税的间接征收形态中，以中央财政向地方转移的方式为划分标准；税收分类 B 以从财产的取得到使用全过程中的课税环节为划分标准。

二、我国财税体制的历史考察与研究现状

（一）我国财税体制的历史考察

根据我国财税体制的模式选择与目标定位，可以将新中国财税体制的变迁历程划分为三个不同时期："统收统支"时期、"分灶吃饭"时期和分税制时期。

1. "统收统支"时期财税体制的制度分析

1949 年新中国成立，面临一个内忧外患并存、百废待兴的困难局面。特殊的时代环境，需要一个强大的政权来领导国家恢复经济建设，帮助人民重拾信心。因此，新中国成立后的 1949 年至 1979 年，我国实行"统收统支"的财税体制。

新中国成立初期，为了在短期内充分发挥社会主义制度集中力量办大事的优势，中央政府推行"收支两条线"模式，中央与地方之间是"委托—代理"关系。地方政府作为中央的代理机构，其征收的税款全额上交中央，而地方发展所需的支出由中央政府另行拨付，中央和地方政府财税收入和支出之间没有必然联系。在这种模式下，中央政府享有绝对的财税权威和高度的收支权限，地方政府没有财税自治权，仅是中央政府的附庸。

随着新中国逐渐克服了初期的各种难关，政权得以巩固，高度集中的财税体制开始松动。比如，我国于 1951 年至 1957 年实行收支划分、分级管理体制，尤其是 1954 年，"收支两条线"模式被"分类分成"模式取代，即财税收入包括央地固定收入、固定比例分成收入和央地调剂收入。又如，1971 年至 1973 年，中央决定将大部分企业与事业单位下放地方管理，实行财税收支包干管理体制。这一系列体制

安排既能维持中央集权，也能调动地方积极性。不过，财税收支依然是以中央政府为主。

在"统收统支"时期，地方政府的分权诉求不会被充分采纳，地方利益也是与中央政府捆绑在一起的，形成"一荣俱荣、一损俱损"的局面，从而深受国内外政治形势的影响，无法得到切实保障。例如，我国于1958年实行以收定支、五年不变的管理体制，旨在扩大地方财权，但受中苏交恶和"大跃进"高指标的影响，该体制执行一年就中止了。1959年至1970年总额分成、一年一变的管理体制开始实行，1961年为了调整国民经济运行，中央政府收回部分管理权限。1968年，受"文化大革命"影响，"收支两条线"模式卷土重来。

考察"统收统支"时期的财税体制（见表3.3《"统收统支"财税体制时期部分立法文件统计》），不难发现，它是中央"集权主义"思想的体现，地方政府、各企事业单位甚至公民个体都是这个"企业型国家"的零部件，完全按照国家利益、集体利益与个人利益的优先顺位统筹安排经济和财税资源。中央与地方政府的分权，也仅仅是经济管理的行政性分权，中央政府无法衡平放权让利、调动地方积极性和有效控制因财税分权而出现的混乱，导致财税体制始终处于"集权—分权—集权"的无效循环，陷入"一放就活、一活就乱、一乱就收、一收就死"的怪圈。可以说，"统收统支"时期的财税体制对中央和地方政府都是低效率的。按照新制度经济学的观点，国家推动和实施财税体制变迁是为了实现"预期收益最大化"，以消除制度的不均衡，获取制度红利。但是，经济上的考虑因素并非是唯一的，如果财税体制变迁会降低执政者的效用或危及国家政权，即使是低效率或无效率的制度也会被维持。对刚成立的新中国而言，巩固政权是居首位的目标，效率高低只能位居次席，这也是这一时期任何改革都无法突破"统收统支"边界的原因所在。

表 3.3　"统收统支"财税体制时期部分立法文件统计

日期	发文单位	文件名称	涉及"中央—地方"的相关内容
1950.03.24	政务院	关于统一国家财政经济工作的决定、关于统一管理 1950 年度财政收支的决定	实行高度集中、统收统支财税管理体制，将财政管理权限、财力集中于中央。
1951.03.29	政务院	关于 1951 年度财政收支系统划分的决定	国家财政的收支系统，采取统一领导、分级负责的方针，并将其分为中央、大行政区、和省（市）三级。
1952.11.22	政务院	关于 1953 年度各级预算草案编制办法的通知	建立中央、省（市）和市（县）三级税收收入结构。
1953.11.10	政务院	关于编造 1954 年预算草案的指示	划分收入、分类成、五年不变、分级管理。
1957.11.08	国务院	关于改进财政管理体制的规定	扩大地方权限，自 1958 年起实施"以收定支、三年不变"（为配合"二五"计划，后改为"五年不变"）的分配制度。
1958.09.24	国务院	关于进一步改进财政管理体制和改进银行信贷管理体制的几项规定（草案修改稿）	从 1959 年起实施"收支下放，地区调剂，计划包干，总额分成，一年一变"的财政分配制度。
1961.01.15	中央	批转财政部党组《关于改进财政体制、加强财政管理的报告》	中央强调财政管理的集中统一、收回部分管理权限。
1964.01.17	国务院	关于 1964 年预算管理制度的几项规定	改进"总额分成"办法，将地方税作为中央和地方的总额分成收入。
1971.03.01	财政部	关于实行财政收支包干的通知	定收定支，收支包干，保证上缴（或差额补贴），结余留用、一年一定。
1973.11.26	财政部	关于改进财政管理体制的意见（征求意见稿）	从 1974 年起全国普遍试行"收入按固定比例留成，超收另定分成比例，支出按指标包干"办法。

2."分灶吃饭"时期财税体制的制度分析

新中国成立三十年来，我国政权逐渐稳固，新政权在军事与政治等领域的制度优势逐渐显现。然而，最根本的经济优势还无法充分体现。因此，如何推动经济快速增长成为新时期的首要工作。1978 年，我国开始对经济体制进行改革。由于经济体制对于财税体制具有天然的决定性作用，为了与经济体制改革相适应，1980 年至 1993 年我国财税体制进入到"分灶吃饭"时期。所谓"分灶吃饭"，是"指在国家统一领导下，中央与地方财政分开，保持各自相对独立和稳定的收支预算……中央与地方的财政……各做各的米，各做各的饭。但两灶之间也保持一定的关系，相互之间都负有对对方的责任。地方对中央灶负有上交定额的义务，中央有对地方灶按定额补助差额的责任"[①]。

"分灶吃饭"时期就是一个放权让利的时期。例如，在"利改税"前，我国实行利润留成制度，该制度确认了企业的自主财权、调动了职工的积极性。但是，由于企业间情况不一致，利润留成只能"一户一率"，国家与地方、企业之间的矛盾也逐步显现。为了衡平二者间的矛盾，国家于1983年和1985年，对国有企业实行两步"利改税"，即将上交"利润"改为缴纳"税金"，促进国有企业走上自主经营、自负盈亏的道路，扩大了企业经营决定权。具体来说，"分灶吃饭"的财税体制又可以分为以下三个阶段：

第一，"划分收支、分级包干"阶段。国务院于1980年出台了《关于实行"划分收支、分级包干"财政管理体制的暂行规定》，依据行政隶属关系，对中央和地方政府的财税收入和支出责任范围进行了明确的规定，地方以支定收，自求平衡，包干使用。在中央与各省、自治区、直辖市及计划单列市的相关制度安排中，以福建和广东两省最为明了。制度明确规定两省除中央直属企业、事业单位的收入和关税收入划归中央财政外，其余所有收支均为地方财政收支。

第二，"划分税种、核定收支、分级包干"阶段。1985年至1987年，经过两步"利改税"以后，在第二步"利改税"的基础上，中央与地方的财税管理体制也相应改为"划分税种、核定收支、分级包干"并继续实行五年不变的方式。"在收入方面，将各种财税收入划分为央、地固定收入以及共享收入三类；在支出方面，划分中央财税支出、地方财税支出和不宜实行包干的专项支出。但由于种种条件的限制，划分税种的体制未能实行而是将地方固定收入和中央地方共享收

① 赵梦涵：《新中国财政税收史论纲（1927—2001）》，经济科学出版社2002年版，第461页。

入加在一起，同地方财税支出挂钩，确定分成比例，实行总额分成的办法。"①

　　第三，"多种类型并存"阶段。1988 年，国务院针对 1985 年财税体制运行中存在的问题，出台了《关于地方实行财政包干办法的决定》，对地方实行不同形式的收入分成办法，包括收入递增包干、总额分成、总额分成加增长分成、上解额递增、定额上解和定额补助。

　　可以说，"分灶吃饭"时期的财税体制，是打破"统收统支"边界后的一次回归均衡。在市场化改革中，经过中央和地方政府的不断试验与渐进发展，分权也取得了突破性的进展。分权不再是行政性分权，而是经济性分权，是稀缺资源的有效配置。这一轮改革是围绕产权制度展开的，以"收益最大化"为原则，中央政府向地方政府下放经济管理权和财税收支权，以实现帕累托最优。产权的不同界定将影响资源配置效率，这段时期，我国中央与地方政府间财税关系由高度集中到逐步放开再到相对分散的历程，改善了资源配置的效率，解决了"统收统支"时期财税体制的顽疾。但是，"分灶吃饭"时期的财税体制并不完善，中央和地方政府间的财税关系模糊不清，还存在着较大的利益博弈，这种模式的随意性会形成预算软约束，凸显中央与地方政府的矛盾。这些问题的存在，限制了利益主体对利润的追求，凸显了"分灶吃饭"时期财税体制的过渡性和临时性，社会产生了对于一个新的具有稳定性与适应性的财税体制的需求。

3. "分税制"时期财税体制的制度分析

　　我国自 1994 年起实行分税制财税体制改革，这次改革是新中国成立以来财税体制变迁史上的一座里程碑。如果说"分灶吃饭"财税体制是旧体制框架下具有过渡性和临时性的制度安排，那么分税制就是

---

　　①　季才今：《我国"八五"财政体制改革的基本思路》，《计划经济研究》1990 年第 12 期。

对传统改革思路的突破，试图构建一种新的财税体制，以实现制度带来的红利：第一，分税制避免了"分灶吃饭"时期地方和中央政府间产生的讨价还价机制，以制度的形式解决了财税资源的配置问题。中央和地方政府财税无边界，等同于地方没有财税。分税制为中央与地方政府的财税边界设定了"楚河汉界"，使得制度具有透明性、长期性、科学性和统一性。为中央和地方政府等经济主体实现"利润最大化"提供了制度空间和体制激励，使各个经济主体在进行经济活动时效用内部化、成本外部化成为可能，体制的效率得以释放。第二，国税与地税的分设从根本上改变了中国国家权力基础和运行规则，减少了中央对地方征税机构的依赖，监督成本下降，道德风险减少，实现了"代理成本"的最小化。它保障了中央税在整个国家税收体系中的主导地位以及中央和地方各自税基的稳定，防止互相交叉和侵蚀，为建立分级财税体制奠定了基础。二十四年后，国地税合并旨在适应新时代发展要求，提高政府运行效率、降低纳税遵从成本，以推动国家治理体系与治理能力现代化，为实现高质量发展提供支撑。第三，分税制财税体制改革实现了经济上的快速增长。分税制通过划分税种，使中央和地方政府都拥有了自己独立的税源，从而可以集中精力去培育相关税源，进而提高经济效益。尤其是地方，地方政府被赋予了更大的管理权限，使得其独立意识和理财积极性都得以提高，大力发展地方经济。同时也增加了地方对中央政府的财税贡献，缓解了中央政府的赤字压力。

但是，我国目前实行的分税制，虽名为"分税"，但实为"财权的集中"，其主要是站在中央的立场来考虑，解决的主要问题是中央财力与政权的弱化，因此，依然带着计划体制的痕迹，与国际通行的分税制模式相去甚远，是一个中央与地方政府利益博弈不彻底的方案。究其根源，与地方政府的"双重人格"有关。在我国财税体制的两次变迁过程中，地方政府一直具有"双重人格"——"依附人格"和"能动人格"：其一，受制于中央的人事任免或绩效考核，地方政府对中央政府表现出高度的依附性；其二，在中央既定政策下，地方政府仍旧会立足公共需要，重新解读或调整中央政策，以实现地区经济的快速发展，从而表现出主观能动性。地方政府的"双重人格"恰恰缘于其产权的不完整。根据著名新制度经济学家张五常教授的理论，产权的内容包括资源的使用权、收入权和转让权。因而，一个产权是否完整取决于产权人是否拥有排他的使用权、独享的收入权和自由的转让权。如果一个产权在某一或某些方面的权能受到限制或者禁止，产权就是残缺的。地方政府产权残缺，容易导致诸多弊端，例如地方税体制的重构滞后，税种划分欠规范，事权与支出责任、财权与财力、事权与财权划分不合理，等等。分权的不彻底是地方政府产权残缺的主因，在残缺的产权结构下，地方政府对自身定位会出现偏差，与改革初衷相违背。

4. 我国分税制的新发展

如前文所述，1994 年分税制改革是新中国历史上最具规模和影响力的一轮财税体制改革，搭建了我国现行财税体制的基本框架。关于我国分税制改革的目标定位，政府的回答是"积极创造条件，逐步建立公共财政基本框架"[①]。之所以用"逐步建立公共财政基本框架"标识财税体制改革目标，其基本的依据无非在于，只有公共财政性质的财税体制而非其他别的什么方面的财税体制，才是可以与社会主义市场经济体制相适应的。正因为如此，我们才会做出如"搞市场经济，就要搞公共财政"那样的理论判断。[②]

然而，随着时间的流逝和改革开放的推进，已有诸多问题无法在

[①]　李岚清：《深化财税改革确保明年财税目标实现》，《人民日报》1998 年 12 月 16 日。

[②]　高培勇：《市场经济体制与公共财政框架》，《宁夏党校学报》2001 年第 1 期。

现行分税制"公共财政"的框架内予以解决。因而需要探索出一套具有时代性的解决办法。现代财政制度被视为推进新一轮财税体制进程的应有之义,其指导思想是把财税改革作为全面深化改革的重要切入点,以实现国家的治理体系和治理能力的现代化。当然,"公共财政"与"现代财政"既不矛盾也不冲突,二者属于一体两面的关系。如果说公共财政以"属性"界定财税体制,那么现代财政就是以"时代"标识财税体制。它要求我国财税体制尤其是分税制的改革更加彻底,在坚守"公共性"的基础上,吸纳"时代性",实现由"公共财政"到"现代财政"的跨越,将我国的分税制改革推向一个更高的平台。

(二)我国财税体制的理论研究现状

1.财税体制的理论内涵

学者们基本上都认为财税体制包括广义和狭义两个层面的含义:广义的财税体制是用以规范政府收支行为及其运行的一系列制度安排的统称;而狭义的财税体制,仅包括财政体制,单指用以规范不同级次政府收支关系的财政管理体制。[1] 广义的财税体制是大多数学者在其研究中分析的重点。[2] 关于财税体制的内容,有学者将其概括为财税收入体制、财税支出体制、预算管理体制和财政管理体制。[3]

学者们从不同角度研究财税体制改革,例如宪法学、法社会学、

---

[1]   高培勇:《由适应市场经济体制到匹配国家治理体系——关于新一轮财税体制改革基本取向的讨论》,《财贸经济》2014年第3期。

[2]   高培勇:《由适应市场经济体制到匹配国家治理体系——关于新一轮财税体制改革基本取向的讨论》,《财贸经济》2014年第3期;刘剑文:《论财税体制改革的正当性——公共财产法语境下的治理逻辑》,《清华法学》2014年第5期;等等。

[3]   高培勇:《由适应市场经济体制到匹配国家治理体系——关于新一轮财税体制改革基本取向的讨论》,《财贸经济》2014年第3期。

国家治理、公共财产法、法治政府和国民尊严等。[1] 关于财税体制的发展历程，学者们普遍认为我国财税体制历经了"统收统支""分灶吃饭"和"分税制"三个不同时期。另有学者以改革开放为起点，将我国财税体制划分为四个阶段：1978—1994 年、1994—1998 年、1998—2003 年和 2003 年至今。[2]

关于财税体制的功能和作用，学者们一直将其限定在经济范畴中，有学者认为它包括优化资源配置、调节收入分配和促进经济稳定三个方面。类似的概括还有"资源配置职能、收入分配职能、稳定经济和发展职能"[3]。不过，党的十八届三中全会通过的《中共中央关于全面深化改革若干重大问题的决定》对其功能和作用做出了新的阐释，在国家治理体系的总棋局上，财税体制每一项功能与作用的内涵和外延均有重大变化，对于"优化资源配置、维护市场统一、促进社会公平、实现国家长治久安"这四个方面的功能与作用，均是从经济生活、政治生活、文化生活、生态文明建设和党的建设等所有国家治理领域出发来界定的。[4] 正因为如此，我国需要对现行财税体制进行改革，以实现与全面深化改革的对接。

财税体制改革是国家基于现实需要而在财税领域主动推进的系统性、全方位的制度创新和规则重构，对未来政府政策具有高阶指导性

---

[1]　周志刚：《宪法学视野中的中国财税体制改革》，《法商研究》2014 年第 3 期；孙伯龙：《我国财税体制改革中的税收法定主义建构——基于法社会学视角的分析》，《西南石油大学学报（社会科学版）》2015 年第 5 期；高培勇：《由适应市场经济体制到匹配国家治理体系——关于新一轮财税体制改革基本取向的讨论》，《财贸经济》2014 年第 3 期；刘剑文：《论财税体制改革的正当性——公共财产法语境下的治理逻辑》，《清华法学》2014 年第 5 期；施正文：《法治政府建设中的公共财政体制改革》，《国家行政学院学报》2008 年第 2 期；姚轩鸽：《论财税体制与国民尊严的关系及其启示》，《道德与文明》2014 年第 3 期。

[2]　高培勇：《奔向公共化的中国财税改革——中国财税体制改革 30 年的回顾和展望》，《财贸经济》2008 年第 11 期。

[3]　陈共主编：《财政学》，第 31 页。

[4]　高培勇：《论国家治理现代化框架下的财政基础理论建设》，《中国社会科学》2014 年第 12 期。

和约束效力。① 党的十八届三中全会《决定》将财税体制改革的内容标识为改进预算管理制度、完善税收制度和建立事权和支出责任相适应的制度。关于财税体制改革的背景，有学者将其概括为九点：（1）中国成为世界第二大经济体，扩大内需成为经济增长长效政策；（2）劳动人口比重持续下降；（3）经济发展的刘易斯转折点到来；（4）中国的城市化率大幅上升；（5）户籍制度逐步松动，人口流动制度障碍逐步消除；（6）要素价格大幅上升，制造业利润增速下滑；（7）经济增速下滑，环境不断恶化；（8）宏观税负水平不断上升；（9）流动性充裕，市场缺乏投资机会。② 另有学者认为，我国新一轮财税体制改革面临的挑战包括体制性约束、既得利益集团的阻挠、配套制度改革滞后。③ 财税体制改革的基础性理论问题，包括财税体制改革的必要性和可行性分析。有学者将必要性归纳为以下三点：（1）深化财政体制改革是适应和促进经济发展方式转变的客观需要；（2）深化财政体制改革是健全和完善公共财政体系的必然要求；（3）深化财政体制改革是实现基本公共服务均等化的重要手段。同时，该学者将可行性归纳为以下四点：（1）中央高度重视；（2）经济实力和财政实力显著提高；（3）制度保障环境日趋成熟；（4）地方政府也有开展财政体制创新的积极性。④ 也有学者认为，财税体制改革的必要性和可行性都依托于一个基础性前提，即财税体制改革的正当性，并将正当性问题分解成两个方面，一是财税体制改革目标的正当性，也即现代财政制度的正当

---

① 刘剑文：《论财税体制改革的正当性——公共财产法语境下的治理逻辑》，《清华法学》2014 年第 5 期。

② 付敏杰：《新一轮财税体制改革的目标、背景、理念和方向》，《经济体制改革》2014 年第 1 期。

③ 吕炜、陈海宇：《中国新一轮财税体制改革研究——定位、路线、障碍与突破》，《财经问题研究》2014 年第 1 期。

④ 财政部财政科学研究所、吉林省财政厅联合课题组：《中国财政体制改革研究》，《经济研究参考》2011 年第 50 期。

性，二是深化财税体制改革过程的正当性，深化改革过程，也即程序上的正当性。[①]

2. 财税体制改革的目标

在《决定》出台前，学者们普遍将建立"公共财政制度"视为财税体制改革的目标，由"非公共性"的财税运行格局及其体制机制不断向"公共性"的财税运行格局及其体制机制靠拢和逼近。[②] 相关的研究也主要集中于"公共财政"这一凸显财税体制的属性特征上。《决定》拟实现新一轮财税体制改革与全面深化改革的无缝对接，并将改革的目标标识为建立"现代财政制度"。因此，关于财税体制改革的目标，学者们的研究大都围绕《决定》中的新提法而展开，要在法治框架下，建立推动国家治理体系和治理能力现代化的财政制度，推进经济和社会的可持续发展，保障收入分配公平，并实现公共财产和改革成果为全体国民共享。[③] 所谓现代财政制度，其最基本的内涵无非是让中国财税体制站在当今世界财政制度形态发展的最前沿，实现财税体制的现代化。[④] 以现代性作为探索"现代财政制度"的逻辑起点，现代财政制度具有法治性、回应性、均衡性和公共性等法学品格。[⑤] 在制度设计上，民生财政、均衡税制和正当程序构成了现代财政制度的基础性要素。[⑥] 关于建立现代财政制度的意义，有学者认为有三：促

---

① 刘剑文：《论财税体制改革的正当性——公共财产法语境下的治理逻辑》，《清华法学》2014 年第 5 期。

② 高培勇：《奔向公共化的中国财税改革——中国财税体制改革 30 年的回顾和展望》，《财贸经济》2008 年第 11 期。

③ 刘剑文：《论财税体制改革的正当性——公共财产法语境下的治理逻辑》，《清华法学》2014 年第 5 期。

④ 高培勇：《论国家治理现代化框架下的财政基础理论建设》，《中国社会科学》2014 年第 12 期。

⑤ 刘剑文、侯卓：《现代财政制度的法学审思》，《政法论丛》2014 年第 2 期。

⑥ 王桦宇：《论现代财政制度的法治逻辑——以面向社会公平的分配正义为中心》，《法学论坛》2014 年第 3 期。

进公平竞争和分配正义，提高调控政府的现代治理能力；深化分税制财政体制改革，构建合理规范的政府间关系，提高合力政府的现代治理能力；推进法治财政建设，加快财税立法步伐，提高法治政府的现代治理能力。[①]

3. 财税体制改革的国际比较与借鉴

"他山之石，可以攻玉。"我国学者在研究财税体制改革时，对英国、德国、美国、法国、日本、澳大利亚、俄罗斯等国家的财税体制改革进行了域外比较，试图寻找一些具有共性、规律性的东西。研究的对象较为广泛，既有联邦制国家，也有单一制国家；既有疆域辽阔的国家，也有面积狭小的国家；既有资本主义国家，也有社会主义国家；既有成熟的市场经济国家，也有转型时期的新兴国家。例如，有学者以俄罗斯为样本，认为俄罗斯财税体制改革和财政政策调整是适应经济转轨的需要而采取的两项重大举措。[②] 也有学者以最具典型性的联邦制国家美国和单一制国家法国作为样本，发现两国的财税体制均表现出极强的财政联邦主义特征，并将其对我国的启示概括为以下三点：（1）中央与地方政府事权划分清楚；（2）在中央与地方的财政关系中，中央财政居于主导地位；（3）中央与地方的财政关系是由宪法和法律予以规范和保障的。[③] 中国政府间财政关系课题组在对成熟市场经济国家的财税体制进行广泛地比较后，探寻到一些具有普遍性意义的做法和经验，可给予我国启示与借鉴：（1）推动政府间财政关系法制化；（2）需要明确政府间事权划分；（3）需引入有效的转移支付资

---

① 石亚军、施正文：《建立现代财政制度与推进现代政府治理》，《中国行政管理》2014 年第 4 期。

② 郭连成：《俄罗斯财税体制改革与财政政策调整及其效应分析》，《世界经济与政治》2002 年第 12 期。

③ 张道庆：《美国与法国财政联邦主义比较》，《经济经纬》2005 年第 3 期。

金跟踪问效和监管机制；（4）对地方特别是基层政府履行职能予以足额财力保障；（5）推进行政和财政级次的调整优化。[1]

4. 财税体制改革的理念、原则及其法治化

有学者指出，在财税体制改革的理念中，效率是公共政策的成本，公平是公共政策的目标。[2]财税体制改革应当遵循社会公平的理念指导，其中社会公平包括权利公平、机会公平、规则公平。[3]另有学者指出，我国应当确立"硬预算约束国家"理念。[4]关于财税体制改革的原则，有学者将其概括为五点：（1）应统筹兼顾、全面考量、整体设计；（2）应贯彻"以人为本"的科学发展观，建立和健全适应社会主义市场经济发展需要的公共财政管理体制；（3）应以立法为主导，并与行政体制改革、政治体制改革配套实施；（4）应突出重点、量力而行、积极稳妥地分步实施；（5）既要面向国际，但更要立足于中国国情，要实现科学性、缜密性与现实的可操作性的有机结合。[5]

有学者指出，财税体制改革及其法治化，具体而言就是贯彻落实财政法定原则，包括民主法定、财政支出的合理正当和财政监管的妥适有效。[6]另有学者认为，一方面，现代财税制度需要建立在法治理论基础之上；另一方面，建立现代财税制度也会有助于推进法治中国建设。从形式法治的层面上看，法律保留、法律优位、平等原则和不溯

---

① 李萍主编：《财政体制简明图解》，中国财政经济出版社2010年版，第307页。

② 付敏杰：《新一轮财税体制改革的目标、背景、理念和方向》，《经济体制改革》2014年第1期。

③ 王桦宇：《论现代财政制度的法治逻辑——以面向社会公平的分配正义为中心》，《法学论坛》2014年第3期。

④ 周志刚：《宪法学视野中的中国财税体制改革》，《法商研究》2014年第3期。

⑤ 朱大旗：《新形势下中国财税体制改革与财税法制建设的应有理念》，《法学家》2004年第5期。该学者在研究中虽以"理念"命名，但用原则更为合适。

⑥ 刘剑文：《论财税体制改革的正当性——公共财产法语境下的治理逻辑》，《清华法学》2014年第5期。

及既往在财税领域衍生出丰富的内容，让财税立足于规则之治，以此限制权力的恣意妄为，维护人民的基本权利。然而，仅有规则之治远远不够，从实质法治的层面看，财税必须追求正义，通过限制元权力、提供目的指引、保障权利底线，实现宪法对财税的最高统治。[①]

5. 财税体制改革的问题及对策建议

有学者指出，目前我国财税体制存在的主要问题如下：（1）对政府性收入规模缺乏规范性控制目标；（2）财政收入结构不够合理；（3）政府间的支出责任界定不够清晰；（4）地方政府缺乏稳定的自主财源；（5）财政转移支付制度不够完善；（6）政府债务风险加大。[②] 也有学者指出，我国财税体制运行存在的问题有：（1）政府职能界定不够明确；（2）政府间职责划分不够清晰；（3）政府收入体系存在结构性问题；（4）财政转移支付制度不够规范；（5）预算体系部门色彩明显，制衡机制较弱；（6）财政支出管理亟待进一步强化；（7）财税其他方面的矛盾与问题也较为突出。[③] 关于改革的建议，有学者将其概括为四点：（1）加大消费环节对于税收总量的贡献，大幅度降低工业企业生产环节的税收比重；（2）强化自然人对于税收的贡献，构建有利于服务型政府建设的税制；（3）继续推进财税制度化，加强政府收支预算的科学性；（4）规范、简化转移支付规则，适度减少转移支付比重，合理发挥中央地方两个积极性。[④] 另有学者认为，应当包括以下五点：（1）科学把握我国政府性收入的总规模和总水平；（2）科学界定政府的支出责任；（3）建立、健全与支出责任相匹配的财力保障机制；（4）优

---

① 熊伟：《法治财税：从理想图景到现实诉求》，《清华法学》2014 年第 5 期。

② 高强：《关于深化财税体制改革的几点思考》，《上海财经大学学报》2014 年第 1 期。

③ 中国国际经济交流中心财税改革课题组：《深化财税体制改革的基本思路与政策建议》，《财贸研究》2014 年第 7 期。

④ 付敏杰：《新一轮财税体制改革的目标、背景、理念和方向》，《经济体制改革》2014 年第 1 期。

化税制结构，完善税收体系；（5）加强财税法制建设。[①]

6. 对现有研究成果的评价

　　总体来说，我国现有研究成果为新一轮财税体制改革提供了宝贵的思想和理据，一些实证分析者甚至提供了翔实的数据。财税体制，不仅属于经济范畴，也属于政治范畴，还属于文化、社会和生态文明范畴，是一个跨学科、跨领域的综合性范畴。要从国家治理体系和治理能力现代化的角度定义财税体制，法学学者的作用尤为重要，因为国家改革，构建一套体制、制度，需要以"法律"的形式予以确认；与此同时，财税体制改革涉及公共财政的取得、管理和支出，每一个环节都离不开"法治"思维的支撑。据此看来，我国现有关于财税体制改革的研究存在一定的局限性：第一，经济学研究成果较多，法学研究尚付阙如。这与法学界介入过晚、介入学者较少不无关系。在现有研究中，学者们热衷于对财税体制领域的相关问题构建模型并进行数理分析、经济学分析等，缺乏对财税体制的法学解析及法治化考量，尤其是对一些法律制度的要素缺乏系统、深入的阐释。第二，财税体制是一个系统，包括整体层面的财税体制和结构层面的分税制、税收制度、预算制度和监督机制。现有研究大都停留在静态层面，过多地关注整体层面或结构层面，缺乏"面"与"点"之间的联系与互动，难以支撑多方位、多层次、多主体博弈的财税体制法治结构与模式，并兼容财政、税收、预算、监管的衡平体制，论证的深度和广度还有待提高。第三，现有研究成果过多关注国外的经验模式，缺乏制度移植的本土化论证过程。现实问题是搭建并运行了二十来年的财税体制秉承中国传统体制超强惯性顺势而为，缺乏对中国具体国情分析的探讨会导致"舶来品"难以面对非均衡的社会经济和单一体制格局，呈

[①]　高强：《关于深化财税体制改革的几点思考》，《上海财经大学学报》2014 年第 1 期。

现平行不交之轨迹。申言之，从理论到实践，缺失制度顶层设计交融的先进性和科学性，就事论事难于矫正现行财税体制下资源配置不合理、不公平之严重弊端。

第四章　财税体制改革中的财税利益
法律关系衡平

一、财税利益法律关系的解析

法律关系是法律规范在指引人们的社会行为、调整社会关系的过程中所形成的人们之间的权利和义务关系，是社会内容和法的形式的统一。[①] 财税利益法律关系，是财税法律规范在规范政府收支行为及其运行过程中形成的多方主体之间的权利义务关系。总体上看，相较于其他法律关系，财税利益法律关系具有以下三方面的特征：

（一）财税利益法律关系以相应的财税法律规范的存在为前提

没有法律规范，就不可能产生法律关系，这是法理学的基本原理。财税利益法律关系，依赖于财税法律规范的存在；没有被称为财税法的规范存在，财税利益法律关系就不可能存在。在财税法领域，规范的范围应当受到限制，这里需要对一个重要的财税法原则 —— 税收法定主义原则 —— 加以探讨。从税收法定主义的发展历程看，詹姆士一

---

① 张文显:《法哲学范畴研究》修订版，中国政法大学出版社 2001 年版，第 96 页。

世认为君主的权力直接来源于上帝的授权。[1]但这种思想与议会长期坚持的"王在法下"截然相反，主要表现为税收君主专制与"无同意不纳税"之间的矛盾。之后继位的查理一世、二世以及詹姆士二世在很大程度上沿袭了这种"君权神授"的思想。[2]詹姆士二世时期，为维护专制统治，国王不愿意听命于议会行使财政权力，光荣革命由此爆发，最终以詹姆士二世出逃和新国王的继位而告终。新国王接受了议会的要求，承认并签署了《权利法案》：首先，再次确认了"王在法下"原则，并对此作出了更为明晰的规定；其次，再次强调了议会课税权威，未经国会同意的课税都应当被禁止[3]；最后，赋予了英国人民自由和权利，这种"权利和自由"在税收领域表现为税收民主。税收法定和税收民主通常是交错重叠的，其在《权利法案》等宪法性文件中，表现为纳税人的"同意权"，这种同意权既是税收民主的法律依据，也是税收法定的理论渊源。[4]

　　就财税体制改革而论，税收法定主义原则的要求主要涉及两个方面：其一，要求分税制及基本税收制度必须制定法律；其二，要求对国务院的授权立法进行严格的限制。我国现行法律体系是由效力从高

---

　　[1]　詹姆士一世在《自由君主的真正法律》一书中如此描述国王和臣民的关系："国王和人民之间存在着对双方都有约束力的契约，这是双方都宣誓遵守的……但我依然承认国王在宣誓或担任一国国王时，愿意向他们的臣民作出承诺，自己将以体面而诚实的方式履行上帝赋予自己的职位。但是他们对契约的违反永远不会是不可宽恕的。"

　　[2]　例如，查理一世时期的"船舶税"。为解决英国与法国、西班牙的战争引起的财政困难，国王没有经过议会的同意，强征关税，向富豪强索献金，并以海岸警备为由，强迫各地提供船只和船员。又如，在查理二世时期，国王从议会获得税收授权后并不负有向议会汇报其财税支出情况的义务，该项特权实质上依然可以让国王凌驾于议会之上。

　　[3]　《权利法案》第3条规定："凡未经议会准许，借口国王特权，为国王而征收，或供国王使用而征收金钱，超出议会准许之时限或方法者，皆为非法。"

　　[4]　随着政府财政职能的扩张，除税收外，政府采购、费用征收、国债发行、社会保障及财政投资等行为，无不与人民的切身利益密切相关。据此，税收法定的内涵开始逐渐深化，范围从税收逐步扩展到财政的各个领域。几乎所有财政行为都被逐步纳入"法定"的网络中，从而为实现税收法定向财政法定的跨越奠定了更为宽广和坚实的基础。参见刘剑文：《论财政法定原则——一种权力法治化的现代探索》，《法学家》2014年第4期。

到低排列的法律规范组成"金字塔"结构，包括宪法、法律、行政法规、部门或政府规章。不同位阶的法律规范在形式上表现为立法主体的不同，在实质上却反映出公众参与和人民意志程度的差异性。由于财税法不仅关系到国家对公民财产"剥夺"，也关系到国家如何利用被"剥夺"的财产提供公共物品。因此，强调"法律"的形式尤为重要。当然，这里并不否定低位阶法律规范作为财税利益关系存在前提的必要性，只是低位阶法律规范在制定及出台的过程中必须与相关的实体法和程序法保持一致。因为唯有法律才能充分体现人民的意志，国家征税和人民纳税才是双方的真实意思的表达，从而才能确保国家提供公共产品的正当性和公共性。

（二）财税利益法律关系存在于政府收支行为及其运行过程中

政府行为涵摄广泛，依据作用的领域不同，可以将政府行为划分为政府政治行为和政府经济行为。其中，政府经济行为又可以依据行为目的的不同，划分为市场规制行为、宏观调控行为、可持续发展保障行为和社会分配调控行为。实践中，财税利益法律关系不会存在于政府的政治行为中，也不会存在于政府的每一种经济行为中，只有当政府行为发生在财税收支领域以及运行过程中，才可能产生财税利益法律关系。例如，人大按照法律程序选举或任命官员，政府部门对违章建筑进行强制拆除，政府依法出台促进经济可持续增长的相关措施，等等，政府的这一系列行为便不存在财税利益法律关系。一般来说，财税利益关系的形成与公共资金如影随形，公共资金包括国家的各种税收收入和非税收入。围绕政府对公共资金的取得和支出这两条基本线索，可以构成财税收入法律关系和财税分配法律关系；因为"一级政府，一级财政"，政府的财税收入和分配需要在不同级次的政府之间展开，这样就形成了财税管理法律关系；在现代社会，围绕政府而展开的财税收入、分配和管理都需要通过预算加以约束，这样就形成了预算管理法律关系。所以，财税利益法律关系主要聚焦于财税收入、财税分配、财税管理和预算管理四组法律关系上。

（三）财税利益法律关系是在特定主体间形成的权利义务关系

借用法理学关于法律主体的概念，法律关系的主体是法律关系的参与者。[①] 我们可以将财税利益法律关系的主体概括为在政府收支行为及其运行过程中，依法享有权利和承担义务的"各方当事人"。在这里，笔者无意罗列诸如国家权力机关、国家行政机关等"具体"的"各方当事人"，而是从"抽象"的角度去探讨财税利益结构问题。从结构出发，财税利益关系涉及的内容广泛且复杂，并且各阶段密切相连，环环相扣，故而就事论事地探讨单一的财税利益关系，效果并不理想。我们须按照时序演变逻辑，对各财税利益关系进行"通盘考虑"。首先，国家财税利益结构问题表现为"财税规模"；其次是中央与地方政府之间的"财税比重"；最后是地方政府之间的"财税均衡"。具体来说，"财税规模"涉及财税资金在国家与纳税人之间的分配关系；"财税比重"考量了财税资金在中央与地方政府之间的分配，属于财税分权和地方自治层面上的问题；"财税均衡"则涵摄发达地区政府与欠发达地区政府之间的分配关系，是为权衡地区之间的均衡发展，以衡平地方由于资源分布或实施地方自治过程中引发的贫富差距。所以，财税体制改革中的财税利益法律关系，包括国家与纳税人、中央和地方，以及地方之间三组权利义务关系，本章也将围绕这三组关系进行探讨。

---

① 付子堂主编：《法理学初阶》，法律出版社 2006 年版，第 171 页。

二、财税规模形成中财税利益法律关系的矛盾分析

（一）最适财税规模 —— 国家征税权与纳税人基本权利的衡平

国家课税，说到底是一个"取之于民、用之于民"的过程，为了切实保障这一过程中纳税人的权利，这里就包含着一个"最适财税规模"的问题。

关于"最适财税规模"的研究方面，在早期社会，有人倡导"轻徭薄赋，反对横征暴敛"，财税规模应当以最小为适。比如，基于对国家经费非生产性的认识，亚当·斯密提出了"少支轻税"和"廉价政府"的主张，萨伊也认为最好的财政计划是最少的开支，最好的赋税是最轻的赋税[①]。19 世纪后期，阿道夫·瓦格纳在考察几个发达工业国家的经济状况后，发现一国财税支出规模随着社会经济发展"具有不断扩大的趋势"，因此认为，财税活动不应当只是非生产性的活动，而是整个国民经济的组成部分。社会公共需要的增长会引起财税支出和财税收入规模的增长。20 世纪 30 年代，凯恩斯认为，政府财税规模应当建立在"有效需求"上，并实现社会经济总供给和总需求间的平衡，并实现充分就业。可以说，凯恩斯主义拓展了政府调控社会经济运行的空间，对日后西方国家财税规模的迅猛增长意义重大。凯恩斯财税政策理论，后凯恩斯学派、公共选择学派和供给学派继续对"最适财税规模"进行深入研究：后凯恩斯学派代表萨缪尔森和汉森将财税收入规模划分为两个部分，一是内在稳定政策下的财税收入规模，二是相机抉择下的财税收入规模，认为只有选择与财税政策相吻合的财税规模，其规模才会处于"最适状态"。布坎南将经济学研究方法运

---

① 萨伊：《政治经济学概论》，陈福生、陈振骅译，商务印书馆 1963 年版，第 504 页。

用到政治领域，认为适度的财税收入规模并非取决于政府的决策，而是取决于纠正市场失灵的社会公共需要，只有符合社会公共需要的财税收入规模才是适度的财税收入规模。供给学派代表人物拉弗以分析税收与税率为视角，对最优财税收入规模进行了线性分析，提出了著名的拉弗曲线。

法律本身无法解决强制性分配的限度问题，这应该是经济学家的工作。不过在限度的保障上，法律具有以下功能：其一，将经济学家所确定的合理限度，通过有效的程序予以确认；其二，确保分配方案具体的实施。[①] 笔者认为，从公平与效率的角度出发，"最适财税规模"应当包括形式和实质两个层面：

在形式层面上，和支出相对平衡是"最适财税规模"的基本要求。如果按照规模大小，将财政收支划分为高收入、低收入、高支出、低支出四个要素，并进行排列组合，可以得到以下四种结果：一是低收入＋高支出；二是高收入＋低支出；三是高收入＋高支出；四是低收入＋低支出。根据公共财产法理论，国家通过征税占有纳税人财产后，应将其转化为价值大致相当的公共产品再提供给纳税人。在这四种组合中，组合一是国家财政活动的"乌托邦"，不仅会加剧财税收支之间的矛盾，影响政府职能的正常履行，尤其是公共物品的提供，还会导致社会经济整体运行效率低下，纳税人权利保障更是"天方夜谭"。组合二明显有违公共财政的要求，国家超过必要限度获取的纳税人让渡的财产类似于"强取豪夺"，不仅孕育了滋生腐败的土壤环境，还加重了社会经济整体运行的负担，直接损害纳税人利益。而组合三和组合四分别是当前福利国家和自由国家的运行模式。[②] 从理论上讲，只有财

---

① 李昌麒、应飞奇：《论需要干预的分配关系——基于公平最佳保障的考虑》，《法商研究》2002 年第 3 期。

② 前者诸如法国，虽然其超额所得税税率高达 75%，但其基本实现了对国民教育、医疗、保险及养老等领域的全方位覆盖。后者诸如新加坡，为了激活国家经济，新加坡政府大幅裁减缩编，减少行政支出，降低管理成本，形成"小政府、大市场"的发展模式。

政收入和支出相对平衡，同高或同低，才符合公共财产法理论关于国家与公共产品供给"正相关"的形式要求。

在实质层面上，"最适财税规模"与政府职能相关，而政府职能又因各国政治体制、经济制度、法律文化和所处时代等因素不同而存在差异。总体上看，政府职能取决于政府和市场之间的关系，厘清这一关系是确立最适财政规模的实质要求。简言之，政府职能决定了其履行事权及支出责任的财政资金范围，一旦政府职能确定，财税规模大致是一个相对稳定的数值，无论是偏大还是偏小，都会影响我国社会经济及财税体制自身的发展。此外，即使国家征税形成的财税规模符合"最适财税规模"的外观，也要满足至少以下两个方面条件：一方面，在财税收入规模的形成上，要立足于纳税人自身情况及其客观环境的差异，按照量能课税原则，即凡所得多的纳税人多纳税，凡所得少的纳税人少纳税或不纳税，通过科学的税收法律制度设计，达到税负实质公平的目的；另一方面，在财税支出规模的安排上，除维持政府机构正常运行所必需的资金外，政府应当将财政资金足量地"用之于民"，充分体现政府支出的公共性和民生性，否则，就是对"最适财税规模"的一种异化。同时，我国应加快建设公共服务型政府，以期不断强化各级政府在基本公共服务供给以及均等化过程中的主导地位，直击"民生痛点"。[1]

综上所述，"最适财税规模"的形成过程就是国家征税权和纳税人基本权利衡平的过程，它是纳税人基本权利保障的起点。因为税法并非征税之法，而是保障纳税人基本权的权利立法。[2]

---

[1]　王丽萍、郭凤林：《中国社会治理的两副面孔——基本公共服务的视角》，《南开学报（哲学社会科学版）》2016年第3期。

[2]　〔日〕北野弘久：《税法学原论》，吉田庆子、汪三毛、陈刚等译，第57—60页。

（二）财税收入制度改革应当回应纳税人基本权利保障

在税制设计方面，要保障纳税人的基本权利，一是要处理好国家与纳税人的关系，二是要处理好纳税人之间的关系。

在国家与纳税人的关系中，根据税收债权债务关系说，国家和纳税人是公法上平等的债权债务关系，国家提供公共产品，而纳税人支付相应的税款。是故，税制的设计应当考虑纳税人支付的税款与国家提供的公共产品在质量和数量两个方面上的一致性。申言之，无论是国家还是纳税人，如果其享有的权利和应尽的义务不一致，二者之间的权利义务分担就会出现失衡。

在纳税人之间的关系中，税收公平是一条无法逾越的底线，它应当兼顾税收形式平等和税负实质公平。其中，形式平等体现了税法的形式正义，即按照税收法定主义来解释与使用现行税法。但是，现代国家并不满于传统形式意义上的形式法治，而是追求以人性尊严为中心的实质正义，要求彰显税法整体秩序所体现的价值体系，毕竟纳税人的自身情况和客观环境并不相同。所以，以形式平等作为税法适用的最高原理和社会成员及立法、执法或司法者对待税法的基本立场、态度、倾向和最高行为准则似乎不够准确，反观税负公平能更好地揭示税法的一般规律及其特点，同时指导税法的实践。[①]税负实质公平强调国家在具体税法的制定中，应当把握横向和纵向两个维度的公平，它是在税收形式平等的基础上所实行的"有差别的公平"[②]。

财税法在调节居民收入分配差距，促进社会公平正义方面发挥作用。比如，直接税与间接税都有存在的合理性与必然性，两者并无优

---

① 张怡等：《衡平税法研究》，第 123—124 页。
② 张怡等：《衡平税法研究》，第 124 页。

劣之分，前者强调公平，后者关注效率，具体税制的选择取决于政府在特定领域对效率与公平两大价值的抉择。[①] 当前我国 70% 以上的税收收入来自间接税，以间接税为主的税制结构说明我国税收负担分配依赖于消费因素。这种税制结构与非均衡经济运行所追求的"效率"高度吻合，但是非均衡经济实质上是以空间机会成本的付出换得短时间的经济崛起的结果，这仍然是一种唯利不治本的做法，既不能解决现实隐忧，还会造成更多矛盾。笔者认为，在当前社会矛盾日益尖锐的背景下，如果还一味地追求"做大的蛋糕"，必然进一步拉大贫富差距，激发社会矛盾。常言道，"不患寡而患不均"，直接税能够直接伸至纳税人的收入和财产领域，是政府调节居民收入分配差距的最有力手段，它带给纳税人财产减损的感觉最为强烈，同时带给社会弱势群体的公平感也最为强烈。因此，以直接税为主的税制结构最能体现税收实质公平的要求，有助于缩小收入分配差距，缓和社会矛盾。

三、政府间纵向财税利益法律关系的矛盾分析

政府间纵向财税利益关系，即财税利益在上下级政府之间的分配，主要涉及中央与地方的分权问题。众所周知，在非均衡经济模式运行下，我国各地区在经济发展、社会和谐和人口素质等方面表现出巨大差距，所以中央与地方之间的分权，不仅包括中央与"整体地方"之间的分权，还应包括中央与"局部地方"之间的分权。鉴于我国"强中央、弱地方；强东部、弱西部"的现状格局，在分权时，除了坚守财权与事权相匹配的基本原则，还应当引入"税权倾斜配置"原则，以"反哺"资源初始配置的不均衡，即在税权配置时，在中央与地方

---

① 郭庆旺、匡小平：《最适课税理论及对我国税制建设的启示》，《财政研究》2001 年第 5 期。

之间要向地方倾斜，在地区之间要向欠发达地区倾斜。

　　进一步讲，我们须突破现有"中央—地方"二元结构认识，不再将地方视为一个整体性概念，而是依据经济发展程度的显著不同，将其划分为若干个不同的地区。不过，在理论探讨时，我们姑且只将地方分为经济发达地区和欠发达地区两个区域。需要指出的是，中央与"局部地方"间的分权，是以中央为视角出发点去研究中央与不同地方政府之间的衡平。[①]抽象地说，如果把中央和经济发达地区、欠发达地区之间的关系视为一个三角形，如何形成一个以中央为顶角、以经济发达地区和欠发达地区为底角的等腰三角形是中央和"局部地方"之间分权的关键，如图 4.1《"中央—地方"政府间财政关系分析框架示意图》所示：

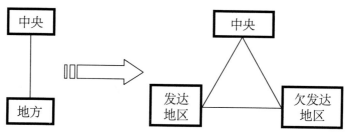

图 4.1　"中央—地方"政府间财政关系分析框架示意图

（一）中央与"整体地方"的衡平

　　财税体制改革是联邦制和单一制国家都会面临的问题，虽然各国历史传统、文化文明、国体政体不同，但财税分权始终是焦点，进而形成财税分权的不同模式和相应理论：以分权程度为标准进行划分，

---

　　① 地方政府间财税利益关系的衡平不天然地属于横向政府间财税利益关系范畴，它取决于研究的视角所在。以地方为视角出发点去研究地方之间财税利益关系的衡平，无疑属于横向范畴，但以中央为视角去研究中央与不同地方之间的衡平，就应当属于纵向范畴了。

有集权型、分权型和均权型；按分权民主化程度为标准进行划分，有法治型分权和行政式分权；按财权与事权对应程度为标准进行划分，有对称型分权与非对称型分权。我国财税体制历经"统收统支""分灶吃饭"和"分税制"三个不同历史时期，相应形成"集权主义""分权主义"和"均权主义"三大理论体系。正如前文所述，在新一轮财税体制改革中，务必坚定不移地确保分税制回归理性轨道，重构中央和地方的财政关系：

第一，选择均权型分权模式。均权型分权模式，又叫相对集中适度分权模式，是指在财税收支集中在中央的同时，赋予地方适度的财税自主权。王绍光教授认为，在分权的框架下，如果应由中央行使的权力到了地方或应由地方行使的权力到了中央，说明分权并不合理，前者跌出了分权的底线，后者超出了集权的上限。[1] 后有学者对其观点进行补充，认为如果应由中央与地方政府共同行使的权力，没有完全交由二者共同行使，无论最后是中央或地方政府哪一方来单独行使，都违反了分权的应有标准。[2] 其实，无论采取何种税权配置模式，税权在中央和地方之间的分配都不是"有无"的问题，而是"多少"的问题。假设 0 代表完全集权，1 代表完全分权，那么税权配置并不是非 0 即 1，而是处于 0 至 1 的区间内。环顾全球，世界上没有绝对的集权或分权，各个国家立足于自身的历史传统、政治体制以及经济发展上的需求，赋予地方政府介于 0、1 之间不同比例的税权。就我国而言，税权配置既要考虑到国家的单一制政体，确保中央掌握财税收入的分配与调控权，又要关注到南北方在政治、经济和法律文化等领域表现出的差异性，赋予地方一定的经济自主权。

第二，选择法治型分权。法治型分权强调以法律的形式确立和保

---

① 王绍光：《分权的底限》，中国计划出版社 1997 年版，第 28 页。

② 徐阳光：《论财政转移支付法与地方分权自治》，《安徽大学法律评论》2007 年第 2 期。

障一国财税分权制度的形成和运行。当今世界，但凡市场经济较为完善或法治化程度较高的国家，无论其采取何种政治体制，都选择了法治型分权。新中国历经"统收统支""分灶吃饭"和"分税制"财税体制三个时期，无论在哪个时期，均存在囿于法治约束有限而表现出的"人治主义"色彩。例如，政府间财税收支划分没有法制化；又如，财政转移支付停留在政策操作层面；再如，共享税比例因中央政府的意图发生改变而重新划分。可以说，我国中央和地方间的财税分配是以行政的方式推进的，包括国务院或国税总局出台相关措施，而没有通过全国人大及其常委会的立法，这可能是与西方国家的最大不同。[1] 只有选择法治型分权，地方政府才能够以地方自主权来钳制中央，以切实保障地方税权。这里有一个理论问题无法逾越，我国地方税权的权力来源何在？是"法律赋予"还是"中央授予"？日本宪法明确规定了"地方自治"，这种权力是宪法赋予的，是地方公共团体自治权的自然延伸。在法律上，它并不隶属于中央，更不是中央授予的。[2] 而我国宪法及现行法律体系否认了除民族自治区外的地方自治。是故，我国地方税权的来源只能是"中央授予"。鉴于特殊国情下的制度惯性，"中央授予"在实践中常常被异化为中央与地方政府间的"讨价还价"。是故，要妥善解决这一问题，可以采取以下措施：其一，坚持税收法定主义，在法律的框架下规定授权立法的主体、范围和权限等，禁止空白授权，尤其是地方税收立法权的授权主体，不宜是国务院，只能是全国人大及其常委会；其二，待条件成熟时，出台《税收基本法》并将地方税权的内容予以规定。当地方享有税收立法权后，"税收法定主义"原则的内涵和外延就需重新界定，这里的"法"还应当包括地方人大及其常委会制定的地方性法规。需要特别指出的是，为了维护

<hr />

① 宋兴义：《分税制改革后我国中央和地方政府间财政分配关系走向分析》，《内蒙古社会科学》2005 年第 3 期。

② 〔日〕北野弘久：《税法学原论》，吉田庆子、汪三毛、陈刚等译，第 230—232 页。

财税体制的统一性，应当给予地方税收立法权一定的限制，例如，地方行使税收立法权，不得与上位法相抵触且必须报全国人大及其常委会审批或备案。又如，地方行使税收立法权，不得妨碍既有税种的征收，也不得加重纳税人的负担等。

第三，选择对称性分权。对称性分权是指一国在划分中央和地方的财权时，强调财权、事权和支出责任的匹配。我国自 1994 年实行分税制改革以来，税收立法权和税收使用权基本集中在中央，地方政府存在严重的财权与事权不匹配的问题，这一度被认为是地方"土地财政""地方债高筑""滥收费现象"等的重要原因。面对这一系列问题，我国的财政分权在对称型分权和非对称型分权中应该如何抉择？学界对此争议很大。很多学者认为，我国应当选择对称型分权，以确保财权和事权相一致。但是，也有学者持不同意见，主张明确划分中央与地方的财税收支，但无须在立法上将财税收益权和支出责任相对应，只需建立规范化的转移支付，就可以确保地方政府享有足够的履行支出责任的财力。笔者认为，一方面，与事权相匹配的一定是财权，不能是财力。正如前文所述，分属"钱"和"权"两个范畴的财力和事权因中间换算过程的缺失而不易匹配。财力和财权的关系，通俗地讲，财权是自己的，财力是外来的。囿于我国现阶段财政转移支付带有强烈的长官意志和行政色彩，将地方政府从中央争取到的资金视为"财力"并无不妥。但是，随着新一轮财税体制改革的推进，在我国选择法治型分权路径的同时，与此对应的财政转移支付应当是规范化、科学化的。是故，转移支付的资金也应当由法律预设，对地方而言它是一种稳定的、长期的"权利"，应该属于地方财权的一部分。另一方面，"一级政府，一级财政，一级税收"是世界较为通行的原则，我国未来的发展方向也应当如此。但是，我国宪法明确规定了五级政府架构，包括中央、省、市、县（区）、乡（镇），由于政府级次较多，推进对称型分权的难度显而易见。但是，对称型分权是一个路径问题、方向问题，应当坚定不移。从短期看，可以继续推进"省直管县""乡财县管"等改革措施；从长期看，可以考虑对政府级次进行调整。在财政层级结构扁平化的过程中进一步理顺政府间的财权分配关系。

2015 年，《深化国税、地税征管体制改革方案》指出，要着力解决国税、地税征管职责交叉的问题。2018 年 6 月 15 日国税地税开始合并，7 月 20 日全国省市县乡四级新税务机构全部完成挂牌合并。这意味着理论界和实务界关于合并两套税务机构的争论告一段落。揆之于实际，随着经济和税收关系的不断理顺，分设税务机构的确容易引起重复征税以及职责交叉等问题，不少地方甚至出现税企矛盾。但是，从财税体制改革以及扩大地方政府财税自主权的角度来看，国税、地税独立运行又确有可取之处，能够在下一步税收管理体制改革中，给地方政府税收立法权预留空间。

（二）中央和"局部地区"间的衡平

中央和"局部地区"间的衡平体现在财政比重的分配需回应地区差异性。由于我国经济发展采取了非均衡的路径，导致中西部经济落后地区和东部发达地区在吸引企业投资、刺激居民消费等方面有较大的差异，因而不少全国统一标准的税种的征收与缴纳不仅没有缩小两类地区之间的经济差距、统一两类地区的税收负担，反而进一步通过税收的实质不公加剧了这种非均衡的现象。[1] 具体来说：

1. 地区之间税收和税源的背离

一方面，随着经济活动的不断复杂化，地区之间出现了税收的不当转移，造成大量中西部欠发达地区的税款转移至东部沿海发达地区；

---

[1]　张怡等：《衡平税法研究》，第 119 页。

一方面，采用汇总纳税管理模式。我国现行税法规定了税收征收按属地原则，国家税务总局又发文规定集团公司可以在总机构所在地合并纳税，这种规定导致了总机构所在地"侵蚀"了分支机构所在地的税收收入。另一方面，税款征收环节的设计也是造成"西税东移"的原因。例如，我国东部地区的制造业发达，主要在产品生产地征收增值税的规定，造成了销售到中西部的产品的增值税款由中西部转移至东部，进一步加大了二者的差距。

2. 现行资源税制阻碍了资源优势转化为经济优势

首先，我国欠发达地区往往资源富饶，如果税制设计得科学、合理，完全可以将资源开发、利用所形成的税收转化为地方财政的主要来源，但因为现行资源税在税率设计等方面的问题，我国资源税收入在整个税收收入的占比一直较低，无法增加欠发达地区的财税收入，与资源开采行业的高额利润形成鲜明对比。其次，欠发达地区可持续发展能力下降，造成这种现象的原因有二点：一是资源税税额偏低导致欠发达地区对资源投入型产业的青睐，单位能耗居高不下；二是较低的资源价格在提高企业购买力的同时造成严重的资源浪费，同时也降低了企业进行技术开发的动力。再次，我国资源税所采用的定额税率、从量计征的方法，人为地切断了税收收入与资源市场价格之间的关联。

3. 我国现行财政转移支付制度无法促进地区间均等化发展

目前，世界上大多数国家都形成了以一般性转移支付为主、专项转移支付为辅的财政转移支付结构。而我国，按财政部门所列，转移支付形式在六种以上，主要包括一般性转移支付、专项转移支付和税收返还三种。如前所述，具有均等化作用的实际上只有一般性转移支付一种，而且所占比重严重不足；专项转移支付由于设置过多、行政审批色彩较重以及管理漏洞较多等原因，在实现国家政策方面尚受到诸多影响，更不用说均衡地区财力了。对地区财力分化起"逆向调节"作用的税收返还在分税制改革实施了二十多年的今天还有如此之高的占比，显然是有失公平的。因此，我国现行财政转移支付的均等化效果十分有限。

4. "一刀切"的分税制财税体制扩大了地区间的差距

为建立与市场经济相适宜的规范的财税体制，我国分税制采取了"一刀切"的做法，无论是税收增长返还系数的确定，还是共享税分成比例的划分，都对经济发达与欠发达地区"一视同仁"，因此，其缺乏从根本上进行横向调节的功能。就欠发达地区而论，由于其以第一、第二产业为主要支柱，这种分税模式导致它们的大部分税收收入都要上缴中央。相较于发达地区，"西税上移"在实践中可谓非常普遍。然而，当前任何寄希望通过财政转移支付完全化解分税制造成的地区财政差异的想法，可能都过高地估计了它的实施效果，导致转移支付"超负荷"运转。况且，财政转移支付制度的局限性还会进一步恶化欠发达地区的财政情况，扩大地区间的财税不均衡和经济差距。

5. 现行税收优惠制度的合法性和合理性存在瑕疵

税收优惠制度，是国家干预经济的重要手段之一。然而，我国现行税收优惠制度存在合法性问题，主要表现在税收优惠的立法主体众多、覆盖面广、变动性大。如此泛滥的税收优惠不仅破坏了全国税收执法的统一性，还增加了纳税人的遵从成本，因为纳税人除了遵守全国统一立法之外，还必须时刻关注针对不同地区、行业，甚至不同纳税人的税收优惠，这显然与我国建立社会主义法治国家的宏伟目标不相契合。从纳税人角度看，正是因为各种有悖于税收法定主义的优惠，形成了差别对待的政策洼地，才导致他们改变交易方式，以获取优惠待遇。我国现行税收优惠制度对地区间经济平衡发展作用不大，合理性广受质疑：一方面，税收优惠侧重东部沿海地区，为其吸引外资营造便利条件。为了获取外商投资企业税收优惠，在 2008 年《企业所得税法》生效之前，甚至不少国内资本通过第三国转回国内投资。另一方面，我国当前税收优惠主要集中于新兴产业，而欠发达地区完善区域优位所需要的基础设施等领域的税收优惠却处于空缺状态，造成了当前的产业优惠政策与欠发达地区亟待发展的产业领域不相符合，不利于缩小地区间经济的平衡发展。

所以，我国现行分税制财税体制和欠发达地区的产业结构合力导致欠发达地区的财政水平较低，财税支出无法有效提供公共产品和服务。因此，在合理划分中央税与整体地方税的基础上，为了回应发达地区与欠发达地区之间在税收收入、税收负担等方面的非均衡性，应对中央税和局部地方税重新进行划分。当然，划分不应当一概而论，要在回应地区差异性的基础上区别对待，比如，采用衡平共享税模式，赋予地方税收立法权，加快推行资源税改革，调整税收优惠制度，等等。

第一，在我国现行税收收入中，增值税、企业所得税和个人所得税等主要税种基本采取共享税形式，同时，在经济非均衡模式运行下，地区之间的经济发展水平差距明显。进一步讲，我国主要采用税基共享、比例分成制共享税模式，在共享税规模和地区间差距都非常大的情形下，如果共享税收入分配不考虑中央和"局部地区"之间的财政衡平，那么其他手段的效果就微乎其微了。国外实践证明，衡平地区之间的财政水平，不仅仅体现在财政转移支付制度上，调整共享税的分配方式也能实现调节地区间税收收入分配的作用。只要制度设计科学，共享税的衡平功效是不可忽视的。因此，我国可以考虑优化目前按固定比例分享的共享税，确立衡平共享税，以赋予共享税一定的衡平功能，回应地区间经济发展的差异。曾有学者提出"分区域的差别共享比例"，即经济发达地区共享比例低于欠发达地区。① 笔者较为赞同以此思路来破解共享税改革中的难题，但是差别共享税作为一种静态的比例划分，存在诸多无法解决和回应的问题：一方面，发达地区和欠发达地区的认定标准无法固化。随着社会经济的不断发展，各个地区的经济水平、财政能力等均会产生较大变化，发达地区和欠发达地区的认定也有可能相互转化，静态化的比例分享无力回应变化的经济社会状况。另一方面，差别共享税是分别适用于东部和中西部地区的两种共享比例，那么，在东部和中西部地域范围内也会存在发达地区和欠发达地区，它们之间的差异又如何解决？所以，差别共享税虽然能够在一定程度上体现公平，但是缺乏长期性、科学性和现实回应性。衡平共享税是一种动态的税收收入分配模式，能明确共享税收入在中央、发达地区和欠发达地区政府的三角关系之间的分配比例，分配比例分层次地向欠发达地区倾斜并且可以在一定范围内进行调整。这使得共享税的分配方式在一定程度上具有了弹性，能够应对经济社会发展所带来的变化，也就是说，一是可以弥补差别共享税回应动态经济社会的滞后问题，二是可以避免因经济社会发生大的变化而对政府间财政转移支付制度进行大的调整。需要特别说明的是，衡平共享税在什么情况下可以调整共享税收入的分配比例？需要考虑的因素有哪些？调整的具体幅度是多少？调整的程序又是怎样？这一系列的问题都必须坚守"税收法定主义"，在法律中找到答案，以避免中央政府、发达地区和欠发达地区政府围绕分配比例进行制度外的博弈，否则会不可避免地对财税体制的稳定性产生一些强烈冲击。

第二，赋予地方税收立法权。一方面，我国宪法和法律中没有对地方税收立法权进行直接规定，根据《立法法》第八条、第九条以及第七十二条的规定可知，税收立法权由全国人大及其常委会行使或授

① 段晓红：《我国地方税建设路径之反思》，《晋阳学刊》2016 年第 4 期。

权给国务院行使；另一方面，《国务院关于实行分税制财政管理体制的决定》和《国务院批转国家税务总局工商税制改革实施方案的通知》两个行政文件直接否定了地方享有独立的税收立法权。据此可以认为，地方政府在中央授权的前提下，可以获取有限的立法权，主要包括：其一，省级政府对具体的地方税制定实施细则的权力，比如房产税、车船税等；其二，省级政府在相应的范围内自主确定地方税税种适用税率的权力，比如契税；其三，在特定情形下，省级政府对部分税种予以减免的权力，比如对孤老人员减征个人所得税等；其四，在权限范围内制定本辖区内具体的税收征管程序的权力。[①] 从法理上讲，"一级政府，一级财政"，既然地方人大在一定区域内广泛地代表着本地居民的利益，其理应享有包括税收立法权在内的独立的立法权。相对独立的立法权是地方政府真正成为一级权力机关的政治基础，而税收立法权是地方权力机关运行的物质保障。是故，我国有必要以"在中央的统一领导下，充分发挥地方的主动性、积极性的原则"为前提，逐步下放并扩大地方税收立法权，并在这个过程中回应发达地区和欠发达地区之间经济社会发展的失衡。具体包括：其一，新税种开征权。针对各个地方在经济发展、物价水平、生活成本等方面的差异，中央在全面考察、统筹的基础上，在全国普遍征收的地方税外，制定《地方选择征收税种清单》，由地方政府立足于客观环境和实际需求，选择开征具有地方特色的新税种。地方开征新税种，除了增加当地财税收入，还应当考虑地区间社会贫富悬殊的因素，坚决避免惯常的"一刀切"模式。例如，对发达地区高收入群体的一些奢侈消费项目，例如游轮、高尔夫等，开征特别消费税。其二，税收调整权。针对发达地区和欠发达地区在经济社会发展上的差异，中央可以有条件地赋予地

---

① 刘剑文、耿颖：《应以法律形式合理确定地方的税收立法权和收益权》，《中国税务报》2013 年 11 月 20 日。

方政府在一定范围内，调整地方税的起征点及税率。例如，应许可地方人大在《个人所得税法》规定的范围内对本地区个人所得税的起征点做一定的调整，并向全国人大备案，通过这种差异化调整，衡平发达地区和不发达地区之间个人纳税人所得税税负的实质不平衡。①

第三，实行资源税改革。实行资源税改革，可以将欠发达地区的资源优势转换为财政优势，以衡平地区间的经济差距。具体来说，资源税的改革应当包括以下内容：首先，扩大资源税的征税范围，将不可再生资源、再生周期长或难度大的资源、较为稀缺的可再生资源、资源供给缺乏或不宜大量消耗的绿色资源统统纳入征税范围；其次，改变计征方式，逐步将在新疆地区试点的从量计征改为从价计征的制度在全国范围内施行；最后，提高资源税税率水平，资源税税率的设计要结合我国的稀缺资源类型和现行征管水平，并充分考虑财税收入、负外部性、可持续发展等相关因素。此轮资源税改从 2011 年启动，先是石油、天然气领域启动资源税从价计征，按照 5% 的税率征收；再是油气资源税提高到 6%；2015 年初，煤炭资源税改革"靴子落地"，由从量计征改为从价计征，各省在 2% 到 10% 的区间确定当地税率，例如，产煤大省份内蒙古、山西分别执行 9% 和 8% 的煤炭资源税税率，河南、安徽等十一个省份则选用了最低税率 2%。2020 年 9 月，《资源税法》开始施行，统一规范了税目分类，调整了具体税率确定权限，规范了减免税政策，使资源税能够更好地反映资源价格的市场变化，发挥税收在推进生态文明建设和高质量发展方面的引导作用。作为地方税种，资源税在进行科学的设计、充分的改革后能够有效增加地方政府的税收收入水平，对于资源丰富的欠发达地区来说，无疑是一大福音，不仅能够发挥资源税在调节级差收入、节约资源和保护环境等方面的积极作用，还能在一定程度上增加欠发达地区的财税收入，

---

① 张怡等:《衡平税法研究》，第 120 页。

以缓解与发达地区在财政能力和经济发展水平上的差距。

第四，运用税收优惠政策协调发达地区和欠发达地区的发展。现实中，区域性税收优惠与产业性税收优惠通常是相互交织在一起的，不存在单纯的区域性税收优惠，其通常是与产业相对应的。由于非均衡经济发展模式造成地区间经济社会发展上的差距，国家税收优惠政策的制定必须进行有效调整。在新一轮财税体制改革的背景下，税收优惠政策的运用应当对发达地区和欠发达地区进行区别对待，对发达地区应当采用"产业优惠为主、区域优惠为辅"的方式，而对欠发达地区要实行"产业优惠和区域优惠并存"的方式。

四、政府间横向财税利益法律关系的矛盾分析 ①

新一轮财税体制改革是新中国成立以来最为深入的一次，也被看作是全面深化改革的突破口，事关国家治理体系和治理能力的现代化。利益问题成为这一轮改革的最大阻力。在处理好国家与纳税人、中央与地方的利益问题后，还有一组更为重要的关系需要处理，即地方之间的财税利益关系。常言道，"有国有家者，不患寡而患不均"，公平是国民收入分配中必须坚守的基本原则，从更深层次讲，国民收入分配公平是以地方之间公共服务均等化为前提的。因此，相较于国家与纳税人、中央与地方的财税利益关系，地方间财税利益关系的失衡更容易让纳税人感受到强烈的不公平与非正义，并进一步造成严重危害。地区间贫富差距过大会阻碍经济发展，影响社会稳定，甚至会动摇人们对社会主义的信念并危及国家政权。

---

① 政府间横向财税利益法律关系包括两个方面：一是政府内部部门之间的财税利益关系，例如财政部与国家税务总局；二是同级政府之间的财税利益关系。此处特指不具有隶属关系且地位平等的政府间财税利益关系，并以地方为视角出发去研究它们之间财税利益关系的衡平。

（一）从税收竞争到税收合作

1. 地方间税收竞争的现状

地方间税收竞争，是指地方政府以税收为手段争夺财税资源，以提高区域内的经济实力及居民福利的活动。由于财税分权的出现，使得地方政府产生彼此独立的财税利益，然而由于税源在地方间分布不均且地方政府没有开征税种和制定税率的权利，导致产生税收竞争并衍生出横向财税利益失衡的现状。税收竞争包括制度内税收竞争和制度外税收竞争：前者是指在具备一定条件和激励机制的制度下形成的竞争，以可控性和稳定性为特征，例如沿海开放区实行的税收优惠政策在客观上造成了东西部地区的税收竞争；后者更多地表现为一种不可控且缺乏稳定性和长期性的竞争，它以维护地方利益作为唯一出发点。近年来，一些地方政府为了吸引外来投资、扩大本地税基、增加地方财税收入、拉动地方经济发展，采取了大量制度外税收竞争，包括：第一，擅自放宽政策审批标准以扩大税收优惠范围；第二，擅自制定并执行各种税收减免政策；第三，放松税收征管力度甚至放任企业偷税、漏税；第四，执行"包税""定税"等纳税形式；第五，执行各种不规范的财税补贴措施等。随着税收竞争手段日趋繁多，税收竞争的范围也逐渐扩大，诸如人才、技术等各种流动性资源都开始成为税收竞争的对象。不可否认，税收竞争在一定程度上刺激了地方经济的发展，但是，它的负面效应也不容忽视：首先，违反税收法定主义原则。如前所述，制度外竞争是地方政府为了自己独立的利益而采取的以违反税法刚性为前提、牺牲税制统一性和严肃性为代价的一种竞争方式。其次，有悖于税收公平原则。如果高税负地区的纳税人不能迁入低税负地区，相对于能够迁入低税负地区的纳税人，他们要承担更重的纳税负担。这就为能够迁入低税负地区的纳税人提供了"逃避税收"的便利，恶化了发达地区和欠发达地区经济、社会发展的不平衡，既不符合量能课税，又有悖于税收公平。最后，不利于贯彻税收效率原则。税收竞争导致资本和要素的流动因税负的引导而发生扭曲，地方税收流失、税收秩序紊乱，地方间的资源整合、优化配置因受税负因素的影响，也就无从谈起。同时，鉴于高收入群体的迁徙倾向强于低收入群体、税负压力弱于低收入群体，所以，税收竞争会导致高收入群体迁往低税负地区，促进迁入地经济发展。由于低税负地区往往是发达地区，从某种程度上讲，就进一步促成"马太效应"。因此，税收竞争问题不仅是经济问题，更是政治问题和社会问题，在新一轮财税体制改革的背景下，考察地方税收竞争问题，尤其是以地方政府为主体的政府间的税收竞争具有重要意义。

2. 地方财税合作

税收竞争是一把双刃剑，地方政府间的制度外税收竞争往往展现出较强的负面效应，我国应当积极采取措施予以限制和消除。由于政府间制度外税收竞争以税收优惠为载体，在新一轮财税体制改革中，应当对地方现行的各种税收优惠政策[①]加以甄别，剔除具有"恶性"特征的税收优惠政策，对违反国家政策法令的税收优惠政策加以清理：一是清理与国家财税体制相矛盾的地方政府规章，此类规章违反上位法规定，因法律位阶冲突而自然无效；二是清理未经国务院批准，地方政府擅自给予企业的税收优惠政策。实践中，有的地方政府为了吸引投资，出台政策给予企业一定的税收返还，待企业落户之后，又以政策违法为由予以撤销，这一做法不仅增加了企业的负担，还削弱了政府的公信力；三是清理超出实施时限的税收优惠政策。国家对地方

---

① 这里的税收优惠政策仅指地方政府自行制定并实施的税收优惠政策，不包括地方政府通过授权立法而制定的税收优惠政策和中央制定的关于地方税收扶持的税收政策。

进行授权立法时，往往规定了时限。实践中，又存在地方政府延期使用国家授权的情况。由于地方政府延期实施的税收优惠政策没有获得再次授权，其本质就是一种越权行为，属于对权力的滥用。只有逐步规范地方政府的行为，减少具有"恶性"特征的横向税收竞争行为，将政府的行为都纳入法制的框架下进行规范、管理，才能够保障地方政府走上适度税收竞争道路，更多地发挥税收竞争的正面效应。

此外，随着改革开放的进一步深入、市场经济的飞速发展，传统的行政区域划分日益受到冲击，地方财税合作将逐渐成为促进地区经济增长和一体化的新趋势。对地方政府来说，在合作与竞争的辩证中，没有合作的竞争势必催生市场的混乱与无序。是故，地方政府应当摆脱长期以来存在的各种对抗性竞争思维，以竞争为手段，以合作为目的，促使各个地方政府在竞争与合作中实现"共赢"。[①] 同时，我国东部发达地区人口密度较大，自然资源匮乏已经成为制约其继续发展的最大障碍；反观西部欠发达地区，经济社会发展欠佳，财政能力较弱，却拥有非常丰富的自然资源，为发达地区与欠发达地区通过财政合作实现互补双赢提供了现实基础。

虽然我国现行法律尚无明确的条文对地方政府间的合作予以规定，但可以从宪法、法理中推导出地方政府在合作时需要秉持的原则：第一，主体平等原则。相较于中央与地方间的纵向合作，地方政府间的横向合作更符合宪政精神。各个地方政府是相互平等的主体，因此，其合作应当以互信互利、自愿协商为前提。第二，差额补偿原则。这里的差额是指事权和财权之间的差额。按照事权与财权相结合的原则，承担事权较少的政府应当给予承担事权较多的政府差额补偿；受益较多的地方政府也应当依据受益多少而给予受益较少的地方政府补偿。例如，在相互合作的地方政府间，总有处于劣势的一方，它们或许为

---

① 江孟亚：《地方政府间税收竞争需要合作》，《学习时报》2013 年 8 月 26 日。

了对方的财税利益而选择放弃或退出某些领域，这就需要优势方对其财税利益进行补偿。总之，地方政府会因为合作而共同受益，且至少比相互竞争受益更多。

（二）从对口支援到横向财政转移支付

1. 对口支援的现状[①]

对口支援是一项颇具中国特色的财税制度，旨在在财政能力差距较大的发达地区与欠发达地区之间建立援助与被援助的财税利益关系，具有显著的公共资金横向流动的特征。2008年5月12日突发汶川大地震，国务院分别于6月8日和6月11日先后颁布了《汶川地震灾后恢复重建条例》和《汶川地震灾后恢复重建对口支援方案》。其中，后者要求在中央的统筹下，以"一省帮一重灾县"为原则，在各省与各重灾县之间形成一一对应的援助关系。同时，各省每年的援助在量上不得低于其上年的1%。有学者将其称为新中国成立"以来最大的横向转移支付服务"[②]。

揆之于现实，我国的对口支援并不局限于汶川地震，概言之，它主要包括四个方面：少数民族地区、经济欠发达地区、三峡库区移民工作和汶川地震灾区。它在我国社会经济发展中，尤其在促进民族地区和经济欠发达地区经济发展方面发挥了重要作用，但其本身依然还

---

① 当前，我国虽然没有规范化、公式化和制度化的横向转移支付制度，但是一些"准横向转移支付行为"却早已存在，主要涉及"对口支援"和"广东方案"。何谓"广东方案"？它是指，为推进基本公共服务均等化，以广东省为代表的一些省市开始尝试在区域内建立横向转移支付制度的一种举措。例如，广东省于2009年和2010年先后印发了《广东省基本公共服务均等化规划纲要（2009—2020年）》和《关于建立推进基本公共服务均等化横向财政转移支付机制的指导意见》，其基本构想是强化省内发达地区"先富帮后富"的政治责任，逐步建立横向转移支付制度，由珠江三角洲地区点对点帮扶经济欠发达地区。由于"广东方案"受地域范围影响而作用有限，本章仅探讨对口支援。

② 李旭章：《抗震救灾需要加快服务型政府建设》，《创新》2008年第4期。

存在诸多问题：

其一，对口支援作为制度外的方法，具有大量的不确定性。不可否认，对口支援对加快欠发达地区的经济发展、增强我国民族团结等方面意义显著，但由于相关法制制度的缺失，它往往是作为一种政策措施来落实的。作为一种非制度化的政策措施，对口支援缺乏原则性和标准性的规定。例如，对口支援应当在怎样的情况下实施？它的性质是法律义务还是政治义务？被援助方如何确定？援助方是中央指定还是地方请缨？对口支援是不是一种横向转移支付？一系列问题悬而未解。如果不能确定一套可以广泛适用的原则和标准，对口支援就只能被定位为一临时性的应急措施，不宜使其常态化、扩大化和制度化。

其二，对口支援的政治性，容易诱发地方政府间的不当竞争。我国的对口支援是依赖于中央权威和政策精神，因此，对口支援的结构由支援双方转为主导方、支援双方的三方结构，这就导致整个对口支援的过程都伴随着中央政府的引导和干预，很容易导致某些地方领导人为了取信中央政府以博自己的政治前途而溜须拍马，甚至不顾本地区的实际情况做出一些不当表态，诸如"要人给人、要钱给钱、要物给物""不讲任何条件、不惜一切代价"等，给地方人大审议预算方案带来压力，同时引发地方政府间财税支出的恶性竞争。在灾后重建的援助工作中，就有地方政府为比拼速度和水准而出现不当开支。是故，有学者将中国特色的对口支援界定为"政治性馈赠"，认为如果扩大对口支援实践的功能，不仅可能造成支援方的负担，还可能形成受援方的依赖。[1]

其三，在对口支援中，支援方的激励性不足。地区财政差距是对口支援产生的逻辑起点，故而依据该逻辑起点设计的制度理应配备相

---

[1]　李瑞昌：《界定"中国特点的对口支援"：一种政治性馈赠解释》，《经济社会体制比较》2015 年第 4 期。

关的激励措施，但现实却并非如此。目前，我国已有部分省份相当富裕，具备援助经济困难省份的实力，但鉴于对口支援属于"政治动员式"的无偿援助，因而没有长远的目标体系，缺乏永续的动力。进一步讲，财政分权要求地方政府为本辖区内的居民谋福利，而地方作为相互独立的利益体，如果没有共同的利益基础和目标取向，或者缺乏责任约束机制，对口支援将出现严重的激励不足。一旦地方领导人的政绩追求或晋升需求弱化，对口支援就可能演变为"应付式"政治行为，这也恰好说明了自 20 世纪 90 年代中后期以来，随着市场取向的改革思路日益清晰，对口支援机制出现地方积极性下降、项目减少和效率低下等现象[①]，以及在多年援建中，新疆、西藏等受援地出现不少"面子工程""烂尾工程"的原因。

2. 引入横向财政转移支付制度

一般来说，财政转移支付制度的目标有三：弥补财政缺口、实现公平目标、实现特定目标。我国的现实问题是仅靠纵向财政转移支付能否实现公平，抑或是均等化目标？关于均等化的探讨，学界有很多标准，涵摄财政缺口、财政能力、财政需求和人均财政等。无论哪种标准，均无法完美诠释纵向财政转移支付的"唯一性"。以财政缺口均等化为例，某地财政转移支付额等于财政缺口（财政需要与财政能力之差）除以总财政缺口，再乘以总财政转移支付额。该标准的隐含前提是中央集中大部分财税收入以及任何地方政府的财政能力均不超过其财政需要。然而，现实的情况是部分城市经济发展水平较高，财政能力可能大于财政需求，并无财政缺口。这种分配标准仅对欠发达地区有"拔高"的功效，但"拔高"之后依然无法达到与发达地区之间

---

① 何遐祥：《横向财政转移支付法律制度研究》，《甘肃政法学院学报》2006 年第 5 期。

的"均等"。① 至此，我国可以尝试对财税体制进行创新，对实践中的对口支援进行"扬弃"，从而引入横向财政转移支付制度，将现行纵向财政转移支付的"均等化"内容交由横向转移支付来解决，既有助于延伸财政转移支付的传统探讨，也能为其提供一种崭新的研究视角。

当然，横向财政转移支付制度并不要求地区间存在"对口"关系，因为衡平政府间横向财税利益的基本思路是把高收入地区的财税资金转移到低收入地区，由于地方相互之间都是彼此独立的利益主体，横向财政转移支付难以通过地区间直接的资金移动来完成，因此，可在中央设立独立机构，作为地方政府的代理人，按照科学的公式计算，负责筹集高收入地区的部分财税资金并分配给低收入地区，以实现地区间的均等化。横向财政转移支付制度并非是一种"劫富济贫"，要为了公平而牺牲效率，它允许一定范围内地区间差异的存在，该差异以不阻碍高收入地区的积极性和不培养低收入地区的惰性为底线。

可以说，建立规范化的横向转移支付能够逐步实现地区间的均等化并提高欠发达地区的财政能力。唯有欠发达地区的财政能力得以增强，它们抵御风险、防灾抢险的能力才会随之提高，并足以应对一些小规模灾害。如果发生类似于汶川大地震这种重大灾害，地方政府难以应对，可以考虑引入巨灾保险制度代替对口支援。因为与其灾后再出台各种条例、方案来倾全国之力救灾，不如提前筹划、建立保险制度，积累保险基金，事先分摊风险，将灾害问题引入一个常态化、制度化的平台。如果横向财政转移支付和巨灾保险制度仍然不能解决问题，再由中央政府启动实现特定目的的纵向财政转移支付。

---

① 其实，这里涉及一个均等化度量标准的判断问题。通常，根据度量标准的高低，可以将均等化分为最低标准的均等化、平均标准的均等化和结果标准的均等化。但在学术研究中，学者们很少对此问题展开讨论，大都将其默认为"最低标准的均等化"。然而，立足于我国日趋严重的贫富差距和社会矛盾，该标准是否经得住时代考验，还有待商榷。

第二部分　我国财税体制内部关系的梳理与调整

第五章 我国财税体制内部关系运作的中国语境

自十四届三中全会决定建立社会主义市场经济体制以来，中国国力迅速增长，国库充盈，跻身大国行列，但有两大隐患需要尽早消除：一是"钱的流向"问题，二是"钱的分配"问题。[1] 这两大问题与财税体制密切相关。现行的财税体制基本框架是在 1994 年财税体制改革的基础上搭建的，随着国内外经济社会形势的推进，现行财税体制表现出持续的资源配置的非效率化和社会财富累积不正常的尺蠖效应。这些难题在现行的财税体制框架下难以解决，必须启动新一轮的财税体制改革加以破解。当前，我国步入深化财税体制改革新时期，改税制、稳税负、透明预算、强化监管、事权与支出责任相适应、发挥中央和地方两个积极性，是改革的主要方面。每一次财税体制转换或改革中存在的利益冲突，从某种意义上说，已经构成中国经济改革中的一个基本利益矛盾，这一矛盾不仅成为诸多方面利益冲突的集中体现，而且在很大程度上规定、制约着其他矛盾的运动。[2] 财税体制改革牵一发而动全局，具有根本性、全局性和长远性作用。古今中外，人类历史的每一次重大变革，无不与财税有关，正如宋代大学者苏辙所言："财者，为国之命而万世之本。国之所以存亡，事之所以成败，常必由

---

[1] 季卫东：《宪政新论——全球化时代的法与社会变迁》，北京大学出版社 2005 年版，第583 页。

[2] 刘伟：《财税体制转换中的利益冲突》，《学习与实践》1995 年第 11 期。

之。"财政与国家治理休戚相关，财政是国家治理的"基础"和"重要支柱"，由此，财税体制改革与国家治理现代化的进程紧密相连，也成为国家治理现代化的突破口和抓手。

分税制在划分事权的前提下，按税种划分中央和地方的财政收入，建立中央与地方的财税体系，是对中央、地方、部门、企业利益关系的一次重大调整。回看运行二十年有余的分税制，可以说，已经与分税制最初的指导思想和内容设计渐趋背离，或者说分税制改革并不彻底。1993年国务院颁布的《国务院关于实行分税制财政管理体制的决定》中确立了"理顺中央与地方分配关系、合理调节地区间财力分配、坚持统一领导与分级管理相结合、坚持整体设计与逐步推进相结合"的指导思想，划分了中央与地方的事权，将税种划分为中央税、地方税以及中央与地方共享税，分设了国家和地方税务局两套征收管理机构，建立中央财政对地方税收返还和转移支付制度。然而，从现实情况看，中央与地方间的分配关系并未理顺，分税制采取了财权上移、事权下放的做法，导致地方政府的财权与事权不匹配，2011年开始的营业税改征增值税使地方财政更加雪上加霜，全面推开"营改增"后对地方财政带来更大的减税效应。面对当前的困境，我们不禁感到疑惑：分税制分的是什么？如何切分？在公平与效率之间，分税制将如何抉择？如果将财税体制视为一个系统，那么系统中的各要素之间的关系如何协调与安排？这些问题只有放置于中国语境下加以思考，才能探索出一条有效的破解路径。

一、财税体制内部各要素及其关系

2013年党的十八届三中全会通过的《中共中央关于全面深化改革若干重大问题的决定》以及2014年中共中央政治局审议通过的《深化

财税体制改革总体方案》基本完成了新一轮财税体制改革的顶层设计和总体框架，财税体制改革成为推进国家治理体系和治理能力现代化的重要政策工具和突破口。那么何为财税体制？其构成要素有哪些？内部关系如何划分？这些问题的清晰界定是研究财税体制改革问题的逻辑前提。

（一）财税体制概念的变迁

虽然"财税体制"一词已成为政策文件的常用词汇，但是包括财税法学和财政学在内的理论界并未对"财税体制"做出权威性的界定。甚至很多教材中也难觅"财税体制"的踪影，而是由相近的诸如政府间财政关系、财政管理体制、财政体制、财政分权等代替。早期的财政法学和财政学都比较关注财政管理体制，且财政体制与财政管理体制一般可通用，但对二者的界定有所不同。如有学者将财政体制分为广义和狭义两个层面。广义的财政体制等同于财政管理体制，指的是划分各级政府或同级政府之间财权和财力的根本制度，主要包括政府预算管理体制、税收管理体制、公共部门财务管理体制等，其中政府预算管理体制是中国财政管理体制的最主要和最基本的内容，它划分着政府内部各组成部分之间的财力，规定了预算内财力使用的范围、方向和权限，因而政府预算管理体制就是狭义的财政体制。[1] 邓子基等认为财政管理体制是指国家管理财政的组织体系、管理制度和管理形式，其实质是正确处理国家在财政资金分配上的集权与分权问题。[2] 钟晓敏认为财政体制概括的是政府间财政关系，包括支出和收入的划分，以及转移支付。[3] 以上观点主要从政府间财政关系的角度对财政体制进

① 刘溶沧、赵志耘主编：《中国财政理论前沿》，社会科学文献出版社 1999 年版，第 227 页。
② 邓子基、邱华炳主编：《财政学》，高等教育出版社 2000 年版，第 284 页。
③ 钟晓敏主编：《财政学》，高等教育出版社 2010 年版，第 311 页。

行界定，而且主要指纵向的财政关系。有学者从更广泛的意义来界定财政管理体制或财政体制，认为财政管理体制是关于一国中各级各类财政主体的财政地位、财政权限及其相互间财政关系的根本制度，完整的财政体制是纵、横两个方面的结合，纵向的方面即中央与地方政府的财政关系，横向的方面即同一级次的权力机关与"一府两院"的财政关系，财政主管机关与其他行政机关的相互关系。①

应该说，上述学者对财政管理体制或财政体制的关注和界定与当时的背景息息相关。一是在计划经济体制向市场经济体制转轨的背景下，政府与市场的关系成为学界关注的重点。经济体制的变革牵涉到财力和财权的分配问题，财政体制必定要做出相应的回应。理顺中央与地方的分配关系是分税制改革的重点，纵向财政关系自然会在财政体制改革研究中备受瞩目。二是与我国当时财税法学的研究相对薄弱有一定关系。"长期以来，财政一直被界定为公共服务或阶级统治的物质基础，其依附于国家职能，缺乏独立的存在价值，财政法也变成了纯粹保障国家财政职能的制度手段。"② 在我国法治化进程中，财税法治比较滞后，缺乏宪政理念的指引。新中国的财政宪法研究是从社会主义市场经济体制的确立开始的，专业分工及学科分化禁锢了财政立宪主义的研究步伐，使财政和税收宪政之维的研究成为被忽视的理论盲区。财政学在财税立法过程中起着实质性的影响，这种状况在日本也曾出现过。日本学者北野弘久对此认为"作为法学的税法学更应当在租税立法过程中发挥重要作用"③。随着财税法学研究体系的重构、研究方法的突破，财政宪法学的研究已卓有成效。我国财政宪法的使命在于保障公民的财产权，保障国家公权力行使的能力及其正确

---

① 王源扩：《我国财政管理体制内涵新探》，载刘文华主编：《宏观调控法制文集》，法律出版社 2002 年版，第 280—290 页。

② 刘剑文主编：《财税法学》，高等教育出版社 2000 年版，第 4 页。

③ 〔日〕北野弘久：《税法学原论》，吉田庆子、汪三毛、陈刚等译，第 3 页。

行使，促进宪法对国家的财政权和公民的财产权以及对国家的财政权在不同的国家机关之间、中央与地方之间合乎理性的法律设计，并在此基础上得到普遍的遵从。[①] 因此，财政权在不同国家机关之间以及在中央与地方政府间的配置必定成为更加宏观层面的财税体制的应有之义。

由上可知，早期的财政体制、财政管理体制的内涵主要指向政府间财政关系，这一点可以从 1993 年国务院颁布的《国务院关于实行分税制财政管理体制的决定》这一文件的名称及内容窥见一斑。时隔二十年后，2014 年中共中央政治局审议通过的《深化财税体制改革总体方案》中使用的是财税体制的概念。财税体制与财政体制的关系可追溯到财税与财政的关系。财税是财政与税收的简称，从语词的逻辑关系上看，财政是税收的上位概念，财政包含税收，因此财税体制与财政体制在概念上本无本质区别，但在理念上发生了变化。首先，财税体制避免了将财政体制与税收体制进行人为的分割。因为税收收入在财政收入中占有绝对重要的地位，且现代意义上的财政法是以"税收法定主义"为中心而发展起来的，税法先于财政法而存在，造成只重"收税"而忽略了"用税"。财税体制这一称谓将财政与税收结合起来，对以税收为主的财政收入与财政支出进行全面规制，也契合财税一体化的理念和实践。其次，财税体制不仅包括纵向的政府间财政关系，也包括横向的不同国家机关之间的财政关系。财税体制不仅是一个经济问题，也是法律问题，横向的财政关系超越了经济意义的财税体制而从法治的视角来认识财税制度，有利于从传统管制模式到现代治理模式的转变。

---

① 王世涛：《财政宪法学研究：财政的宪政视角》，法律出版社 2012 年版，第 11 页。

（二）财税体制内部关系划分的不同向度

财税体制是指在不同国家机关之间、中央与地方政府以及地方政府间财政权限划分的根本制度。财税体制内部构成要素众多，且具有一定的结构性。这些要素相互联系，相互制约。按照不同的标准，可将财税体制内部关系进行不同向度的划分。

按照财税体制所涉主体间隶属关系不同，可划分为纵向财税体制和横向财税体制。纵向财税体制主要指不同级次政府间的财政关系，包括中央与地方、上下级地方政府间财政权的分配，其内容主要有三大支柱，分别是财权的划分、事权和支出责任的划分以及财政转移支付。横向的财税体制主要指相同级次的不同国家机关之间财政权限划分及相互关系，例如同一级次的权力机关与行政机关的财政关系、财政行政部门与政府其他行政部门之间的财政关系。

按照财税体制所涉行为种类不同，可分为财政收入体制、财政监督管理体制、财政支出体制。所谓财政收入体制，本质上说，就是指一国政府为应对其各项活动的支出，如何去筹资的问题，即政府怎样去筹集收入、筹集多少、用什么形式去筹集、向谁收入等大问题。[1] 此外，还应该包括财政收入在中央与地方以及地方政府间如何划分的问题。财政支出体制主要包括各级政府支出责任的划分、财政资金的投向等内容。财政活动是一个动态的过程，从收到支的每一个环节都离不开管理和监督，"管理"的目标并不是盈利，而是追求安全。财政监督在财税法意义下准确讲应是"监督财政"，是对财政行为进行的监督，包括立法监督、行政监督、司法监督和社会监督。

总体来讲，财税体制内部关系纵横交错，互相制约，相辅相成，

---

① 王美涵：《我国财政收入体制特征和改革路径》，《财经论丛》2007 年第 5 期。

共同编织成一张包含央地之间、地方政府间、国家与市场间、国家与纳税人之间的关系网。1994 年实施的分税制"疲惫之相"已显露，新一轮的财税体制改革已经拉弦开弓，改革意味着财税关系各主体财税利益的重新调整，在失衡的各方关系中，财政权如何在各国家机关之间以及央地之间进行配置是当前迫切需要解决的问题。

二、中央与地方之间：纵向双失衡

（一）纵向双失衡的表现

中央与地方政府之间的财政关系历来是各次财税体制改革的重头戏，财政关系的调整实质上也是财政分权的调整，试图将中央与地方财政权力分配达到最佳平衡点。新中国成立至今 70 多年，我国历经大大小小数十次的财税体制改革，这段时期的财税史呈现出"集权—分权"循环反复、变动不居的态势，中央与地方财政关系主要以政策调整为主，体现出非规范性、随意性和中央主导性。直到分税制改革，在中央与地方反复协商谈判下，中央与地方财政关系才趋于制度化和规范化，这也是走向法治化的起点。分税制的积极作用主要体现在以下三个方面：其一，分税制在我国主要表现为分税种和部分分税权[①]，它打破了地方政府与地方企业的利益联系，有效地遏制了地方政府通过经济封锁等措施大行地方保护主义的恶性竞争；其二，分税制不仅

---

　　① 分税制主要有四种形式：一是分税额，即先按税法统一征税，然后将税收收入总额按一定比例在中央与地方之间分割。二是分税权，即分别设立中央税和地方税两个税收制度和税收管理体系，中央和地方均享有相应的税收立法权和调整权。三是分税率，即按税源实行分率计征。四是分税种，即在税权主要集中于中央的情况下，在中央和地方之间分割税种，形成中央税、地方税和共享税。参见郭庆旺、赵志耘：《公共经济学》，高等教育出版社 2006 年版。

增强了中央的宏观调控能力，有利于集中力量办大事，同时保留了地方政府一定程度的财政自主权，有效实施了对地方政府的激励，中央与地方两方面的积极性都调动起来，进而促进了国家财政收入的快速增长，如图 5.1《1981—1995 年国家财政收入增长率》所示，1981 年至 1994 年分税制实施前，财政收入增长最快的两个年份分别是 1985 年和 1993 年，其中 1993 年财政收入比 1981 年增长 24.8 倍，而 1986 年至 1992 年期间波动不大，这无疑是分税制带来的效果。其三，确立了政府间的财政转移支付制度。转移支付制度是处理中央与地方财权关系的重要一环，是解决纵向不均衡和横向不均衡的重要政策工具，能够缓解落后地区财政困难，达到公共服务均等化。从应然的角度讲，财政转移支付制度具有上述的效果，虽然我国现行的财政转移支付制度存在很多问题，并没有完全实现其宗旨，但不能由此否定财政转移支付制度本身。

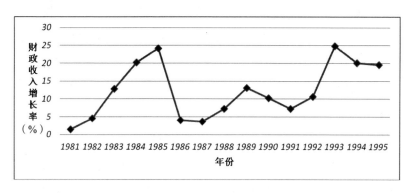

图 5.1　1981—1995 年国家财政收入增长率

1994 年分税制的主要特点是财权上移，事权下放。经过二十多年的实施，中央与地方的财权与事权并不匹配，甚至可以用失衡来形容。以 2020 年为例（见图 5.2《2020 年中央财政支出构成》和图 5.3《2020 年地方一般公共预算收入构成》），中央财政支出总额为 119451.08 亿元，总体分成三大组成部分，第一部分是补充中央预算稳定调节基金，为 1040.21 亿元，占比为 0.87%；第二部分是对地方转移支付 83315.3 亿元，占比为 69.75%；第三部分为中央本级支出 35095.57 亿元，占比为 29.38%。再看地方财政收入及其构成，地方一般公共预算收入为 183439.14 亿元，其中中央对地方转移支付收入 83315.3 亿元，占比为 45.42%，地方一般公共预算本级收入 100123.84 亿元，占比为 54.58%。概言之，中央财政支出中本级支出仅占约 30%，将近 70% 用于转移支付，地方财政收入中本级收入仅占 50% 多，超过 40% 的财政收入依靠中央转移支付。纵向财政不平衡率是用来衡量纵向财政失衡程度的一个指标。2020 年地方本级收入为 100123.84 亿元，全国一般公共预算收入总量为 182894.92 亿元，地方本级预算收入占全国一般公共预算收入的 54.74%。当年地方一般公共预算支出为 210492.46 亿元，全国一般公共预算支出总量为 245588.03 亿元，地方财政支出占全国财政支出总量的 85.7%。由此可以计算出 2020 年我国纵向财政不平衡率约为 31%，在世界上属于较高水平。[1] 有学者将这种现象称为"双失衡"，导致地方财政收入来源具有相当的不确定性。[2] 中央与地方失衡的原因在于财权与事权过分失衡，中央在收财权的同时把越来越多的事权下放给地方政府，导致地方政府的强制性支出不断增加，地方事权不断加重。此外，地方政府的财权，尤其是收入自主权并没有增强，相反是自治程度最弱的一项。地方政府并没有形成完善的地方税制，缺少主体税种。事权与财权的失衡、过分不匹配，造成地方财政对中央财政的过分依赖，这是引发其他财税体制问题的根源。

---

[1] 纵向财政不平衡率是地方财政本级收入占全国财政收入的比率与地方财政支出占全国财政支出的比率之差。财政收入数据中不包括债务收入。财政分权程度较低的德国、日本的纵向财政不平衡率分别为 28% 和 20%，财政分权程度相对较高的美国和加拿大分别为 13% 和 7%，我国与法国相当。

[2] 高培勇：《财税体制改革与国家治理现代化》，第 223—224 页。

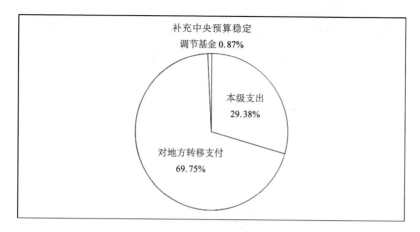

数据来源：财政部《关于 2020 年中央和地方预算执行情况与 2021 年中央和地方预算草案的报告》，财政部官网。

图 5.2　2020 年中央财政支出构成

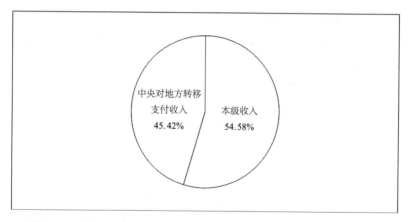

数据来源：财政部《关于 2020 年中央和地方预算执行情况与 2021 年中央和地方预算草案的报告》，财政部官网。

图 5.3　2020 年地方一般公共预算收入构成

（二）纵向双失衡的负面影响

　　数据表现的"双失衡"表象背后隐藏着中央与地方财政权力（利）配置的失衡，涉及财权与事权的匹配、事权与支出责任的适应等问题。

从世界范围看，中央与地方财政关系中，事权与财权相匹配只是理想状态，由于经济、社会等因素的复杂多变，所以很难做到二者的一致，也就是说，财权与事权不一致是常态，只是程度有所不同。但是过分失衡则会带来一些负面影响。

一方面，纵向双失衡会导致地方财政自主权的弱化。地方财政自主权是在财政分权背景下生长、发育起来的，它也是研究财税体制、中央与地方的财政关系绕不开的话题。何为地方财政自主权？在现有的法律规范体系中并没有这个概念，学界对地方财政自主权也未形成比较一致的界定，而且基于不同的视角对其内涵和外延进行不同的定义和具体划分，不同国家的政府官员和学者的理解也存在很大差异，导致在概念理解和使用上的模糊和歧义。仅就其内容而言，虽然概括的方式有所不同，但并没有本质上的分歧。如徐阳光认为地方财政自主权的内容包括地方财政预算自主权，地方财政收入、支出自主权和地方财政监督自主权。[①] 徐健将其分为预算自主权、自主组织收入权和支出自主权，并将预算自主权的内涵细化为预算编制自主权、预算审批自主权、预算执行及监督自主权和预算调整自主权、地方立法权等。可见，预算自主权、自主组织收入权和财政支出自主权是地方财政自主权的一般构成。我国财政分权改革在集权与分权框架下反复调试，当前中央与地方纵向双失衡导致地方政府对中央政府过度依赖和中央通过转移支付来弥补纵向失衡，但由于我国转移支付制度并不规范，并未达到理想效果，在"跑部要钱""讨价还价"等非正式方式主导下，地方财政收入具有很大不确定性，加之专项转移支付的比例过大，对相应地方政府财政支出限定用途，也减弱了地方财政支出的自主权。

另一方面，过度失衡的分税制会异化为"分钱制"。从根本上讲，

[①]　徐阳光:《地方财政自主的法治保障》,《法学家》2009 年第 2 期。

分税制应是一种分享税制，社会财富应在中央政府与地方政府间有效地分享。[1]分税制的本意主要体现为对税种和税权的划分，形成中央税、地方税和共享税，而不是对税款的划分。从法律角度看，分税权更是根本。目前，地方税收收入和财政收入主要来自共享税，地方税税源零散，征收成本高，收入低；地方主体税种缺位，财权与事权不匹配。这种情况下，作为处理中央与地方财政关系核心原则的"财权与事权相匹配"逐渐演化为"财力与事权相匹配"。财力是指地方自主收入与中央对地方转移支付的总和。当前，我国地方政府财政收入中只有60%来自地方自有收入，其余均是依靠中央的转移支付，而且地方政府财政收入中相当一部分属于非税收入[2]，税收收入所占比重偏小。如此一来，分税制异化为分钱制，偏离了分税制的轨道，增加了行政色彩和"家长作风"。

三、地方政府之间：地方财力的区域分化

（一）地区发展不均衡与地方财力的区域分化

区域经济学揭示和研究区域经济发展中的规律问题。根据该理论，从短期看，区域经济发展不可避免具有一定程度的不平衡性，这也是区域经济发展的梯度转移和辐射演进的空间表现形式；但是从长期考量，区域经济的发展趋于均衡状态。我国区域经济发展长期处于非均衡状态，关于区域经济发展差异的原因，学界已做了不少的研究。如有学者研究了区域经济发展差异的非制度因素，主要有三大类：对生

---

[1]　张守文：《税权的定位与分配》，《法商研究》2000年第1期。

[2]　近些年来，地方财政收入中非税收入占比为20%左右，中西部地区甚至达到40%。

产效率产生明显影响的因素、对生产要素投入量产生明显影响的因素、历史文化因素，并具体化为区位和自然因素、资本及人力资本因素、历史文化因素。[①] 此外，还有学者从宏观经济政策、区域经济政策、经济体制、经济自由化、要素市场的扭曲等方面对中国区域经济差异变化进行了分析。由于分析方法、研究的时空尺度和统计指标等不同，研究结论分歧较大。[②] 毋庸置疑，造成区域经济发展差异的因素有很多，既有制度因素，也有非制度因素。非制度因素既定不可改变，所以制度因素更值得关注和研究。制度是资源配置的外在变量，同时，由于制度具有稀缺性[③]，所以制度供给总量总是相对不足。这里我们要考虑的是，地区发展不均衡与经济政策尤其是财税政策的制度变迁之间是否存在关联？财税政策对于地区发展出现的不均衡现象起到的是促进还是抑制的作用？地区财政收入能力及人均财政收入是衡量地方发展均衡与否的指标之一，地区财力差异是地区间经济发展差距的反映，财政收入不平衡，地方公共服务的供给则不均等，这种不公平又反过来影响经济和社会的发展，继而使地方财力更加不均衡，如此陷入一个恶性的循环。

　　新中国成立以后我国财税体制制度变迁可以分为三个阶段：第一阶段，中央与地方"集权与分权"反复调试阶段（1949—1979 年）。这一阶段我国实行区域经济均衡发展战略，为了改变旧中国遗留下来的工业畸形发展、布局极不合理的经济结构，国家用指令性计划手段，

---

　　① 余鹏翼、夏振坤：《影响中国区域经济发展差异的非制度因素分析》，《江西财经大学学报》2002 年第 1 期。

　　② 管卫华、林振山、顾朝林：《中国区域经济发展差异及其原因的多尺度分析》，《经济研究》2006 年第 7 期。

　　③ 导致制度稀缺性的原因主要有：一是源于制度供给的有关约束条件；二是制度需求压力的资源稀缺性，即与经济技术因素相关的自然禀赋和物质资源在一定条件下引致的制度稀缺；三是源于制度安排的非专利特征；四是制度比技术手段具有更强的"资产专用性"。参见卢现祥：《西方新制度经济学》，中国发展出版社 2003 年版，第 48—49 页。

在基本建设投资和新项目建设安排及人才、技术等方面，重内地轻沿海，人为推动生产力布局大规模西移，建立起一批初具规模和行业比较齐全的工业基地，较大程度上改变了旧中国生产力偏集一隅的畸形格局。[①] 在东部沿海地区经济发展缓慢、西部经济人为推动增长的情况下，区域间经济差距逐渐弥合，经济发展均衡。这一阶段的财税体制呈现出"集权—分权"反复循环的波浪形变动，先后经历了统收统支、分类分成、总额分成、收支包干、固定分成、总额分成等阶段。计划经济时期，尽管中国许多资源配置已经分权化，预算依然高度集权化，中央拥有对财政的控制权，各地方的财政自主权非常有限，能够自主决定的支出仅限于来源于预算外的少量资金。[②] 地方财政收支的平衡由中央平衡。因此地方政府财政能力差别不大，基本均衡。

　　第二阶段，"分灶吃饭"阶段（1980—1993 年）。这一阶段我国实行有计划的商品经济，改革开放战略开启了我国经济快速发展的新时期。从改革开放到 20 世纪 90 年代中后期，我国总体上实施的是区域经济非均衡发展战略。"六五"计划（1981—1985 年）提出要充分发挥沿海地区的特长，积极利用它们的经济技术区位优势，带动内地经济发展，采取了一系列向沿海地区倾斜的政策措施。"七五"计划（1986—1990 年）进一步把全国划分为东部、中部、西部三大经济地带，并按三大地带序列推进区域经济发展。从表 5.1《1978 年和 1990 年东中西部 GDP 及增长率》可以看出，改革开放推动了我国经济快速发展，三大地带 1990 年的 GDP 总量比 1978 年均增长 3 至 4 倍，各地带增长的幅度相差不大。这期间，区域间已拉开差距，东部各省平均 GDP 最高，西部最低，但是这个差距并没有在这期间继续拉大，也没有缩小。1980 年我国再次实行分权改革，历史上称为"分灶吃饭"，

---

① 张怡等：《衡平税法研究》，第 21 页。

② 〔美〕黄佩华、〔印度〕迪帕克等：《中国：国家发展与地方财政》，吴素萍、王桂娟等译，中信出版社 2003 年版，第 26 页。

中央与地方的收支分开，地方自求平衡。从 1980 年的"划分收支、分级包干"到 1985 年的"划分税种、核定收支、分级包干"，再到 1988 年作为过渡实行的财政包干制，地方财政收支范围扩大，已经构成相对独立的一级财政，有学者评价财政包干制接近于真正意义上的中央对地方的"分权"①。从实际效果看，财政包干体制并没有激发地方政府组织财政收入的积极性。一些分成留用比例较低的富裕地区还创造了按财政收入计划数组织收入入库的做法，造成中央财政收入的大量流失。1978 年预算收入占 GDP 的 35%，20 世纪 90 年代中期下降为 12% 以下。此外，财政资金在各地区分配不合理，从表 5.2《1990 年部分省份人均财政收支及其差额》可以看出，各省份的人均财政收入能力差距较大，收支缺口表现也不相同，人均财政收入最高的上海（1180 元 / 人）是人均收入最低的西藏（8 元 / 人）的 147.5 倍。东部的财力要好于中部，西部财力最弱，这就决定了人均收支缺口西部最大。由于中央在"分灶吃饭"财政体制下财力下降，无力宏观调控和均衡各地方财力分配，非均衡发展的战略以及财政包干体制的实施，导致区域发展差异明显，财力分化显著。

表 5.1　1978 年和 1990 年东中西部 GDP 及增长率

区域	1978 年		1990 年		GDP 增长率（%）
	GDP 总量（亿元）	平均 GDP（亿元）	GDP 总量（亿元）	平均 GDP（亿元）	
东部	1742.74	158.43	8034.19	730.38	3.61
中部	1006.62	125.83	5150.81	643.85	4.12
西部	714.45	64.95	3746.74	340.41	3.53

注：东部地区包括北京、天津、辽宁、上海、江苏、浙江、福建、山东、广东等 9 省市；中部地区包括河北、山西、吉林、黑龙江、安徽、江西、河南、湖北、湖南、海南等 10 省市；西部地区包括内蒙古、广西、重庆、四川、贵州、云南、西藏、陕西、甘肃、青海、宁夏、新疆等 12 省（直辖市、自治区）。

① 周飞舟：《以利为利：财政关系与地方政府行为》，上海三联书店 2012 年版，第 34 页。

表 5.2　1990 年部分省份人均财政收支及其差额

（单位：元／人）

省、市、自治区	人均财政收入	人均财政支出	人均财政收支差额	省、市、自治区	人均财政收入	人均财政支出	人均财政收支差额
北京	702	633	69	湖北	143	156	-13
天津	508	455	53	湖南	118	134	-16
辽宁	326	308	18	内蒙古	152	282	-130
上海	1180	566	614	广西	112	154	-42
江苏	201	149	52	四川	111	132	-21
浙江	244	192	52	新疆	142	313	-171
河北	132	142	-10	云南	208	243	-35
山西	185	196	-11	西藏	8	582	-574
安徽	96	108	-12	甘肃	152	204	-52
江西	107	133	-26	青海	162	382	-220
河南	99	106	-7	宁夏	143	318	-175

数据来源：黄肖广：《财政体制改革与地方保护主义》，《经济研究》1996 年第 2 期。

　　第三阶段：分税制阶段（1994 年至今）。财政包干体制在实行中出现一些弊端，中央和地方对于财政收入的分配比重发生变化，中央政府的比重不断下降，进而影响其宏观调控能力。调整中央政府和地方政府之间的收入分配、为中央政府提供充足的收入成为 1994 年财税体制改革的目的之一。[①] 分税制成为改革的核心，也取得了一定的成效。"两个比重"（即中央政府占财政总收入的比重和财政收入占 GDP 的比重）得到了提高，财权上收，2015 年中央财政收入占全国财政收入的46.3%（1990 年为 34%）。财税体制改革中另一重要的内容是转移支付制度的公式化和规范化，但考虑到不损害地方既得利益原则，转移支付制度增加了税收返还和过渡期均等化转移支付两项新内容，改革的效果并不理想。在前期的中央转移支付的构成中，税收返还占 50% 以上，造成地区间不平衡，呈现出累退效应。随着转移支付制度的规范

---

　　① 　参见〔美〕黄佩华、〔印度〕迪帕克等：《中国：国家发展与地方财政》，吴素萍、王桂娟等译，第 34 页。

化，税收返还的比重越来越少，2015 年税收返还的预算数为税收返还
和转移支付预算数的 9.2%。面对地区不均衡发展，国家层面先后提出
"区域协调发展战略"和"统筹区域发展战略"。关于财税政策对区域
经济均衡发展的效应，学界做过大量的实证研究，结论并未统一，部
分学者认为财政政策对区域经济协调发展具有促进效应，但也有持否
定意见的，如周飞舟认为分税制并没有有效均衡地区间因经济发展不
平衡而带来的区域差异。[1] 总体来看，我国东西部地区间财力差异水平
呈现缩小趋势，中西部地区各省份财力增长速度快于东部地区，中央
对中西部地区的财政均衡转移支付力度逐步加大。省以下各级政府的
省内不平衡也很严重，横向来看，由于各省收入分配制度不同，致使
不同省份内的同级市、县政府的差异和不平衡。

（二）地方财力区域分化的原因

除去自然禀赋、经济发展水平等非制度因素，这里主要探讨制度
供给不足带来的地方财力区域分化的原因。如前文所述，制度是一种
稀缺资源，相对于人类对制度的需求而言，制度供给总是相对不足。
探讨地方财力区域分化的制度根源有助于进行制度创新，促使公共服
务均等化。

第一，财权与事权不匹配。财权与事权之间匹配程度的历史演变
可以追溯至 20 世纪 80 年代的"分灶吃饭"的财政体制。因为在这一
阶段，地方已经构成相对独立的一级财政，中央与地方的收支范围划
分清楚。实践证明，1980 年的财政体制，真正做到了财权事权的统一、
责权利相结合、收支挂钩。[2] 如图 5.4《1990 年财政收支构成及比重》
所示，中央与地方本级的财力与事权基本匹配，转移支付的比重并不

①　周飞舟：《分税制十年：制度及其影响》，《中国社会科学》2006 年第 6 期。
②　邓子基、邱华炳主编：《财政学》，第 289 页。

大。分税制后，财权上收，而事权并没有做相应调整和划分，结果是中央对地方的转移支付比重上升，弥补纵向失衡和横向失衡。财税体制中中央与地方的财政关系是重要内容，从我国财税体制的演变历史可以看出，中央与地方历次的"集权—分权"的反复调整一直在围绕财力的划分而不是进行财权的划分，地方政府并不拥有独立的财政收入自主权。财权与财力之间，前者是根本，有财权意味着享有筹集和支配收入的权力，具有稳定性和救济性，而财力是一个动态的概念，是指各级政府所拥有的用货币形式表示的财政资源，包括本级财政收入和上级的转移支付，具有不确定性，有财力不一定有财权，二者不可混用。地方政府大量预算外资金、中央与地方的讨价还价、中央政府的一意孤行等，概与此有关。另外，由于事权和支出责任划分不清，中央与地方的财政收入分配关系一直处于变动之中。财权与事权不匹配加剧了欠发达地区的财政弱势地位，为地区财力区域分化埋下了隐患。

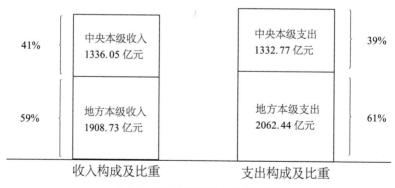

图 5.4　1990 年财政收支构成及比重

第二，政府间转移支付制度本身存在缺陷，地区均等化效果并不理想。财权与事权相匹配作为政府间财政收支划分的基本原则，实践中难以完全做到。世界范围看，二者匹配程度存在很大差异，有如美国、加拿大匹配程度较高的国家，也有如德国、日本匹配程度较低的国家，有学者将前者的财税体制类型化为对称型模式，将后者类型化为非对称型模式。[1] 由于财权与事权很难匹配，财政转移支付制度即成为重要的调节机制。

转移支付确实增强了地方政府的可支配财力，从表 5.3《中央对地方转移支付的规模及占地方一般公共预算的比重》看，2010—2015年，中央对地方转移支付规模逐年扩大，但占地方财政收入的比重相对稳定，维持在 36%—38% 之间，说明中央对地方的转移支付已构成地方政府财力不可缺少的一部分，发挥着维持预算平衡的功能。那么，财政转移支付规模的不断增加，是不是增进了地区间基本公共服务的均等化？财政学领域对此进行了大量的实证研究，研究结果普遍显示，现有的政府间转移支付制度不利于基本公共服务均等化，在实现均等化方面的作用十分有限，也不利于提高地方政府的财政努力，政府间转移支付没有实现制度本身的效果。究其原因，我国财政转移支付在制度设计和执行过程中都存在不足：法治化程度低，法律严肃性不够，提供了中央和地方博弈的空间。从中央转移支付的角度看，由于没有根据国际通行原则并结合国情确定转移支付的公式，加之转移支付的资金不能满足各地区的需要，使公式化转移支付只具有象征意义。

表 5.3 中央对地方转移支付的规模及占地方一般公共预算的比重

年份	中央对地方转移支付的规模（亿元）	地方一般公共预算总量（亿元）	转移支付占地方一般公共预算总量的比重（%）
2010	27349.30	72962.04	37.5
2011	34821.58	92447.07	37.7
2012	40262.70	106461.76	37.8
2013	42980.74	117048.80	36.7
2014	46613.01	127464.18	36.6
2015	50764.71	140988.00	36.0

数据来源：根据各年的中央对地方转移支付预算表及相关年份统计年鉴数据整理得来。其中，2010—2014 年数据为执行数，2015 年数据为预算数。转移支付的规模不含税收返还。

---

[1] 魏建国：《中央与地方关系法治化研究：财政维度》，北京大学出版社 2015 年版，第 40 页。

第三，地方财政自主权缺乏法律保障，中央自上而下以行政命令的方式单向度收取地方财源，中央和地方之间缺少正式的法律保障的政治协商机制，进一步加重了地方财政困境。比如，对共享税分享比例的调整即是上述问题的写照。证券交易印花税属于共享税，央地之间的分享比例经过数次调整，逐步向中央政府倾斜，从最初的全归地方，到中央与地方分享比例各为 50%，到后来的 80%∶20%、88%∶12%、97%∶3%，到 2016 年 1 月 1 日起全部调整为中央收入。所得税原为地方税，2002 年改成中央和地方的分享税，分享比例为各 50%，后又调整为中央占 60%，地方占 40%。中央通过非正式的行政指令即可限缩地方财政收益权，未经完整的立法程序，地方政府却无任何正式的渠道提出诉求，迫使其在制度外寻求其他财源，使地方差距扩大，分配不均。

四、政府与市场之间：事权划分界限不清

财税体制改革是一个系统工程，其中国家与市场的关系是财税体制改革的重要内容之一，它事关各级政府的职权范围和支出责任范围，还与政府职能转变、推动市场化改革密切相关。如果处理不好政府与市场的关系，事权和支出责任划分不清，势必会影响财税体制改革以及诸多重要改革。事权可以从两个维度进行划分：一个是纵向维度，主要指中央与地方政府间、上下级政府间事权的划分，可称之为"上下事权的划分"；一个是横向维度，主要指政府与市场间，可称之为"内外事权的划分"。这里主要从后一个维度即内外事权的划分进行探讨。

（一）事权与相关概念的界定

事权频繁出现在各类政策文件和法律文本中，严格意义说，事权并不是规范的法律术语，是一种约定俗成的、我国特有的称谓。很多概念的内涵外延，都很难形成完全一致的界定和认知，况且有些概念的含义也会随着时代的变迁而发生质的变化。关于事权的定义，学者之间自然是见仁见智。分税制改革以前，事权是指各级政府对所管理的国有企业与事业的行政管理权，反映的是各级政府管理职能的划分，突出的是行政隶属关系。[1] 在计划经济体制下，政府直接拥有和经营企业，中央与地方各级政府及部门就经营管理企业和事业进行划分，实行"统一领导、分级管理"的财政体制。我国确立社会主义市场经济体制和分税制财政体制后，事权的含义发生了变化。有学者将事权概念界定为公共服务职责，即各级政府承担的由本级政府提供的公共服务供给的职能和责任。[2] 有学者认为市场经济下的政府职能主要是供给公共品，因此事权的内涵就是公共品供给职责，体现在财政支出上就是支出责任。[3] 有学者将事权定义为各级政府依法对一定范围的公共性事务或事业进行管理以提供公共物品和服务的权能。[4] 还有学者认为事权是公共服务责任，是指各级政府依法提供各项公共服务的职责。[5] 从以上对事权的各种界定中，可以看出，事权的含义受不同经济体制的影响而发生质变。在计划经济时期，事权主要指各级政府对企业的经营管理权限的划分；市场经济时期，事权主要从财政支出的角度进

---

[1]　朱丘祥：《分税与宪政——中央与地方财政分权的价值与逻辑》，知识产权出版社 2008 年版，第 118 页。

[2]　倪红日：《应该更新"事权与财权统一"的理念》，《涉外税务》2006 年第 5 期。

[3]　李齐云、马万里：《中国式财政分权体制下政府间财力与事权匹配研究》，《理论学刊》2012 年第 11 期。

[4]　朱丘祥：《分税与宪政——中央与地方财政分权的价值与逻辑》，第 119 页。

[5]　魏建国：《中央与地方关系法治化研究：财政维度》，第 8 页。

行界定。有的界定为公共服务职责，有的界定为公共品供给职责，还有界定为提供公共物品和服务的权能。我们认为，上述几种界定并无实质性的差别，概括来讲，公共品既包括公共产品也包括公共服务，不论是提供公共服务抑或提供公共产品，都体现出事权具有公共性、非营利性的基本属性，这也是由市场经济体制下国家与市场的关系决定的。财政与市场经济对比，被称为"政府经济"，与市场经济构成经济组织二元论。[①] 两种经济组织所提供的产品截然不同，市场无法提供的公共产品才应由财政提供。关于事权的划分，在传统的国家—市场二元制混合经济模式下，公共品的提供主体主要是国家。然而，随着市民社会的兴起，公共产品的供给体制发生了变化，国家一元供给的传统中心模式逐渐被打破，验证了以奥斯特罗姆为代表的多中心治理理论，这为事权的划分、政府间财力与事权相适应的制度设计以及公共物品的供给机制提供了新视角和逻辑支持。

事权与支出责任是两个既相互联系又有所不同的概念和范畴。支出责任是指各级政府根据各自的事权提供财政资金的责任。事权决定相应的支出责任，通常二者是一致的，但二者亦存在不对称的现象。例如地方政府与中央政府共同承担的事权，全部或大部分财政支出责任则由地方政府来承担。此外，事权强调政府的职责和权能，支出责任强调政府的资金管理职责，正如有学者指出，支出责任是事权框架下更趋近于"问责制"与"绩效考评"的概念[②]。

（二）事权与支出责任划分的现实检视

1. 规范层面的检视

其一，规范事权划分的相关法律位阶较低。从法律文本来看，我

---

① 〔日〕神野直彦:《财政学——财政现象的实体化分析》，彭曦等译，南京大学出版社2012年版，第6页。

② 贾康:《合理界定事权是财税改革的首要环节》，《南方日报》2013年12月10日。

国对事权和支出责任的划分主要涉及宪法规范、立法法、预算法以及《义务教育法》等特定领域的立法，而分税制的主要依据目前仍停留在国务院颁布的行政法规层次，即 1993 年国务院制定的《国务院关于实行分税制财政管理体制的决定》。由于法律位阶较低，带来了执行上的随意性和不确定性。一方面，中央利用高度集权的政治体制，可以根据自己的意愿放权或者收权，使中央与地方之间的财政关系处于变动之中。"中国对中央与地方的权限调整，基本属于政策性调整。一个红头文件下来，就可以将某些权力下放给地方；又发一个红头文件，就可以将地方的权力收归中央。"① 另一方面，为地方与中央讨价还价的博弈行为提供了空间。地方政府作为相对独立的一级财政，是地方居民利益的代表者和利益维护者，有自身的利益诉求，与中央的利益并非都一致。在法制化程度不高的情况下，地方与中央的讨价还价、"GDP 锦标赛"促使地方频频越权进入竞争领域等成为常态。上述问题的存在也正是学界总结的中国式财政分权的"分权困境"（即政治上集权而经济上分权）的一个表现，如果中央与地方的财政关系不纳入法治框架下运行，只会加深二者的矛盾，陷入无限的恶性循环。

其二，现有的事权划分职责重构性特征明显，国家与市场的边界不清。《宪法》第三章"国家机构"中对中央和地方政府的职责权限进行了列举；《立法法》中主要对立法权限进行划分，规定了只能由中央制定法律或行政法规的十个事项。1993 年国务院制定的《国务院关于实行分税制财政管理体制的决定》（以下简称《分税制决定》）并没有做出实质性的划分，且只对中央和地方政府间的事权进行了概括和列举，并未涉及省级以下政府间的事权划分。《预算法》中相关规定并不多，如第 16 条规定市场竞争机制能够有效调节的事项不得设立专项转移支付。《宪法》《分税制决定》中对中央和地方职权的划分具有同构

---

① 薄贵利：《集权分权与国家兴衰》，经济科学出版社 2001 年版，第 221 页。

性，除了中央独享的外交、国防、宏观调控等事权和支出责任外，中央和地方都享有在科技、教育、文化、卫生等方面的管理权；不同的是，中央还拥有领导权，但并未明确划分中央和地方在这些事项上的权限划分和支出责任的划分，这也导致了实践中事权层层下放，基层政府财政困难。值得注意的是，《宪法》、国务院关于机构设置和编制的管理条例中列明的权力清单和《分税制决定》中列明的事权清单并不完全相同，"事权清单"是从政府履行提供公共服务的角度进行划分和细化的，"权力清单"则是以转变政府职能、约束政府权力、明确国家和市场的界限为目的。事权划分与支出责任的划分相适应，而权力清单并不与支出责任相适应。基于以上的不足，制定《财政收支划分法》作为规范政府间财政关系的基本法是财税体制改革法治化的必然要求。

2. 经验层面的分析

从实践运行层面，"内外事权"的范围在分税制后是如何演变的呢？事权的具体类型的变化又是怎样的？从表 5.4《1994—2015 年财政支出规模及增长率情况》中可知，分税制后，财政支出的绝对规模不断扩张，最高时（2008 年）增长率达到 25.74%，财政支出的增长率均高于 GDP 的增长率。从财政支出的相对规模看，财政支出与国内生产总值的比率在分税制后逐年提高。19 世纪德国的经济学家阿道夫·瓦格纳（Adolf Wagner）是较早研究财政支出增长理论的学者，他的理论被称为"瓦格纳法则"。他认为，一国工业化经济的发展与本国财政支出之间存在着一种函数关系，即随着现代工业社会的发展，随着要求社会进步的政治压力的增大以及在工业化经营方面的"社会考虑"的出现，政府财政支出也呈现增长的趋势。之后，时间形态理论、发展阶段论和保险支出理论等均从不同侧面解释了财政支出增速快于 GDP 增速这一事实。由此，财政支出的膨胀并不能说明其不合理性，而且有若干经济理论的支撑，但也表明控制政府支出规模并非易事。与财政支出规模相比，我们更应关注的是财政支出的结构安排及政府的公共支出是"如何"决定的。通过对近些年财政支出结构的考查，可以发现诸如教育、科技、医疗、社会保障、环境保护等民生类支出占财政支出的比重每年变化不大，增长率高于财政支出增长率，但并不显著。[①] 民生类支出所占比重相对较小，而支用在经济建设和政府自身的行政经费方面的开支比重相对较高，这与事权的公共性还有差距，这是问题之一。其二，政府与市场主体支出责任的"错配"进入常态。政府越位进入竞争性领域，超越了国家与市场的界限，"张冠李戴"，也导致了财政支出规模的膨胀。其三，事权和支出责任的增减变动随意性较大，"人治"色彩浓厚，中央仅以国务院一份规范性文件即可单方面调整央地事权分配和比例，规范、有序的事权调整机制没有真正建立起来。在以行政主导的决策机制中，"晋升锦标赛""机会主义""经济人的逐利性"等驱使政府热衷于投资拉动 GDP，而忽略民生领域的投入，这也是民生类支出增长幅度不大的原因。

表 5.4　1994—2015 年财政支出规模及增长率情况

年份	财政支出(亿元)	财政支出增长率(%)	GDP(亿元)	GDP 增长率(%)	财政支出 /GDP(%)
1994	5792.60	24.78	48197.9	—	12.01
1995	6823.70	17.80	61129.8	11.0	11.16
1996	7937.60	16.32	71572.3	9.9	11.09
1997	9233.60	16.33	79429.5	9.2	11.62
1998	10798.20	16.94	84883.7	7.8	12.72
1999	13187.70	22.13	90187.7	7.6	14.62
2000	15886.50	20.46	99776.3	8.4	15.92

[①] 据统计，2010—2014 年教育、科技、社会保障、医疗、环境保护等与民生相关的民生类支出的增长率分别为 21%、25.1%、17%、10%、9.3%。

年份	财政支出(亿元)	财政支出增长率(%)	GDP(亿元)	GDP增长率(%)	财政支出/GDP(%)
2001	18902.60	18.99	110270.4	8.3	17.14
2002	22053.20	16.67	121002.0	9.1	18.23
2003	24650.00	11.78	136564.6	10.0	18.05
2004	28486.90	15.57	160714.4	10.1	17.25
2005	33930.30	19.11	185895.8	11.3	18.25
2006	40422.70	19.13	217656.6	12.7	18.57
2007	49781.40	23.15	268019.4	14.2	18.57
2008	62592.70	25.74	316751.7	9.6	19.76
2009	76299.93	21.90	345629.2	9.2	22.08
2010	89874.16	17.80	408903.0	10.6	21.97
2011	109247.79	21.60	484123.5	9.5	22.57
2012	125952.97	15.30	534123.0	7.7	23.58
2013	140212.10	11.30	588018.8	7.7	23.84
2014	151785.56	8.30	635910.0	7.3	23.87
2015	175768.00	15.80	676708.0	6.9	25.97

资料来源：国家统计局官网。

五、国家与纳税人之间：国富民不富

国家与纳税人之间的关系是财税体制各要素中最关键的一个向度，也是最根本的一个体现。正如日本学者神野直彦所言："政治体系通过财政取到筹措货币，以此来维持社会秩序，同时又通过财政渠道提供公共服务，保护所有权，进而通过财政渠道向社会体系提供公共服务，借以维系共同体式的关系。"可见，财政作为连接政治体系和社会体系的节点，实质上体现了国家和纳税人之间的关系。税收自国家产生就已经存在，但是国家为什么征税？纳税人为什么必须纳税？可以说，有什么样的国家理论，就有什么样的税收理论。日本税法学家金子宏认为："为何要课征税收，其正当根据是什么，这是在税收的历史上，很早就一直阐述的问题。它与如何看待国家的本质具有十分密切的联系。"关于国家的本质，理论众多，主流观点当属契约论。按照契约论阐释的国家产生的逻辑，社会成员都具有相同的公共需求，公共需求通过私人组织无法实现，社会成员让渡公共权力建立公共组织。公共组织就是国家权力机构的统称，社会成员与公共组织之间的契约关系就是国家。卢梭进一步阐述道："国家就是社会成员要寻找出一种结合的形式，使它能以全部共同的力量来卫护和保障每个结合者的人身和财富，并且由于这一结合而使得每一个与全体相联合的个人又只不过是在服从其本人，并且仍然像以往一样的自由。"[①] 契约论不仅为国家征税提供了正当依据，也为征税的范围和权限设定了界限，即以全体让渡的权利为界。财税改革的核心价值和终极目的是为了增进全社会和每一个国民的福祉总量。对国家与纳税人之间的关系的考查，是验证我国财税体制正当性和合理性的一个窗口，为财税体制改革指明了方向。

（一）非均衡的经济发展方式

"一个经济体的收入分配状况与其经济发展战略有内在的联系。"[②] 今天是历史的延续，对历史的理解决定了对现实的把握。新中国成立初期，我国以农业生产为主，资本稀缺，为了快速实现工业化，我国确立了重工业优先发展的赶超战略，可以说，这与当时我国的经济发展背景是相矛盾的。为了给重工业发展创造条件，降低重工业的建设成本，政府在宏观和微观两个方面分别采取了干预措施。宏观方面，

---

① 卢梭：《社会契约论》，何兆武译，商务印书馆 2003 年版，第 19 页。
② 林毅夫：《发展战略与经济发展》，北京大学出版社 2004 年版，第 233 页。

政府利用行政手段人为压低利率、汇率、能源和原材料价格，降低工资和生活必需品的价格，扭曲宏观政策环境。在对生产要素和产品价格进行一系列的人为干预后，造成了资金、外汇、原材料，以及生产必需品的全面短缺，这需要政府通过高度集中的计划渠道进行配置，同时还需要对农产品实行统购统销政策。微观方面，为了控制企业的经营权和剩余，以及在农村推行统购统销政策，又分别实行了工业部门的国有化和农业部门的人民公社化。有学者对这个时期的经济体制做了下面的概括，也凸显了计划经济时期的特点："以重工业优先发展战略为逻辑起点，相继形成了以扭曲的宏观政策环境、高度集中的资源计划配置制度和没有自主权的微观经营机制为特点的三位一体的传统经济体制。"[①] 传统经济体制的结果是结构失衡和激励问题导致低效率。为了解决以上问题，1978年开始进行经济体制改革，从计划经济向市场经济转型。我国没有采取苏联、东欧的"休克疗法"[②]，而是采取了渐进式、实验式的转型路径和模式。首先从微观环节的放权让利入手，激发生产积极性，扩大企业自主权，然后逐步推进到资源配置制度和宏观政策层面。应该说，改革开放以来我国经济上保持着较快的发展速度，堪称"中国奇迹"，这与我国一直以来效率优先的价值取向密切相关。然而，我国的市场化改革是不彻底的，偏重于微观经营机制的改革，宏观政策层面的改革相对比较落后，比如，政府对价格的管控、对利率的管制、对国有企业的父爱主义、对资源的垄断等导致财富分配不公、贫富分化等众多问题的产生。

改革开放以来，直到90年代中后期，我国一直采取区域不均衡发展战略。基本思路是通过"允许一部人和一部分地区先富起来"，"先富带动后富"，最终达到"共同富裕"。然而，尽管国家层面又陆续出

---

① 林毅夫：《发展战略与经济发展》，第11页。

② "休克疗法"实质是"华盛顿共识"，其理论基础是适用于功能完善的市场经济的新古典主义经济学，内容包括稳定、价格自由化和私有化。

台了区域协调发展战略、统筹区域发展战略，"共同富裕"的目标却渐行渐远。近二十年，我国居民的基尼系数均超出 0.4 的国际警戒线，收入差距相当严重。从城乡收入差距看，根据国家统计局调查数据，2019 年全国城镇居民人均可支配收入为 42359 元，农村居民可支配收入为 16021 元，城乡居民人均收入倍差 2.64。从地区收入差距看，东部仍占优势，西部较低。北京大学公布的《中国民生发展报告 2015》显示，中国家庭财产基尼系数从 1995 年的 0.45 扩大到 2012 年的 0.73，顶端 1% 的家庭占有全国三分之一的财产，底端 25% 的家庭拥有的财产总量仅在 1% 左右。这些数据表明私人领域的财富分配两极分化严重，并且在向少部分富人手中集中，大多数人的财富相对偏低。

　　计划经济时期的重工业优先战略、改革开放后的非均衡区域发展战略以及路径依赖等因素的合力，使我国经济发展处于一个非均衡的状态。由于初始权利分配失衡，机会不均等，结果自然是不平等的。首先，国有企业一直受到有别于非公有制经济的特别关怀。为了国有企业的生存，政府对利率和商品价格施加人为的低价控制，尤其是对一些矿产资源的价格进行干预，使国有企业获得资源的垄断控制。相比之下，非公有制经济由于没有国家的特别庇佑，生产成本高，利润空间被挤压。其次，区域发展不均衡。西部的优势在资源上，由于资源价格被人为压低，相当于西部在补贴东部，在资源定价模式不变的条件下，东部与西部的发展不可能是同步的，差距只能越来越大。东部沿海地区在政策的支持下成为经济发展的核心地带，也吸引了大量劳动力从中西部地区涌向东部地区，市场规模由此拉大。最后，城乡发展不均衡。城乡二元结构是导致城乡发展失衡的最主要原因，户籍制度将城乡劳动力市场分割开来，成为劳动力自由流动的壁垒。此外，财政政策、税收政策、资金投入、教育投入等方面的城乡有别，进一步拉大了二者的差距。可见，非均衡的经济制度使国家和民众的财富分配格局呈现出国强民弱的结果，财税体制改革不能无视我国当前非均衡的制度背景。如何通过优化财税体制来矫正地区间、城乡间、不同所有制企业间的失衡，是当前面临的重大的课题。

（二）税制设计不合理：理念错位与结构失衡

为了保障国家的运转、建立基本的社会秩序，税的存在都是必不可少的，赋税是政府机器的物质基础。"在一个现代国家，税收是人民和政府关系最根本的体现。"[1] 在文明进程中税收体现出善与恶的两面性，正如以"税收作家"著称的查尔斯·亚当斯所言："一旦我们征税，我们就在玩火，如果不加以适当控制和小心看护，我们就很容易烧毁我们已经创造的一切，我们关于美好世界的希望也会随着烟火一起灰飞烟灭。另一方面，适当控制的税收不仅创造了伟大的国家，也给其居民带来了福祉。"[2] "税制"是"税收制度"的简称，是国家根据税收政策、通过法律程序确定的征税依据和法律规范，包括税收体系和税制要素两方面的内容。税收体系是指税种、税类的构成及其相互关系；税制要素则指构成每一种税的纳税义务人、征税对象、税率、纳税环节、纳税期限、减税免税等基本要素。[3] 通过税收制度的安排，进而规范国家和纳税人之间的分配关系，体现了国家财政权与公民财产权的对立统一。税制设计是否合理直接关系到国家与国民的财富分配格局，关系到公平正义能否实现。既然税制是税收体系通过一定的政策和原则构建而成，那么通过考查我国税制变迁中不同的政策和原则，便可一窥税收制度的渊源和问题的根源。

---

① 李炜光：《在一个现代国家，税收是人民和政府关系最根本的体现》，《南方周末》2012年3月9日。

② 〔美〕查尔斯·亚当斯：《善与恶——税收在文明进程中的影响》，翟继光译，第5页。

③ 钟晓敏主编：《财政学》，第232页。

1. 税制改革片面追求效率，忽视税收公平

改革开放以来，我国经历了大大小小数次税制变革，笔者将其分为四个阶段（参见表 5.5《税制改革的阶段、内容和成果》）。1978 年改革开放，为了吸引外资，初步建立了涉外税制，对内资企业不征税，实行内外有别的所得税制。这种只追求效率而明显违背公平原则的做法为日后财富分配不均、贫富分化埋下了祸根。"当初虽实行了对外籍个人所得征税，而暂不对内国公民个人所得征税，与其说是因无效率而不付诸实施，倒不如说，此举选择了效率而没有能够兼顾公平，不仅内外有别，而且内国公民所得之税负差别也不是其后出台的个人收入调节税所能弥合的。如今逐渐形成的贫富悬殊和渐行渐远的公平正好反证了税法功能名曰'兼顾公平'实则'去公平化'的必然结果。"[①]这个时期财政收入占 GDP 的比重较低，国家财政汲取能力比较低。为了提高比重，增强中央的宏观调控能力，1993 年党的十四届三中全会提出要积极推进财税体制改革，遵循"统一税法、公平税负、简化税制、合理分权"的原则。虽然这期间统一了税法，初步实现了公平税负，简化了税制，但财政收入占 GDP 的比率急剧上升，以 20% 左右的速度持续增长。近几年，受经济下行压力的影响，财政收入增长幅度稍有回落，但占 GDP 的比重仍在持续增长。在税法制度的设计上，在对有效经济活动创造的社会财富的第一次所得进行分配时，对税基和税率的设计与安排就直接体现着国家及政府征税的意图及其倾向性。反观国民的财富增长情况，在 GDP 一定的条件下，财政收入的增加意味着纳税人税负的加重，反之则相反。通过数据分析发现（见表 5.6《财政收入及增长率、城乡居民人均可支配收入及增长情况》），从 20 世纪 80 年代中期到 90 年代中期，我国城镇居民收入的增长速度一直快于政府财政收入的增长速度，但从 1995 年后出现转折点，政府财政收

---

① 张怡：《论非均衡经济制度下税法的公平与效率》，《现代法学》2007 年第 4 期。

入的增长速度开始快于城镇居民收入的增长速度，农村居民收入的增速也开始下降。整体而言，收入分配更加向政府倾斜，国家在与民争利。

"国强民弱"是对国家与国民之间财富占有格局的一种描述，造成这种失衡格局的因素或推手有很多，我们可以说作为上层建筑的税收制度的任何一次改革都是由"经济基础决定上层建筑"的被动变迁，只关注税收筹集财政收入的功能，而忽视税法公平正义的价值理念追求，无法矫正现存分配不公的现状。同时，税法还是一种回应型法，面对非均衡的经济制度，如何在理念、税权配置、税制结构等方面做出主动回应，发挥其"自动稳定器"的功能是当前迫切需要解决的课题。

表 5.5　税制改革的阶段、内容和成果

阶段（时间）	税制改革的内容和成果
第一阶段 （1978—1993年）	初步形成涉外税制；对国营企业两次"利改税"，这是国家与企业分配制度的历史性转变。这一阶段初步建成了一套内外有别、城乡不同的，以货物和劳务税、所得税为主体，财产税和其他税收相配合的新的税制体系。
第二阶段 （1994—2002年）	提出建立社会主义市场经济的目标和"积极推进财税体制改革"。按照"统一税法、公平税负、简化税制、合理分权"的原则，深化税制改革，初步同国际接轨；全面性的税制改革，主要涉及流转税、所得税及大部分地方税种；在地方各级组建了国家税务局与地方税务局两套税务机构。 1994年税制改革是新中国成立以来规模最大、范围最广、内容最深刻的一次税制改革。 成果：（1）统一了税法。包括统一货物和劳务税制度、不同所有制的内资企业所得税制度、个人所得税制度。（2）初步实现了公平税负，有利于促进各类企业在市场经济条件下平等竞争。（3）初步实现了税制的简化和规范化。税种从37个减少到25个。
第三阶段 （2003—2013年）	提出深化农村税费改革。按照简税制、宽税基、低税率、严征管的原则，稳步推进税收改革。 成果：（1）初步统一城乡税制。（2）基本统一内外税制。（3）多数税种更加完善。如增值税由生产型转为消费型；"营改增"的试点；降低税率等关税改革；个人所得税的多次修订，出台惠农税收制度；等等。
第四阶段 （2014年至今）	党的十八届三中全会《决定》提出：改革税制，稳定税负。完善地方税体系，逐步提高直接税比重。推进增值税改革，适当简化税率。调整消费税征收范围、环节、税率，把高耗能、高污染产品及部分高档消费品纳入征收范围。逐步建立综合与分类相结合的个人所得税制。加快房地产税立法并适时推进改革，加快资源税改革，推动环境保护费改税。 成果：现代税制体系初步建成，各项税制改革落地有声。税收法定进程加快，实施综合与分类相结合的个人所得税制，绿色税制体系基本建立。

表 5.6 财政收入及增长率、城乡居民人均可支配收入及增长情况

年份	财政收入		财政收入 / GDP（%）	城镇居民人均可支配收入		农村居民人均可支配收入	
	总量（亿元）	增长率（%）		总量（元）	增长率（%）	总量（元）	增长率（%）
1986	2122.0	5.85	20.8	899.6	21.7	423.8	6.5
1990	2937.1	10.21	15.8	1510.2	9.9	686.3	14.1
1995	6242.2	19.6	10.2	4283.0	22.5	1577.7	29.2
2000	13395.2	17.0	13.4	6280.0	7.3	2253.4	1.9
2005	31649.3	19.9	17.0	10493.0	11.4	3254.9	10.8
2010	83101.5	21.3	20.3	19109.0	11.3	5919.0	14.9
2015	152217.0	8.4	22.5	31195.0	8.2	11422.0	8.9

数据来源：根据国家统计局官方网站、各年经济年鉴计算得来。

2. 税制结构失衡，税负分配不合理

这里的税制结构主要指税种结构，即一国多个税种组成的复合税制体系中各税种的地位及其关系。首先，在税收收入结构方面，直接税与间接税失衡，间接税比重过高。根据税负能否转嫁，可将税种分为直接税与间接税。2019 年我国税收收入为 158000 亿元，其中直接税（主要指企业所得税和个人所得税）占税收收入的 30%，间接税占比 70%。近年来直接税和间接税的比重基本维持在 30∶70，直接税所占比重普遍低于世界其他国家。[①] 间接税比重高与我国政府长期追求效率有一定的关系。由于间接税的税收再分配能力低下，加大了社会总体的"税收痛苦"程度，且易推高物价、抑制内需，加大了结构调整的难度。而直接税具有税负分配公平、归宿明确、推进法治等优点，如直接税比重过低，则无法通过超额累进税制发挥税收"自动调节器"的功能。

其次，在税源结构方面，企业税负与个人税负失衡，企业税负偏

---

① 2009 年的数据显示，OECD（经济合作与发展组织）国家直接税与间接税的比重大致为 55.8∶44.2，发展中国家虽然存在差异，但直接税均超过 30%，如阿根廷，高者超过 60%，如南非。

高。我国现行税种中由居民个人直接成为纳税义务人的税种极少，由于针对个人的房产税、遗产税、赠与税的财产税没有真正建立起来，个人所得税成为针对居民个人的主要税种。2019 年，我国个人所得税占税收收入的 6.6%，由此可见，企业在我国成为税负的主力军，是为"不能承受之重"。综观其他国家，美国个人所得税、财产税占比为 49.1%，日本为 28.6%，英国为 42.7%。由此可见，增加居民个人为纳税义务人的税种，减轻企业的税负是在宏观税负稳定的前提下税制改革的进路。

税制结构与税负结构具有同构性，也就是说，税制结构本质上体现了税收负担的分配格局。"只有符合正义公允之租税负担，才能源源不绝地供应社会福利所需。"[①] 我国间接税超过 50%，居民个人的税负不超过 10%，而且主要触及的是收入流量，如此，税法在调控分配关系中发挥作用的空间亦变得狭窄。

（三）宏观税负高而财政支出的"公共性"不足

宏观税负是一国税负的总水平，通常以一定时期的税收收入占国内生产总值的比例来表示。宏观税负体现了政府在国民收入分配中所占的份额，以及政府与企业、居民个人之间占有和支配社会资源的关系。不少学者和机构运用不同的计算口径和方法，得出了有关中国宏观税负不同的结论。我国财政收入来源具有多元化，除一般意义上的税收收入外，还包括预算内非税收入、预算外收入（随着预算制度的完善，这项收入已经成为历史）、制度外收入（随着制度的完善，这项收入也将成为历史），计算口径的不同，宏观税负口径的大小也不

---

① 葛克昌：《社会福利给付与租税正义》，载葛克昌：《国家学与国家法》，台湾月旦出版社 1996 年版，第 88 页。

同。[①] 由于我国非税收入的比重较高，2015 年达到财政收入的 18%，增长 28.9%，增幅远超过税收收入。社保基金、政府性基金和国有资本经营预算收入为 87978.07 亿元，政府收入为 240195.07 亿元。据此，2015 年小、中、大口径的宏观税负分别为 18.46%、22.49%、35.49%。横向比较，目前发达国家的宏观税负水平一般在 30% 至 40% 之间，甚至超过 50%，发展中国家的宏观税负水平大多低于发达国家，一般在 20% 至 30% 之间，我国大口径宏观税负水平与发达国家相比并不高，而在发展中国家中并不低。结合我国的经济发展水平，我国的宏观税负相对偏高。影响宏观税负的因素有很多，如经济发展水平、政府职能范围、征管水平、政府收入结构等，直接取决于需求和供给。近年来，我国财政支出的规模不断膨胀，即使在 GDP 和财政收入增长率有所回落的近两年，财政支出占 GDP 的比重仍在持续上涨。不断增加的支出需求带动了财政收入的增长，在 GDP 一定的情况下，财政收入的增长率超过 GDP 增长率，国民的税负也会越来越重，国富民弱成为必然。

衡量宏观税负水平的高与低还需与政府提供的公共服务相联系，如果宏观税负水平比较高，政府提供公共服务的水平也比较高，取之于民而用于民，国民的满意度和遵从度都会提高，国强与民富和谐共生。如果政府提供公共服务的水平比较低，国强民弱会进一步拉大。上文提到，我国财政支出结构中，民生类支出并未显著提升，科学、教育、文化、卫生、社会保障等领域需要进一步加大投入，经济建设的投资和自身的行政经费占据较大的份额，财政支出"公共性"不足，取之于民而未能充分地用于民。

---

① 小口径宏观税负指税收收入与 GDP 的比重，中口径指财政收入占 GDP 的比重，大口径指政府收入（一般公共预算收入、政府性基金收入、社会保障基金收入、国有资本经营预算收入之和）占 GDP 的比重。在对宏观税负的轻重进行评判的观点中，有的结论是宏观税负较轻，有的结论是较重，原因之一在于比较的口径和计算方法不同。

六、现行财税法律体系存在的问题

（一）财税体制变迁中法治理念的缺失

法治理念是反映法治的性质、宗旨、结构、功能和价值取向的一些达到理性具体的观念和信念，是立法、执法、司法、守法和法律监督的基本指导思想，是法治体系的精髓和灵魂。[①] 法治作为治国理政的基本方略已为现代国家所肯认，我国早在 1999 年已将"依法治国"载入《宪法》，但落实起来仍有一个困难的过程。从我国财税体制变迁的历史可以看出，财税法治在相当长一段时期未得到重视，法治理念缺失。每一次财税改革均以政策性文件、国务院的行政法规、财政部或税务总局等部门制定的规范性文件为依据，就连目前我国正在施行的分税制在 1994 年实行的依据也只是国务院做出的一个决定，直到运行二十年后才纳入修订后的《预算法》中。长期以来，财税法律寥寥无几，大部分是行政法规、部门规章和规范性文件，远没有达到法治的形式上的要求。法治作为社会生活的一种方式和治国方略，其实现取决于很多因素，其中非常重要的是依赖于该社会的公共决策者和私人决策者是否普遍接受了与法治理念相适应的思维方式，是否能够按照这种思维方式去形成预期、采取行动，评价是非，是否肯于承认并尊重按照这种思维方式思考问题所形成的结论，尤其是在此种结论与自己的意愿、计划和利益相抵触的时候。[②] 从 2014 年 11 月 28 日起的 45 天内，财政部和国家税务总局三次下文，上调成品油的消费税税率。

---

① 谢鹏程：《论社会主义法治理念》，《中国社会科学》2007 年第 1 期。

② 郑成良：《论法治理念与法治思维》，《吉林大学社会科学学报》2000 年第 4 期。

第一次下文时，发文单位尚且声明经过国务院同意，第二次和第三次下文时，连这一程序也被忽略，合法性遭到质疑。如此行事作风充分体现了财政权力的恣意，以及权力至上和财税管治传统理念的根深蒂固，授权立法再次引起关注。

（二）缺乏具有统领作用的法律，不利于财税法的统一

一直以来，财税领域的法律都是单打独斗，各自为政。财税体制是一个系统，系统的平衡要求其内部各要素的平衡，如财政收支的平衡、中央与地方财政权力配置的平衡、事权与财权的匹配等，任何一组关系的失衡都会影响整个系统的协调运转。财税领域单打独斗式的立法模式无法从宏观层面控制财政收支规模、结构和宏观税负水平，不利于实现"优化资源配置、维护市场统一、促进社会公平、实现国家长治久安"的财税治理目标。因此，有必要制定一部具有统领作用的财政基本法，对财政收支关系、政府间财政关系领域的基本问题进行规定。

（三）财税法律位阶低，有悖于财政法定原则

现行财税法的法制化程度不高，财税法律位阶低，长久以来以行政权为主导，全国人大及其常委会长期缺位。仅就各个税种而言，随着"税收法定"的逐步落实，税收立法进程加快，截至目前，我国现行的十八个税种中已有十二个税种制定了法律①，财税法治化程度有很大的提升。尽管如此，其他包括增值税、消费税在内的六个税种的立

---

① 已经立法的十二个税种分别是：企业所得税、个人所得税、车船税、环境保护税、烟叶税、船舶吨位税、耕地占用税、车辆购置税、资源税、契税、城市维护建设税、印花税。

法以及财政领域的其他立法仍是任重道远。财政法定原则是财税法的一项基本原则，是财政民主主义的一种实现形式，大多以"同意权"的形式表述人民在财政方面的基本权利。[①]这里的"法"是指狭义的由全国最高权力机关制定的法律，还是指广义的法律？除了全国最高权力机构制定的法律，还包括行政法规、部门规章、地方法规、地方规章？这既关系到财税立法权在中央和地方纵向分割的问题，即地方政府是否具有独立财税立法权的问题，也涉及财税立法权在立法机关和行政机关的横向分配。学界对此问题已做了大量的分析论证，大部分学者都肯认地方政府享有适度的税收立法权，针对一直以来财税立法权行政主导的情形，主张财税立法权应回归立法机关，同时规范授权立法。党的十八届三中全会明确提出"落实税收法定"，并列入立法议程，财政法定原则进入实质性落实阶段。

（四）部分法律回应性差，缺乏本土情结

我们在讨论税收平等、税收法定、税收中性等普遍价值或普遍规律时，通常忽略了财税法的回应性。财税法的回应性强调的是在遵从普遍规律、与国际接轨的同时，还要关照中国语境。制度作为一种公共品，具有使用的非排他性和非竞争性，但也要注意到，制度是一种比技术手段更强的"资产专用性"，其传播或移植不仅受既定利益格局的制约，还受相互冲突的价值观念以及意识形态等因素的制约。[②]在一个社会主义公有制下、从计划经济向社会主义市场经济迈进和转型的非均衡经济制度的大国，就当下中国社会贫富悬殊、腐败严重的状况看转型过程，不论是理论和实践层面都存在着较为严重的缺陷和失误。

---

① 刘剑文主编：《财税法学》，第40页。
② 卢现祥：《西方新制度经济学》，第49页。

公平尺并不适用于丈量绷紧的橡皮筋。社会主义公有制的各类资源集中和现代高技术、生产、组织和管理方式是历史上前所未有的非均衡经济结构的结合，这与资本主义私有制均衡经济结构和现代生产、技术、组织和管理方式的结合有着本质的区别。对于这种结合，我们在思想上和理论上都准备得不充分，它带来的巨大冲击不仅是 GDP 的激增，使我国迅速成为世界第二大经济体，还有囿于各类资源集中的溢价或红利未得到顶层制度设计的合理分流和有效监控，导致社会财富呈极度倾斜状态以致固化。税收法定并不是实定法基础上的教条主义和经验主义的东西，而必须是基于社会主义公有制的各类资源集中和现代生产、技术、组织和管理方式相结合的产物。①

----

① 张怡：《税收法定化：从税收衡平到税收实质公平的演进》，《现代法学》2015 年第 3 期。

第六章　我国财税体制内部关系法治化的理念与原则

　　推进国家治理体系和治理能力的现代化是全面深化改革的目标，财政是"国家治理的基础和重要支柱"，为了与全面深化改革的目标相对接，提出"建立现代财政制度"是新一轮财税体制改革的方向，也就是说，财税体制改革的基本目标和归宿均指向现代财政制度。那么，"现代财政制度"具有哪些精神品格？以现代财政制度作为基本目标的财税体制改革应遵循哪些理念和原则？法治化是财税体制改革的模式选择和理想愿景，可以化解改革过程中国家与国民、中央与地方、国家与市场等各种关系的矛盾，规范和限制政府的权力，保护纳税人的权利。现代财政制度与财税法治是否具有内在契合性？我国从1994年分税制框架的初步确立至今已有二十余年，无论是制度的制定还是实施，都缺乏整体的法治理念。因此，探讨现代财政制度的法学意蕴，研析财税体制内部关系法治化应遵循的理念和原则，对于具体制度的构建具有重要的指导意义。

一、现代财政制度：财税体制改革的基本目标

　　"现代财政制度"是一个新提法，在党的十八届三中全会的《决

定》中并没有阐述其具体内涵；学界对现代财政制度的研究也是始于这次会议以后，有不同视角的探讨，但对于它是一种什么样的制度还莫衷一是。刘晓璐借助从历史角度对现代化进程的分析，认为现代财政制度至少应具备两个基本特征，即强国性与集中性，并以荷英两国的财政史作为佐证。现代财政制度建设是整个现代化进程中的一个重要环节，借由财政的改革推动国家的现代化，再由国家的现代化扶持和推进经济与社会的现代化，是发达国家现代化进程向我们展现出的一般历史经验。[1] 王桦宇以面向社会公平的分配正义为中心探讨了现代财政制度的法治逻辑，认为现代财政制度的建立是财税体制改革和收入分配制度改革的突破口和着力点，其重点在于建立结构优化、社会公平的财税制度，并确保其法治化运行。他分别从理念阐释、目标设定、制度设计上分析了现代财政制度的法治构建。[2] 刘剑文、侯卓从法学视角分析了现代财政制度，认为"现代财政制度"的逻辑起点在于现代性，所谓财政制度的"现代性"，在于能立足我国国情，解决中国问题，符合国际发展趋势，具有科学性的财政制度，它通过其内生的法治性、回应性、均衡性和公共性等法学品格来实现。现代财政制度的法律构造和法治化路径，都要受到这些现代性品格的指引。[3] 卢洪友主张强化财政法定主义，大力推进财政法制化进程，以此推进国家治理体系和治理能力的现代化。[4] 上述观点从不同的视角对现代财政制度进行多面解读，推动了现代财政制度的理论发展，对财税体制改革具有重要指导意义。

---

① 刘晓路：《现代财政制度的强国性与集中性——基于荷兰和英国财政史的分析》，《中国人民大学学报》2014 年第 5 期。

② 王桦宇：《论现代财政制度的法治逻辑——以面向社会公平的分配正义为中心》，《法学论坛》2014 年第 3 期。

③ 刘剑文、侯卓：《现代财政制度的法学审思》，《政法论丛》2014 年第 2 期。

④ 卢洪友：《从建立现代财政制度入手推进国家治理体系和治理能力现代化》，《地方财政研究》2014 年第 1 期。

现代财政制度是相对于传统财政制度而言的，强调其"现代性"。马克思思想中有关于现代性的基本立场，马克思认为现代性主要源于现代生产，指明现代性包含于资本的逻辑之中，现代性处于历史的流变之中，现代性行进在社会的矛盾裂变之中，现代性呈现于全球性的视域之中，用资本逻辑、历史观点、矛盾学说以及全球眼光看待现代性，构成了马克思分析现代性问题的基本视角。[①] 马克思现代性思想中的基本立场对我国现代财政制度的解读具有重要的方法论意义。

现代财政制度是一个系统工程，关系到经济、社会、政治等方面，是实现国家治理现代化的突破口和抓手。现代财政制度与国家治理现代化相辅相成，国家治理体系现代化有利于现代财政制度的建立。法治这一现代国家治理国家的基本方略为现代财政制度提供了最佳路径，成为现代财政制度的核心。在"历史的流变中"，现代财政制度的理念、价值、文化、制度等不断更新，在与传统财政制度碰撞、承受的过程中，体现了静态与动态的统一。现代财政制度不是对传统制度全盘否定，稳定性与动态性相互结合，辩证共存。1994 年财税体制改革的基本目标是"建立与社会主义市场经济体制相适应的财税体制基本框架"，由"适应市场经济体制"到"匹配国家治理体系"，从"建立与社会主义市场经济体制相适应的财税体制基本框架"到"建立与国家治理体系和治理能力现代化相匹配的现代制度"，二者的相同点在于，作为上层建筑的财政制度都要为社会主义市场经济体制服务，维护市场配置资源的决定性作用。不同点在于，现代财政制度以国家治理现代化为逻辑基础，理念和制度都发生了深刻的变化，由传统的"管理"到"治理"模式的变迁，由"国家本位"到"人本主义"政治转变，由"形式法治"到"实质法治"财税法治形态的转换，因此，现代财政制度是历时性和共时性、稳定性和动态性

---

① 丰子义：《马克思现代性思想的当代解读》，《中国社会科学》2005 年第 4 期。

的辩证统一。

现代性的发展是一个充满曲折与冲突的历史过程，因而现代性包含着深刻的内在矛盾。现代财政制度也是在一系列充满矛盾和冲突的关系中向前发展，一定程度而言，这些矛盾是现代财政制度发展的动力。财税体制改革关系到国家与纳税人、国家与社会、中央与地方、国家与市场之间利益的冲突和协调，实质上，归结为一点，这是财税权与财产权之间的矛盾运动。

全球化和世界历史已经成为现代社会发展的一个重要背景和内在要素，离不开全球性这一新的参照系。[①] 现代财政制度是一个开放的系统，应具有全球视野。一方面，一些经济规律的科学性和原理，比如税收平等、税收民主、"无代表不得征税"等税收伦理和价值的普世性，其作用范围不分国界；另一方面，经济的全球化势必会使文化、理念方面相互融合，市场趋于统一，现代财政制度的全球化视域将带来更多的合作而不是对抗。当然，全球化并不是全盘移植，照抄照搬，尤其各国都有自己的"法的精神"，全球化并不会使各国财政制度变成呆板划一的群体的堆积，处理好本土性和移植性的关系是重中之重。

现代财政制度的逻辑起点在于"现代性"，财税体制改革的法律构造和法治化路径应该受到其现代性精神品格的指引。法治化是现代财税体制改革的最优路径，也是财税体制改革的理想愿景。在此前提下，应处理好传统财政与现代财政在稳定性与动态性、历时性与共时性上的辩证关系，在一系列矛盾和冲突中向前发展，同时，全球性视野也是现代财政制度不可或缺的一个面向。综合观之，现代财政制度是一个一般性与特殊性的统一体。我国财税体制改革，只有从这种一般性和特殊性两个方面出发，才能成功地选择正确的方向。

---

① 丰子义：《马克思现代性思想的当代解读》，《中国社会科学》2005 年第 4 期。

二、我国财税体制内部关系法治化与理念转型

（一）国家本位向以人为本的理念转型

所谓法的本位，即"法律立足点之重心"或"法律之重心"，不同的法本位观就表现为不同的法律重心观。有的着眼于法律或法律关系的内容，有的着眼于法律的服务对象或法律实施的受益对象。[①] 按照法律关系的内容不同，法的本位可以分为权利本位与义务本位；按照法律服务对象或法律实施受益对象不同，法的本位可以分为国家本位、个人本位、社会本位。权利本位是以权利作为法律的重心，郑成良曾明确指出，权利本位论的实质是一种价值陈述，它所回答的是"应当是什么"的问题，而不是回答"是什么"的问题。[②] 其实质上是一种天赋人权观，带有浓厚的自然法学色彩，其方法是价值分析。义务本位"乃以义务为法律之中心观念，义务本位的立法皆系禁止性规定和义务性规定"。[③] 其基点是实在法，或者说是法律规范，其方法是实证分析加规范分析。可见，法本位不仅是一个理论体系，也是法学研究的方法论。

从实然角度分析，总体上讲我国财税法是一部义务本位的法，在个人和国家的关系上，强制个人无条件服从国家，其价值取向是保证国家权力的运行。现行的财税法律规范中，纳税人保护的权利性规范仍然较少，国家征税权处于强势地位，实质上是以国家为本位的法。首先，从财税立法的目的看，1994 年《预算法》开宗明义指出，要"强化预算的分配和监督职能，健全国家对预算的管理，加强国家宏观

---

① 童之伟：《20 世纪上半叶法本位研究之得失》，《法商研究》2000 年第 6 期。
② 郑成良：《权利本位说》，《中国法学》1991 年第 1 期。
③ 梁慧星：《民法总论》，法律出版社 2005 年版，第 37 页。

调控，保障经济和社会的健康发展"，这里强调预算的管理职能，而管理预算、约束预算的理念较淡薄。《税收征收管理法》第 1 条规定："加强税收征收管理，规范税收征收和缴纳行为，保障国家税收收入，保护纳税人的合法权益，促进经济和社会发展，制定本法。"通过加强对税收的征收管理，来保障国家税收收入是立法主要目的，以国家利益为重心。其次，从财税法内容看，禁止性或义务性规定在财税法中为主体，就连《宪法》中也只是规定了"中华人民共和国公民有依照法律纳税的义务"，而没有关于纳税人合法权益保护的规定。此外，纳税人救济权利制度不完善，无法获得法律充分的保障。纵观历史，国家本位的财税法主要产生于封建专制时期，主张国家最高赋税权力应该由君主一人独掌，体现了专制赋税的伦理思想。新中国成立后，计划经济时期受"全能政府"观念的影响，将财政的本质归结为"国家分配论"，税收是国家为了实现其治理职能凭借国家权力参与社会财产的分配，具有强制性和无偿性，本质上体现了一种特定的分配关系，国家与纳税人之间的税收征纳关系成为一种不平等关系。随着市场经济的建立，人权、民主、平等、权力制约等理念的兴起，税收正当性问题不断被提起，而且成为一个不容回避的问题。在此背景下，财税法的本位观亦发生转变，人本主义理念勃然兴起。

　　财税法人本主义理念的兴起深受自然法人本主义思潮的影响，"18 世纪的古典自然法学家认为，人们能够根据理性发现的自然法（即理想状态）原则建立一套完美无缺的法律体系"[①]。在此意义上，人本主义更是从应然层面的一种表达。人本主义的财税法实质上是以权利为本位，强调纳税人与国家的平等地位，国家征税权实质上来自于纳税人的共同意志，虽然形式上来自于国家法律的授权，但是不能再片面强调税收强制性、无偿性，而要坚持以人为本，以权利为本位，促进和

---

① 〔美〕罗斯科·庞德：《法理学》第一卷，余履雪译，法律出版社 2007 年版，第 36 页。

实现人的全面发展。财税体制改革的终极目的是增进全社会和每个国民的福祉总量，而不是国家本位下只增进少数特权的福祉。"人民"在整个税收过程中是主体地位，彻底扬弃历史上"皇粮国税"模式下的命令服从关系，将人民主权、权利保障、权力制约、法律至上的宪法精神嵌入财税法律规范中。

人本主义的财税法权利本位观不仅体现在理论研究上，更应体现在实践当中。作为政治方法论的权利本位论，既要求政治家把尊重和保障权利确立为治国理政的基本原则，更要求政治家在治国理政的实践中认真回应权利诉求，认真实施权利立法，认真提供权利救济，认真防范侵权行为。①

（二）衡平理念：对形式正义的矫正

对正义的追求是法学崇高的理想和目标，由于正义本身极其复杂，对正义的解读和争论从未休止。形式正义和实质正义的划分体现了正义理论的不断深化。对于形式正义，丹麦法学家斯蒂格·乔根森认为其核心是相同的案件将得到平等的对待，这也是西方人千百年来形成的法文化的最重要的价值观念。美国当代哲学家约翰·罗尔斯将形式正义界定为法律和制度的公正和一贯的执行，而不管它们的实质原则是什么，即要求在执行法律和制度时，应平等地适用于属于它们所规定的各种各样的人，这也就是法治。可见，二者对形式正义的理解基本相似，均指向法律适用中的正义。对于实质正义，则是从法的制定的角度进行解读，如罗尔斯认为实质正义指制度本身的正义，形式正义是一种手段，实质正义才是目的，斯蒂格·乔根森认为在一切法律事务和社会关系中应贯彻和体现合理、合法和正当性的原则。② 在昂格

---

① 黄文艺：《权利本位论新解——以中西比较为视角》，《法律科学》2014 年第 5 期。

② 沈宗灵：《现代西方法理学》，北京大学出版社 1992 年版，第 120 页。

尔（R. M. Unger）看来，形式正义要求普遍性规则的统一适用，实质正义强调调整结果的内在公正。[①] 从形式正义到实质正义的更替和转换，体现了不同时代对正义的需求的变化。当前，社会出现严重的两极分化和对立，尤其在我国实行非均衡的发展战略的影响下，初始权利配置不公平，引致社会财富分配的不合理。如果继续追求以"平等性"和"交换性"为逻辑前提的形式正义，对于矫正非均衡经济制度于事无补，甚至使境遇变得越来越糟。实践已经证明，我国财税法名义上在努力缩小社会差距，协调区域间的发展，但并没有取得理想的效果。实质正义着眼于内容和目的的公平性，兼顾形式与实质的普遍与特殊性，克服了形式正义的缺陷。衡平理念是对我国非均衡经济制度的具体回应，体现了实质正义的精神。

"衡平"（equitable）来源于拉丁文"aequitas"，其概念源自普通法系，具有多种含义，既具有平均、公平、正义等含义，特别是实质正义的代称，同时也是一种法律方法、途径或手段。衡平法着重强调税法的实质正义理念，即税法规范之主旨不在于对全体国民在税收税款上不加区分而体现出来的貌似公平。[②] 衡平理念在财税法中主要体现为四个方面：一是税收法定理念的衡平。这主要涉及税收法定原则与实质课税理念的衡平、权力机关税收立法权与授权立法的衡平。二是税权的衡平。这主要涉及国家税权与纳税人税权的衡平、国家税权纵向和横向划分的衡平，以及税负的衡平。三是纳税人权利本位理念。国家税权与纳税人税权间划出合理的边界，横平征纳双方的利益。四是税负实质公平理念。税负实质公平理念是一种追求最大多数社会成员之福祉的公平观，要求纳税人间、纳税人与国家之间权利与义务的公平。[③]

---

① 〔美〕昂格尔：《现代社会中的法律》，吴玉章、周汉华译，中国政法大学出版社 1994 年版，第 180 页。

② 张怡等：《衡平税法研究》，第 162 页。

③ 张怡等：《衡平税法研究》，第 96—126 页。

（三）全能政府向有限政府的理念转变

关于有限政府的思想渊源可以追溯至亚里士多德。亚里士多德认为，"最好的政府就是法律统治的政府"①。到了近代，洛克主张两权分立，即立法权和行政权的分立。在两权中洛克更倾向于立法权，即议会的权力，并视其为最高权力，主张以立法权对行政权进行制约。同时，他也强调民众对行政权力的制约作用②，认为实行权力分立的有限政府必然是最保障人权的政府，也会是最能推进民主进程的政府。公共选择理论设计了一个有限且有效的政府，这样的政府以自由的市场经济、可靠的宪政制度为基础。为了防止权力滥用，必须进行宪制选择；宪制选择的方向就是有限政府，这就是公共选择理论给予我们的启示。有限政府是其职能、权力、规模、行为等都有一定限度，要受到宪法和法律的明确限制的政府，它是市场经济发展的必然要求。在计划经济时期，以政府计划为资源配置手段，政府统一组织社会生产，直接管理企业。政府可以不受任何限制地控制社会的全部领域和各个层面，其职能囊括社会生活的一切领域，中央高度集权，行政权极度膨胀，几乎不受任何监督。因此，计划经济体制造就了全能政府、无限政府，庞大的政府规模形成了"大政府、小社会"的格局。市场经济体制的建立，市场在资源配置中起决定性作用，政府职能、权力、规模等要相应地受到限制，凯恩斯主义所主张的"大政府意味着更好的政府"的理论和时代已经过时。有限政府理念要求处理好国家与市场的界限，中央与地方事权、财权的纵向划分，立法、行政权横向划分，以及财政收支控制，等等各种关系。

---

① 〔古希腊〕亚里士多德：《政治学》，商务印书馆 1983 年版，第 192 页。
② 〔英〕约翰·洛克：《政府论》下册，叶启芳、瞿菊农译，商务印书馆 1996 年版，第 89—93 页。

（四）税收国家向预算国家理念的演变

　　"税收国家"[①]这一概念率先由西方财政社会学提出，具体而言，在德国经济学家熊彼特 1918 年所著《税收国家的危机》中提出，大意指财政来源几乎全部依赖税收课征的国家形态。税收国家是与现代国家一同诞生一起发展的。关于税收国家的含义，学界分别从经济学、政治学、法学等视角进行了解析。葛克昌先生从宪法学的角度观察，认为税收国家主要有以下三个方面的含义：第一，国家的主要收入来源是租税。第二，在租税国中，租税目的往往为国家目的，租税国即此目的实现之主体。第三，由于在租税国中，课税权为国家统治权之固有的、主要的表现形态，国家统治活动，往往以此工具为限。课税不但是国家收入之合法形态，也是唯一之合法形态，其他方式则不得利用统治权以行使。[②] 又如王雍君所言，税收国家不仅仅表明税收是财政的主要来源或依赖，更重要的是通过对政府征税权限制来制约政府权力。也就是说，有限政府是税收国家的逻辑基础。[③]

　　由此可见，税收国家具有现代性特点，只有税收国家才是真正意义上的现代国家。首先，税收国家体现了财政民主精神。按照社会契约理论，税收所要考察的是一个"取之于民、用之于民"的财产在国家共同体内的流转过程，关注税收运行过程中的权力与权利的获得和交易的正当性、合法性问题。[④] 财政收入是公民私人财产权的让渡，财

---

　　①　财政社会学根据收入来源不同，将"财政国家"分为六种：领地国家（domain-state）、贡赋国家（tribute-state）、关税国家（tariff-state）、税收国家（tax-state）、贸易国家（trade-state）、自产国家（owner-state）。

　　②　葛克昌：《国家学与国家法》，第 142—143 页。

　　③　王雍君：《税收国家与"依法治税"》，《中国税务》2010 年第 2 期。

　　④　〔美〕史蒂芬·霍尔姆斯、〔美〕凯斯·R. 桑斯坦：《权利的成本：为什么自由依赖于税》，毕竞悦译，北京大学出版社 2004 年版，第 95 页。

政权形成的合法基础是公民同意，反观之，公民财产权实现的制度基础则是财政民主。其次，税收国家以保护私人财产权为核心。根据制度经济学理论，在市场经济体制之下，市场要在资源配置中起主要作用，前提是应明确界定和保障产权。税收国家应以保护私人财产权为前提，以适当税负为基础，而不能过度恣意征税。最后，税收国家依赖对公民财产索取的权力，在宪政民主下，税收国家内置正义、平等、人权等宪政精神。西方国家从 20 世纪 20 年代开始就已经迈入了税收国家的行列，关于中国成为税收国家的时间学界认识不同。有学者认为我国从秦汉之后就已经步入税收国家，而更多的学者则持不同的观点，认为古代的财政形态属于家财型财政体系，或租金型财政体系，认为我国从近代步入税收国家。新中国成立后受计划经济体制的影响，实行"国家财政"，财政收入主要来自企业的利润，税收占据很少一部分，此时不能称为"税收国家"，经过"利改税"等财税体制改革，直到分税制的实施，我国逐步步入税收国家之列。

预算国家是税收国家以后出现的另一种国家形态，概言之，预算国家即为拥有现代预算制度的国家。现代预算是指经法定程序批准的一定时期的政府财政收支计划。预算国家有两个特点：第一是财政统一，第二是预算监督。[①] 从税收国家到预算国家标志着国家理财重心的转移，税收国家的理财重心在于征税，即将公民私人财产转化为公共财产的过程。预算国家的理财重心在于用税，在预算国家，政府的一切收支都必须纳入预算，没有纳入预算的项目不得支出。通过预算合理分配财政资金，包括对财政支出的规模、结构、方向等进行安排和计划，通过预算规范和约束政府的收支行为，标志着国家治理方式的转变，是一种与公共财政相契合的国家形态。同时，预算要经过立法机关的审批，接受立法机关的监督，规范政府与公民之间的财产关系，

---

① 　王绍光：《从税收国家到预算国家》，《读书》2007 年第 10 期，第 4 页。

同时也关系到国家权力的配置，实现对财政收支的控制。

税收国家与预算国家分别通过税收法定和预算法定对财政收支行为进行控制，是两种并行不悖的财政形态，可以并存于一国之中。预算国家不能忽视财政收入取得的正当性和合法性，税收国家不能轻视税收和其他财政资金的管理和使用的公共性。只有将"收"与"支"共同纳入财税法治的范畴，才能真正实现"取之于民、用之于民"的良法善治。

三、我国财税体制内部关系法治化与原则审思

（一）财政体制法定原则

财政体制法定原则是财政法定原则在财税体制领域的具体体现。财政法定原则早已被学界公认为是财税法的基本原则之一，其与财政民主、财政平等、财政健全等共同构成财税法的基本原则，指导财税立法、执法和司法。税收是近代资产阶级革命的导火索，1688 年英国的"光荣革命"终结了斯图亚特王朝专制君主制，建立了君主立宪制。《权利法案》中有这样一条规定：没有议会同意，国王不得征税。1789年，为了反抗波旁王朝国王路易十六向第三等级征收新税，法国爆发了大革命，制宪会议通过的《人权宣言》确立了人权、法制、公民自由和私有财产权等资本主义的基本原则。美国独立革命后，大陆会议发表《独立宣言》，提到"人人生而平等""政府的正当权力是经被统治者同意所授予的""无代表不纳税"等思想和原则。上述三大革命的发生均与征税有关，着实体现了"征税是事关毁灭的权力"。作为革命的成果，《权利法案》《人权宣言》《独立宣言》都限制了当权者的征税权，确定了"税收法定主义"，未经议会同意的课税应当被禁止。税收

法定主义是检验税收正义的形式标准，基本内容是"未经人民自己或其代表同意，决不应该对人民的财产征税"[1]。由此，财政法定主义最初主要以税收法定主义的形式存在。学界对税收法定原则的研究和关注远远超过财政法定原则。随着政府规模的扩大、财政功能的扩张，财政领域的其他方面如财税体制、财政收入中的非税收入、预算、监督管理等愈加引起人们的关注，财政法定的范围随之扩张。财税体制事关财政权在中央与地方的纵向配置和立法机关、行政机关之间的横向配置，以及国家和纳税人之间财政权和私人财产权之间的关系，对于这些关系的调整应当"法定"，以实现财政权的法治化。

我国《立法法》明确规定，"税种的设立、税率的确定和税收征收管理等税收基本制度"方面的事项只能制定法律，这标志着税收法定原则在我国的正式确立。行政法规、地方性法规和规章均不得新设或改变税种开征、停征和税收征收管理等基本制度。在全国人大常委会制定、中共中央审议通过的《贯彻落实税收法定原则的实施意见》中进一步明确安排了"税收法定原则"的落实，规划了路线图和时间表，要求力争在 2020 年前完成落实税收法定原则的改革任务。这说明税收法定不再仅仅是一个抽象的法律原则，将成为生动的法治实践，也表明我国税收法定的进程走上了快车道。但尚未见到非税收入、财政收支划分等方面的法律列入立法规划，财政法定原则的全盘实现还有待进一步推进和落实。

（二）财政民主自治原则

民主自治原则实质上包括两个原则：财税民主原则和地方财政自治原则。这两个原则内涵不同，却又密切相关。财政民主原则是主权

---

① 〔英〕约翰·洛克：《政府论》下册，叶启芳、瞿菊农译，第 89 页。

在民思想在财税法中的具体体现，是政府依法按照民众意愿，通过民主程序，运用民主方式来理政府之财。公民通过让渡一部分私人财产权给国家从而获得一定的公共产品和公共服务，国家的存在和运作的物质基础来源于纳税人提供的税收。依照宪政的一般原理，公民有权对政府的财政权进行约束和监督，即私人财产权对财政权的制约。人民通过一定的程序和方式，对重大财政事项行使决定权。因此，财政民主将"人民的同意"设定为国家的逻辑起点，也成了民主政治发展的内核，引导着现代自由民主政治的实践。从这个意义上讲，财政民主原则往往与财政法定原则交错重叠，互为表里。按照财政领域的不同，可将财政民主细化为财政收入民主、财政支出民主、财政体制中的民主三个部分；在具体制度中又体现为财政法定（税收法定）、预算法定和财政分权。一般来说，财政体制是一个国家基础性的制度安排，对此种基本制度的变迁，往往需要采取立宪性"一致同意"的民主原则来进行。[①] 因为它涉及全体国民的利益调整和再分配，不采用一致同意方式难以确保制度变迁的公正性和满足福利增进的要求。所以，财政民主原则是财税体制内部关系法治化应遵循的一个基本原则。财税体制改革中政府间财政关系的法治化是一个重要的方向，财政分权是财政民主原则的具体体现，由此引申出地方财政自治原则。

地方财政自治原则是财政民主原则对中央与地方财政关系提出的具体要求。其精髓就是民主的精神。一定程度的财政自治，是宪政民主制度的基础性结构，是保障个人自由的重要政治机制，是人民参与公共事务的基本途径。[②] "以往的研究大多是从应然和实然的角度对财政民主的必要性和现实性展开深入的探究，忽视了支撑财政民主制度的权利基础……使财政民主在没有权利制度作为支撑和保障的情况

---

① 〔澳〕杰佛瑞·布伦南、〔美〕詹姆斯·M. 布坎南：《宪政经济学》，冯克利等译，中国社会科学出版社 2004 年版，第 23 页。

② 秋风：《立宪的技艺》，北京大学出版社 2005 年版，第 270—271 页。

下，沦为一种政治口号，是一种'空洞化'的民主。"① 为了避免这种空洞化的民主，支撑地方财政自治的权利制度的研究甚为重要。

　　地方财政自治是地方自治的重要组成部分。就如同世界上找不到两片完全相同的叶子，世界上也不存在完全相同的财政分权模式。经过对各国财政分权的考查和研究，目前学界基本达成一个共识，即随着现代联邦制的多元化，联邦制和财政联邦主义之间失去了必然联系。财政联邦主义未必都限于联邦制国家，联邦制国家未必都实行联邦主义。这为中国等单一制国家在单一制宪法基础上采用某种财政联邦主义安排提供了前提。地方财政自治是财政分权的逻辑推演，具体表现为地方财政自主权。在我国法律中对地方财政自主权或地方财政自治并没有明确的规定，对地方财政自主权的性质和内涵的理解并不统一。徐阳光认为地方财政自主权主要包括地方财政预算自主权、地方财政收入支出自主权和地方财政监督自主权。② 徐健将地方财政自主权分为预算自主权、自主组织收入权和支出自主权。③ 应该说，上述划分并没有实质上的差别，也与某些国家或地区对地方财政自治内容的划分大体一致。④

　　笔者试图从分权的角度对地方财政自主权进行划分。地方财政自主权是在财政分权的基础上生成的，地方和中央所分之"权"乃为财政权。国家主权在财政领域即体现为财政权，它是保障国家正常秩序运转的物质财富，所有形态的国家都是如此。地方财政自主权即是财

---

　　① 胡伟：《财政民主之权利构造三题》，《现代法学》2014 年第 4 期。

　　② 徐阳光：《地方财政自主的法治保障》，《法学家》2009 年第 2 期。

　　③ 徐健：《地方财政自主权研究》，上海交通大学宪法与行政法学博士论文，2010 年。

　　④ 如《欧洲地方自治宪章》，它是第一份正式定义地方自治的文件，其第 3 条将地方自治定义为地方政府在法律框架内，根据它自身的职责和人民的利益，管理辖区大部分事务的权利和能力。并将地方自治划分为三种类型，分别是政治自治、行政自治和财政自治。第 4 条对地方财政自治做出了规定，地方政府可以在宪法或法律规定的事权范围内自主安排支出，而地方的财力水平也应与上述事权范围相适应。同时规定，地方政府应有一部分财力是地方可以在法律规定的范围内调整税率。由此可以将其内容归纳为事权和支出自主权、收入自主权、预算管理自主权。

政权在中央和地方之间的纵向配置，体现了权力制衡的宪政理念。财政权是一个使用频率很高但又缺乏权威界定的范畴。我们认为，财政权是与公民财产权相对应的一个概念，是国家为保护私人财产权，在民众同意的前提下以筹集并合理管理、使用财政资金的权力，可划分为财政立法权、财政收益权、财政管理权。财政权在中央与地方纵向的分割表现为不同的模式，主要有集中型、分散型和集中与分散相结合型。集中型模式中，中央享有主要的财政权，地方只拥有部分财政权。分散型模式中，财政权在中央与地方间分解，地方享有充分的财政立法权、财政收入权、财政支出权、预算权等。集中与分散相结合模式中，财政权在中央与地方间适度分解，中央与地方都有一定的财政权。

从规范层面分析，现行法律规范为地方财政自主权既预留了一定空间，又对其构成一定的约束。我国《宪法》第3条规定："中华人民共和国的国家机构实行民主集中制的原则……中央和地方的国家机构职权的划分，遵循在中央的统一领导下，充分发挥地方的主动性、积极性的原则。"《宪法》第99条和第107条是地方自主权最直接的法律依据，第99条规定，地方各级人民代表大会有权在法定范围内通过和发布决议，审查和决定地方的经济建设、文化建设和公共事业建设的计划，但前提是必须在本行政区域内保证宪法、法律、行政法规的遵守和执行。第107条规定，县级以上地方各级人民政府有权管理本行政区域内的经济、教育、科学、文化、卫生、体育事业、城乡建设事业和财政、民政、公安、民族事务、司法行政、监察、计划生育等工作，但其前提是不得超越法律规定的权限范围。由此可见，地方自主权、地方积极性均以统一于中央为前提。《预算法》规定一级政府一级财政，赋予了地方预算自主权。《立法法》对地方税收立法权进行了严格限制。上述相关的法律规范表明，财政权在中央与地方的分配并不是一一对应，而是有增有减，有进有退。在地方财政自主权的构成中，地方财政立法权的争议较多。有学者认为，地方没有税收立法权，不能称之为财政联邦主义。较多的学者认为地方应享有一定程度的税收立法权限。如郭维真认为，在不具有外溢性以及不妨碍流动性的事项内，地方税收立法权的正当行使，无论是地方性收入的自我决定，还是一定幅度内的自主权，都构成了地方治理改进的重要物质基础。[①] 有学者认为在保证税政、税权统一的前提下，赋予地方政府适度的税收立法权，有利于健全地方税种体系，发挥地方政府的积极性，提高公共服务水平，促进社会福利最大化。[②] 遗憾的是，文章并没有对"适度"做更细致的分析。有学者认为财政法定中的"法"从形式意义上应该仅指最高权力机关制定的法律，只有在法律允许的范围内，政府才享有财政方面的自由裁量权。[③] 地方政府的自治程度显然并不完全由国家权力结构决定，相同政体的国家地方自治程度有可能天壤之别，不同政体的国家有可能拥有类似的地方自治安排，因此地方自治的程度更是一个国家的政治选择。

（三）效率与公平原则

较早将效率与平等捆绑在一起讨论的是20世纪60年代詹姆斯·E.米德，其在《效率、平等和财产所有制》一书中表达出对平等、权利与自由的笃信和坚守。此外，在70年代，美国经济学家阿瑟·奥肯发表了《平等与效率——重大的权衡》，对平等与效率的关系做了经典的阐释，"他把权利上的平等与收入上的不平等，看作一种困难的折衷，并且认为正是这两者揉在一起，才在民主政治原则和资本主义经

---

① 郭维真：《以税收立法权为中心的地方治理》，载刘剑文主编：《财税法学前沿问题研究：地方财税法制的改革与发展》第二卷，法律出版社2014年版，第148页。

② 陈晴：《我国新一轮税制改革的理念变迁与制度回应——以税收正义为视角》，《法商研究》2015年第3期。

③ 刘剑文主编：《财税法学》，第41页。

济原则之间激发出一种张力"。对于二者的关系，普遍的观点认为二者是对立的统一，不能等量齐观，是此消彼长的矛盾关系，前者优先就必然把后者置于次优地位，假若要后者优先也自然会损失前者的效用。经济学界倾向于将效率置于优先的地位，意在追求经济快速发展和经济总量的增长，这当然符合经济逻辑并且体现出经济学研究方法的独特之处，然而这种选择会有意或无意地忽视个体和局部的利益，使弊端显现。而法学界和社会学界则普遍认为，公平或公正乃法律伦理与正义在初始的、过程上的和结果上的价值体现，只有权利的平等才能实现公平和正义，因此，改革开放必须坚守"更加注重社会公平"的底线。还有一种折中的观点，主张"效率和公平并重"。无论何种观点，均是将效率与公平预设为两个相互矛盾或对立的概念，无疑，这种思路不过是"路径依赖"的结果。①

笔者认为，效率与公平之权衡必须置于社会公平、正义和私权受到严格保护的框架内，否则效率可能更多地意味着忽视私权保护、弱化社会公正和诚信以及拼资源、拼能源、拼环境的数量型增长。财税体制内部关系的调整是对财税利益的重新分配，在处理公平与效率的关系时，首先要走出公平与效率的"教条"预设，既不过分强调公平，也不过分强调效率，使公平和效率相结合而不是相排斥。其次效率与公平要互为前提，不能以牺牲任何一方换来另一方的实现。最后不能一刀切，不同制度功能不同，有的侧重于效率，有的侧重于公平，不同制度间协同配合，才能达至均衡的状态。

（四）权责一致原则

权力和责任是法学中的一对基本范畴。权力必须受到约束是近代

---

① 张怡：《论非均衡经济制度下税法的公平与效率》，《现代法学》2007 年第 4 期。

以来权力运行的基本理念。分权学说的本质是权力制约，除了权利对权力的制约、权力对权力的制约，通过责任制约权力是另一种权力制约的理念。这里的责任是与权力相对应的责任，它既包括权力必然意味着责任的"积极责任"在内，也包含着一旦权力违法行使必招致法律责任的"消极责任"内涵。就前者而言，它与权力是同一事物之一体的两面，一项权力不可能脱离责任而单独存在。就后者而言，它是权力越界的必然代价。①权责一致，有权必有责，是法治理念组成部分，财税体制内部关系的法治化，必然要遵循权责一致的原则，这一点主要体现在以下几个方面。首先，事权与支出责任相适应。事权和支出责任这两个概念均与财政支出相联系，二者相关但不相同。事权是一级政府对本辖区公民承担的提供公共物品和服务的职责；支出责任是指一级政府自主使用财政资金并有效提供本辖区公共服务的责任。二者的关系可以形象地比喻为"请客"与"买单"的关系。通常情况下，请客者与买单者是一致的。但实践中"中央请客，地方买单"的情形屡见不鲜，地方政府支出责任大于其承担的事权，导致地方政府的财政困难，债务丛生，也降低了公共品提供的质量。其次，地方财政自主权的扩容意味着地方政府的责任增加。最后，财政权对私人财产权具有侵益性，税法恰如触角，其影响深入社会生活方方面面，即使是微小的改革，也可能对一个行业甚至整个社会产生重大影响。对于滥用财政权而损害公民财产权的行为，应根据权责一致的原则，实行政府问责制，承担相应的法律责任。

---

① 谢晖：《法学范畴的矛盾辨思》，山东人民出版社 1999 年版，第 265 页。

第七章　我国财税体制内部关系的梳理及调整

美国著名经济学家罗伊·鲍尔通过对西方财政分权运行的考查和系统的抽象总结，认为"好"的财政分权必须具备包括宪制基础、分权体制及监督机制在内的相应制度支持，具体表现为：第一，将以地方代议机关和地方选举制度为标志的宪制作为基础，从而为地方政府的正当性提供支撑；第二，通过以完善的收支划分为代表的分权体制安排，保证财政体制的稳定性和可预期性，为地方财政权力的运行提供约束框架，使之具有自我维持的制度功能；以审计监督、政府问责为代表的财政监督机制和政府预算制度，保证地方财政自主权的实现和矫正。^①上述的观点对于我国财税体制内部关系的梳理和调整不乏非常有益的借鉴意义。法理学家博登海默曾言，"法律的作用之一就是调整及调和种种相互冲突的利益"。法治化是财税体制内部关系调整的模式选择，目前，财税体制内部关系调整的具体进路包括政府间财政收支划分法治化、预算管理法治化、财政监督法治化。

---

① 〔美〕罗伊·鲍尔：《中国的财政政策：税制与中央及地方的财政关系》，许善达等译，中国税务出版社 2000 年版，第 151—157 页。

一、政府间财政收支划分法治化

（一）事权与支出责任相统一

中央与地方之间的事权划分是分税制改革的逻辑基础。围绕事权的划分，引申出国家与市场的界分、政府间事权的划分、事权与支出责任的划分以及财权与事权的匹配等问题，足见事权划分在理顺和调整政府间财政关系中的首要地位。事权划分不清是导致财税关系失衡的导火索。事权的划分会受到经济、政治、社会文化、受益原则、社会偏好等诸多因素的影响。不同发展阶段的国家与市场的关系不同，政府的事权也会随之发生变化。由于影响的因素是多元的，各个国家事权和支出责任划分的方案存在多样性，也反映出各个国家不同的社会偏好。[①] 经济学理论在支出责任划分方面（纯地方性或纯全国性的公共物品除外）几乎未提供什么指导。因此，有学者认为决定支出责任划分的主要是社会偏好。[②] 尽管如此，财政分权理论以及其他国家的立法实践会给我国事权划分带来启示。

1. 事权与支出责任的错配

首先，政府与市场的界限不明，政府职权越位、缺位并存。一方面，在 GDP 增长竞赛晋升激励下，地方政府通过要素投入驱动经济增

[①] 以公共卫生为例，在大多数国家这是公共事务，以地方政府作为主体，但各国做法各有不同。澳大利亚公共卫生的具体管理工作由地方政府负责，但大部分资金由联邦政府支持。美国以州和地方政府为主进行管理，财力上也由地方政府负责，联邦政府给以一定补助。法国是由市镇政府负责管理各地医院，提供公共卫生服务。参见高培勇主编：《世界主要国家财税体制：比较与鉴别》，中国财政经济出版社 2010 年版，第 110 页。

[②] 〔美〕特里萨·特尔-米纳什编：《政府间财政关系理论与实践》，政府间财政关系课题组译校，中国财政经济出版社 2003 年版，第 27—28 页。

长，在财权与事权不匹配的情况下，通过土地财政、债务融资、制造税收政策"洼地"等手段招商引资，并积极投资建设交通运输、城市基础设施建设等。另一方面，政府提供公共服务的职能履行不到位，公共服务水平较低，财政支出方向和结构没有任何制度约束。

其次，政府间事权划分不清或不科学，中央与地方职责交叉重叠者较多，也即存在较多的共同事权领域。通常情况下，事权与支出责任是一致的，即事权主体同时也是支出责任主体。但在某些情况下，二者并不一致，要么地方事权由中央承担支出责任，要么中央事权由地方承担支出责任，实践中后者尤甚。事权与支出责任的错位并不是一概的不合理，有一些是由效率或某些公共品外溢性特征所决定。实践中很多国家也有类似的做法。我们称这种事权为共同事权，具体化为决策权和执行权，由不同主体分享。共同事权之下，决策权和执行权的分离导致了事权与支出责任的不适应。因此，对共同事权进行合理的控制和规范是实现事权与支出责任相适应的路径之一。

以义务教育为例，我国义务教育财政管理体制经历了几次改革：1985 年前由中央财政负责，1986 年的《义务教育法》确定了"地方政府负责、分级管理、以乡镇为主"的义务教育财政管理体制，2001 年改革为"国务院领导下，由地方政府负责、分级管理、以乡镇为主"，2006 年修订的《义务教育法》规定"义务教育实行国务院领导，省、自治区、直辖市人民政府统筹规划实施，县级人民政府为主管理的体制"，义务教育的事权上移至县。可见，我国义务教育财政管理体制使得各级政府都相应承担一定的支出责任，但支出的主要承担者是地方政府，而且县乡两级的责任重大。城市义务教育的经费主要由市级财政承担，与城市不同，农村义务教育的经费由县和乡镇政府承担。《义务教育法》专章规定了义务教育的经费保障："国家将义务教育全面纳入财政保障范围，义务教育经费由国务院和地方各级人民政府依照本法规定予以保障。""义务教育经费投入实行国务院和地方各级人民政府根据职责共同负担，省、自治区、直辖市人民政府负责统筹落实的体制。农村义务教育所需经费，由各级人民政府根据国务院的规定分项目、按比例分担。"遗憾的是，法律中没有具体规定项目划分和分担比例，导致实践中出现各级政府讨价还价进行博弈的情形。我国义务教育管理体制的变迁过程反映出的问题，既是与共同事权有关的问题，同时也是我国财税体制变迁的一个缩影。

2. 事权与支出责任相适应的路径选择

建立事权和支出责任相适应的制度，属于财政收支划分法治化的核心内容。

第一，制定财政收支划分法，将事权与支出责任的划分法定化。当前事权和支出责任划分的法律依据主要包括《宪法》及《组织法》、1993 年国务院制定的《国务院关于实行分税制财政管理体制的决定》《立法法》及《义务教育法》《农业法》等单行法规。2016 年国务院发布《国务院关于推进中央与地方财政事权和支出责任划分改革的指导意见》，应该说是对中央与地方财政关系改革的实质性推进。事权与支出责任的划分属于基本的财政制度，应在《宪法》框架下由法律作出统一规定。

第二，转变政府职能，合理界定政府、社会、市场界限，遵循"多元共治"理念。"多元共治"理论是西方新兴的治理理论，主要强调国家权力向社会的回归，指的是政府与民间、公共部门与私人部门之间的合作与互动。如何变革现有的"单中心"政策框架实现"多中心"、多角色互动与合作的政策过程是治理理论和实践应该思考的。[1]多元共治体现了国家治理新理念，当前正在运作的 PPP（公私合营制）

---

[1] 孙柏瑛：《当代地方治理——面向 21 世纪的挑战》，中国人民大学出版社 2004 年版，第21 页。

即是政府、市场、社会分工合作提供服务的新模式。多元共治减轻了政府对基础设施等建设的支出责任，对于缓解地方政府财政困难具有现实意义，同时可以将更多的财力集中到提供公共服务和公共产品上，增加国民的福祉。

第三，合理划分政府间的事权和支出责任。政府间事权的划分并不具有统一的模式，在确定各级政府的事权和支出责任时，既要借鉴财政分权理论和国际惯例，也要结合本国实际情况。中央和地方政府间的事权范围的划分应当考虑公共品的重要性、受益范围以及基本公共服务大致均等化供给与分享等原则。单从受益角度看，属于全国性受益范围的应该由中央政府独立承担，属于区域性受益范围的事权应该由地方政府独立承担，跨区域受益的事权由中央与地方政府共同承担。在此基础上，对多级政府共同交叉行使的事权，应做出明确、具体的界定，避免相互推诿或者上推下卸。在美国，为了减轻联邦指令给地方政府带来沉重的财政负担，在法律上限制联邦政府任意发出无资助指令，主要是从程序和实体两个方面进行限制。十八届三中全会的《决定》对中央与地方事权与财权的划分提出了指引："国防、外交、国家安全、关系全国统一市场规则和管理等作为中央事权；部分社会保障、跨区域重大项目建设维护等作为中央和地方共同事权，逐步理顺事权关系；区域性公共服务作为地方事权。"《国务院关于推进中央与地方财政事权和支出责任划分改革的指导意见》按照基本公共服务受益范围，兼顾政府职能和行政效率，遵循权责利相统一以及支出责任与事权相适应等原则，适度加强了中央的事权，减少和规范了央地共同事权。该指导意见对中央与地方财政事权的划分确立了基本的原则和方向，事权的划分"牵一发而动全身"，其具体落实还需要相关部门制定细则，同时通过转移支付等手段调节上下级政府、不同地区之间的财力分配，弥补地方政府的财力缺口，实现事权和支出责任相适应。

（二）优化税制结构

改革开放以来，受效率优先发展观的深刻影响，我国经济发展长期沿袭"GDP 挂帅"的总量扩增模式，市场化取向的渐进式改革在释放被指令经济束缚的巨大生产力的同时，也导致诸如产能过剩与内需不足并存、收入分配差距拉大、资源环境"瓶颈"约束日趋收紧等矛盾。上述发展模式在税收领域体现为，税制建设过度倚重税收的收入筹措职能，相对淡化税收对经济社会的调节职能，由此导致税负结构失调、税制协同性差、税收非中性、税制累退性、绿色税制弱化、"自动稳定器"税制缺失等一系列税制深层次问题，致使经济社会的结构性矛盾不断加深。[①]通过前文对我国税收结构、税源结构、税负水平的分析，得出的结论是我国的税制机构总体上处于失衡的状态。这与我国过分追求效率的发展理念密切相关。作为新一轮财税体制改革的重头戏，优化税制应遵循衡平理念，对税法价值、税权配置、税负等方面进行衡平，并将衡平理念嵌入具体制度中，矫正当前非均衡的经济制度。优化税制结构的路径可以遵循宏观税系—微观税种两个层面展开。

1. 优化宏观税系结构：提高直接税比重，降低间接税比重

通过前文的分析我们可以看到，我国税制结构严重失衡：间接税比重偏高，非税收入规模偏大，企业税负比重较大。造成这种格局的原因主要有三个方面。一是财权与事权不匹配促使地方政府广开财源，通过收费、卖地等措施筹集财政资金，形成"费挤税"的结果，客观上提高了非税收入的比重和规模。二是效率优先发展的发展理念导致

---

① 张文、张念明：《进一步优化税制结构的操作路径解析》，《公共财政研究》2015 年第 2 期。

高度重视税收收入的功能，淡化了税收调节分配的职能。在此理念的引导下，偏重于税源丰富的货物与劳务税和相对易于征管的企业税，而对可能不利于经济增长、对经济增长有挤出效应的环境税和资源税的改革停步不前、谨小慎微。三是税收征管信息化发展水平制约了财产税等直接税的征收和制度创新，房产税、遗产税、综合与分类相结合的个税改革等均没有落到实处，财产税规模较小。

十八届三中全会的《决定》中，将"稳定税负"作为财税体制改革的重要目标，这也为优化税制定下了基调和基本约束。稳定税负从形式上看是保持宏观税负水平的总体稳定，从实质层面而言则是以稳定政府收支规模为约束，通过对税负分配进行"有保有压"、有增有减的结构性调整，公平税收负担，优化分配结构，提升公共服务水平，激发市场活力，以推进国家治理体系与治理能力现代化的基础性、支柱性、系统性制度改革与创新。[①] "稳定税负"体现了对政府收支行为的规范，是对国家财政权的约束。数据显示，我国财政支出增幅比例逐年增加，形成一种不可控的惯性增长，通过"稳定税负"达到稳定支出，倒逼政府调整支出结构，转变政府职能，因此，稳定税负是"一场旨在导向国家治理能力提升的整体系统改革与体制机制创新"[②]。在宏观税系层面，优化税制主要表现为提高直接税的比重，降低间接税的比重，有增有减，有保有压，实现直接税与间接税并重的"双主体"税制结构。

首先，规范、完善、整合间接税，降低间接税的比重。"营改增"是配合"结构性减税"政策的"重头戏"，其实施有利于降低间接税比重。"营改增"始自 2012 年上海"1+6"（交通运输业＋六个现代

---

① 张念明、庞凤喜：《稳定税负约束下我国现代税制体系的构建与完善》，《税务研究》2015年第 1 期。

② 张念明、庞凤喜：《稳定税负约束下我国现代税制体系的构建与完善》，《税务研究》2015年第 1 期。

服务业）试点，后来由点到面，扩大到全国范围的交通运输业、电信业、邮政业和部分现代服务业等行业。2016年是"营改增"的收官之年，全面完成了建筑业、房地产业、金融业和生活服务业的"营改增"改革，营业税退出历史舞台。"营改增"的同时，增值税的改革同步展开，多次简并税率，2017年增值税税率四档减并为三档，2018年和2019年先后两次调低增值税税率。扩大进项抵扣范围，完善抵扣链条，向国际认可的标准化增值税制度不断迈进。

其次，健全直接税体系，提高直接税比重。"营改增"等间接税的减税效应为提高直接税的比重提供了相应的空间。直接税以所得税和财产税为主。对于个人所得税，应改分类征收个税的模式为更加公平的综合与分类相结合的征收模式。具体而言，工资薪金、劳务报酬、稿酬、特许权使用费等劳动所得合并在一起，按统一的超额累进税率综合征收；经营所得、财产租赁、财产转让所得、利息、股息、红利、偶然所得等，继续实行分类征收。财产税制方面，第一，开征房地产税，整合房地产保有环节税种。房地产税的税制设计中，应重点考虑征税范围、税率、计税依据等。房地产税是地方税，各地方政府在法律授权的范围内有一定的自主权。具体讲，应扩大征税范围，将个人所有非经营性房产纳入征收范围；制定合理的房地产税税率，根据各地区住房的实际情况设计免征额，通过对不同类型的房产设计差别比例税率，提高高收入阶层的税收负担，缩小贫富差距；在完善房地产产权登记制度和房地产价值评估制度的基础上，改变现行房产税计税依据，以市场评估价格为计税依据。第二，适时开征遗产税与赠与税，调节代际收入差距。当然，二税的开征必然会增加直接税的规模和比重。

2. 微观层面：完善具体税种

一是增值税的完善。我国现行增值税制主要是为适应对制造业征税的需要确立的。2009年的增值税制转型并没有真正地将生产型增值税转为消费型增值税，包括不动产在内的大量进项税额仍不能抵扣。这样征收的增值税实际上还不能真正做到消除重复征税。"营改增"打通了抵扣链条，消除了重复征税，"营改增"之后进行了一系列的增值税改革，进一步优化了增值税税制。2019年财政部起草了《中华人民共和国增值税法（征求意见稿）》向社会公开征求意见，我国增值税税制的框架基本完成。这一份征求意见稿统一了增值税的相关规定，同时也将增值税改革取得的成果法律化，如税率的降低、期末留抵退税制度等。增值税无论从纳税人的范围还是税收体量，都是税制结构中的主体税种，加快推动增值税立法进程是实现税收法定原则的关键。首先，增值税立法应当遵循税收法定、税收公平、税收效率、税收中性的原则，以简税、减税、退税为重要目标。[①] 其次，进一步简并税率。目前我国增值税有6%、9%、13%三档税率，未来可以考虑进一步合并、减少税率档次，三档变两档，甚至单一税率，使税制更加简洁透明。再次，完善税收优惠制度。将税收优惠的原则、范围、方式法定化，严格限制税收优惠授权立法。最后，优化增值税征管模式，完善相关配套措施。数字经济的兴起给各国增值税的征管带来前所未有的挑战和机遇，探索切实可行的增值税征管办法，充分发挥电子发票、区块链、人工智能等高科技在税收征管中的应用优势，实施"数字治税"，提高信息化税收征管水平。

二是消费税的完善。消费税是以特定的消费品为课税对象，是在对货物普遍征收增值税的基础上另行征收的流转税。我国于1993年出台《中华人民共和国消费税暂行条例》，1994年开始征收消费税，2006年进行大规模的修订，2008年推动成品油税费改革，2014年展

---

① 丛中笑:《减税降费导向下我国的增值税立法审思》,《河南财经政法大学学报》2020年第1期。

开新一轮的消费税改革。为落实税收法定原则，2019 年 12 月 3 日，《中华人民共和国消费税法（征求意见稿）》正式公布，向社会公开征求意见。从征求意见稿的内容看，消费税法对现行的消费税制并未做实质性改动，对于消费税税率则通过设置授权条款，授权国务院"相机抉择"。对于后移消费税征收环节等改革，同样授权国务院组织试点改革。当前，对于消费税的功能定位、征税范围、税率结构、征收环节等仍然需要进一步厘清和完善。首先，关于消费税的功能定位。消费税开征以来，肩负着调节消费行为、调节贫富差距、环境保护、财政收入等多重功能，不仅在消费税内部存在功能定位不清、主次不分的问题，而且在外部造成与环境保护税、资源税等其他税种边界不清、盘根错节的情况。课税目的不同，课税对象的适用原则和税负承担也不同[1]，因此，明确消费税的功能定位及主次是深化消费税改革的关键问题。由于消费税的课税对象具有选择性及"非中性"的特性，应将不同的课税对象的功能定位精细化和类型化，在此基础上按照不同的原则和税率，实行差别对待。结合国内实践和国际经验，消费税的调节功能日益强化，获取财政收入的功能逐渐弱化，因此，消费税课征要素的确定不应将获取财政收入作为首要考虑的因素。其次，关于征收范围。高耗能、严重污染环境的产品应纳入征税范围，并且予以高税率，高档消费品以及高档消费行为应纳入征税范围，发挥其特有的调节作用。相反，对生活必需品和必需的生产资料则不应征收消费税。最后，消费税的计税方式采取"价内税"，具有隐蔽性。应转为"价外税"，使税负转嫁显性化，能够加强税收的引导功能。当然，我们还要注意到，消费税扩围是一把"双刃剑"，除了有利的一面，还要看到其负面效应，如消费税扩围会增加中低收入群体和小微企业的税收负担，抑制国内民众高档消费品消费能力。由此，应严格遵循税收法定、财

---

[1]　佘倩影：《调节性功能视角下的消费税立法检视》，《税务研究》2021 年第 7 期。

政民主等原则，使消费税扩围具有正当性和合法性。

三是房地产税改革。房地产税改革孕育已久，曾经纳入第十届全国人大立法规划。房地产税的立法不仅是落实税收法定原则的具体措施，也是优化税制的重要一环。房地产税属于财产税，牵涉到多方的利益，错综复杂。笔者认为，房地产税立法必须要厘清以下几个问题，分别是立法的目的、立法原则、纳税人、征收范围、免征额和免征对象、计税依据、税率、征收主体与征缴管理。这里仅对立法目的做一探讨。规定立法目的是立法的基本要求，基本上每部法律都有其特定的立法目的，当然也有例外。① 立法目的既体现了本部法律的正当性，也是确定法律规则、法律原则的指导思想。对于房地产税的征税目的学界有不同的声音，概括起来有三种观点：一是政府调节房价的工具，这种观点在最初进行房地产税试点时比较突出；二是政府调节居民贫富差距的工具。三是房地产税成为地方税的主体税种，以完善地方税体系为主要目的。应该说，上述几种观点不无道理，也都是房地产税或多或少能够映射到的。从试点情况看，房产税调控房价和调节分配的功能并没有显现，因此以此作为立法目的不免会遭到质疑。以充实地方税的主体税种、完善地方税体系作为开征新税的正当性是不充分的。筹集财政收入是税收的最根本的职能，通常收入与支出是无法一一对应，但从整体上来讲，收与支应该保持平衡状态。开征新税意味着纳税人税负增加，增加的税收收入应该与财政支出相对应，从这个意义上讲，收支是关联的。这也是世界上普遍的做法。房地产税作为地方税，筹集的税收收入是为了为本地居民提供更多更优质的公共

---

① 以我国现行的三个地方税收法律为例。《土地增值税条例》第一条规定，土地增值税是"为了规范土地、房地产市场交易秩序，合理调节土地增值收益，维护国家权益"；《耕地占用税法》第一条规定，耕地占用税是"为了合理利用土地资源，加强土地管理，保护耕地"；《城镇土地使用税条例》第一条规定，城镇土地使用税是"为了合理利用城镇土地，调节土地级差收入，提高土地使用效益，加强土地管理"。

品，这应该是房地产税立法的根本目的。

（三）增强地方政府财权

1. 事权、财权、财力的互动关系

对于解决我国地方政府出现的困境，学界围绕事权、财权、财力的互动关系展开大量的研究，采用的研究方法也是多样。大量的实证研究表明，我国地方政府财权与事权存在严重的失衡，地方财政收入中本级收入仅占 60%，40% 的财政收入依靠中央转移支付。事权与财权不匹配由此成为地方财政困难的罪魁祸首，也成为财税体制改革关注的内容。虽然事权与财权相匹配已成为基本共识，政策性文件中也多次提到，但笔者认为，"事权与财权相匹配"更多是成了一种话语模式和表达惯式，围绕"事权与财权"还有很多问题和关系需要澄清和理顺。纵观世界各国在中央和地方的财政分权，有学者将其分为两种模式：对称型制度模式和非对称制度模式。① 可以看到，即使是对称型制度模式的国家，事权与财权也不可能实现完全匹配，只是匹配的程度较高而已。由是之故，事权与财权相匹配只是一种理想状态，或者说，世界上各国的财政分权模式都是非对称型的，从权力视角来分析，这种非对称性表现为财政收益权与财政支出责任的不匹配，财政收益权与财政立法权不匹配。基于上述的情形，有学者认为不应过分追求财权与事权相匹配，应更多强调财力与事权相匹配，后者比较现实和易操作。于是学界出现了"财力与事权相匹配"与"财权与事权相匹配"两种不同的观点。

笔者并不赞成将"财力与事权相匹配"作为解决地方财政困难的进路。第一，强调财力与事权相匹配易忽视地方财政自主权。财权是

① 魏建国：《中央与地方关系法治化研究：财政维度》，第 40 页。

一级政府为了履行公共管理的职能而享有的筹集财政收入的权力，包括征税权、收费权及举债权等；财力是一级政府实际可支配使用的财政资金，由本级财政收入和财政转移支付两部分构成。我们知道，分税制改革通过税种的划分重新配置财权，通过转移支付重新分配财力。"地方自治的程度在很大程度上取决于地方财政的自觉程度"[①]，一旦本级收入占财政收入的比重过低，地方自治程度随之也会降低。第二，"财力与事权相匹配"易导致地方财源不稳定，中央政府可以利用自己"规则制定的垄断者"身份，不断改变中央与地方的财力分配规则，增大了中央与地方博弈的空间。制度上的不确定性和随意性，导致地方政府的财力无法得到稳定的保障。因此，在目前地方主体税种缺位、财权与事权失衡的情况下，增强地方财权是解决地方财政困境的唯一进路。至于财权与事权的匹配程度取决于政治、经济、历史、社会偏好等多方面因素，在"中央统一领导，调动两个积极性"的指导下，结合本国国情，合理划分事权和财权，同时建立财政转移支付等财力平衡机制来充实地方财力，弥补纵向不平衡。

2. 增强地方财权的路径选择

在当前的财政体制框架中，地方税包括地方独享税与地方政府获得的共享税两部分。目前，中国地方政府独享的税种有房产税、城镇土地使用税、土地增值税、车船税、耕地占用税、契税、烟叶税。增值税、个人所得税及企业所得税、城建税、资源税、印花税等属于中央与地方政府的共享税。地方税占地方财政支出的比重在逐年上升，但上升幅度不大，平均仅占27%左右，也就是说，分税制赋予地方的自有税种收入仅能支撑不到三分之一的地方财政支出。"营改增"后作

---

① 郭维真：《以税收立法权为中心的地方治理》，载刘剑文主编：《财税法学前沿问题研究：地方财税法治的改革与发展》第二卷，第141页。

为地方税第一税种的营业税退出历史舞台，无疑对地方税体系及政府间收入分权带来很大的挑战。增强地方财权是当前财税体制改革的重要内容，其实现的路径主要有三方面。一是建立地方税体系。关于地方税体系的建立学界有很多观点和方案，有方案认为应建立地方税主体税种，有方案认为通过构建税群体系来支撑地方税体系，笔者赞同后一种观点，因为在地方税体系中目前难以找到一种税收能力较强的单一税种作为地方税主体税种。一般而言，地方财产税群包括的税种主要有房地产税、资源税、环境保护税、契税、城镇土地使用税、土地增值税、车船税、遗产税与赠与税等。二是改革增值税分享机制，目前中央与地方增值税的分享比例是 75：25，在房地产税近期不可能出台的情况下，提高共享比例无疑具有很强的现实意义。此外，应形成规范的共享税变动机制，如在奥地利、澳大利亚，共享税每四年修订一次。可以考虑在我国也建立周期性的共享税变动机制。三是拓展地方税收立法权空间。2015 年《立法法》修改后，全国人大及其常委会拥有税收专属立法权，规定了国务院被授权的标准和程序。当税收法定的"法"专指全国人大及其常委会制定的法时，地方几乎没有税收立法的空间。然而，地方税具有一定的区域性，如果完全不考虑不同地方的实际需要，实行全国一刀切的做法，可能会造成效率低下的结果。税收法定与地方自主并非水火不容，应该探索二者协调并存的空间，拓展地方税收立法权的空间。正如熊伟所言："最高立法机关统一制定地方税法后，地方不仅可以选择是否在本地区实施，一旦选择实施，法律还可以赋予地方机动空间，让地方在税率税基的确定、税收征收管理方面享有一定灵活性。"①

---

① 熊伟：《税收法定原则与地方财政自主——关于地方税纵向授权立法的断想》，《中国法律评论》2016 年第 1 期。

（四）完善财力平衡机制：财政转移支付法治化

财政转移支付对地方政府提供公共产品会产生"粘蝇纸"效应，对地方政府的财力造成了巨大的冲击，尤其使欠发达地区的财政弱势地位进一步加剧。在事权与财权不匹配、地方财力区域分化的当下，完善作为财力平衡机制的财政转移支付制度尤显重要。

1. 实现实质公平：财政转移支付制度的目标与立法宗旨

我国目前区域发展不均衡，财政转移支付制度的目标应以实质公平理念为指导，贯穿衡平理念，矫正非均衡发展战略造成的区域分化，向西部地区倾斜。至于公共服务均等化的水平，应从国情出发，量力而行，重点提供基本公共服务，诸如能源、交通、环境保护、农业等基础产业以及教育科技、医疗保健、就业培训等公益事业和社会保障事业。为了保证公共服务均等化的效果，在财政转移支付法中应明确某些具体项目的最低标准，确保居民享受到最基本的公共服务。

此外，财政转移支付也应关注效率。经济学界对转移支付与地方财政收入、税负与财政努力度的关系做过一些实证分析，有结论指出："近些年国家对民族扶贫县财政转移支付规模的不断增加，诱导了地方政府降低组织自身财政收入的积极性。这将导致民族扶贫县将越来越依赖于财政转移支付，这也直接损害了转移支付的效率。"[1] 故此，财政转移支付制度如何既能实现实质公平又不损害效率，是财政转移支付立法应当处理适当的问题。具体而言，第一，将财政转移支付法定化。建立规范的转移支付制度，降低转移支付本身的成本。第

---

[1]　唐善永、李丹：《政府间转移支付可能诱导民族扶贫县财政收入负面激励——来自241个民族扶贫县的数据验证》，《现代财经》2014年第3期。

二，提高转移支付资金的使用效率。在明确各级政府的事权和财权的前提下，采用因素法计算标准收支，科学计算转移支付数额的计算方法；在制度执行上，减少央地博弈的空间，提高财政转移支付的实际运行效率；加强对财政转移支付，尤其是专项转移支付的监督和管理。第三，建立激励机制，降低转移支付的负面效应，调动地方政府增加财政收入的积极性。"过度的强制性分配会导致人的独立性减弱而依赖性增强……如果一个社会不能按贡献进行分配，则人对社会的贡献力就会减弱，所以在决策时必须重视强制性分配的限度。"① 因此，财政转移支付法在实质公平的前提下降低转移支付的效率损失，如在计算标准收支确定转移支付数额时应将组织收入的努力程度作为考察因素。近些年我国实行的"以奖代补"制度也具有较好的激励效应。即使在践行衡平理念倾向西部地区的同时，东部地区的科技创新等也应考虑在内。②

2.财政转移支付法定化，合理配置立法权限

从我国目前情况看，财政转移支付的立法权主要由国务院及其有关职能部门所拥有，应改变目前大量授权立法的现象，由最高权力机关制定《财政转移支付法》，规范授权立法行为，协调各相关主体间的财税利益，也使宏观调控权具有法律保障性。在财政转移支付立法过程中，应当理顺立法权在立法机关与行政机关、中央政府与地方政府间的配置。一般性转移支付和专项转移支付在性质与功能方面存在一定的差异，在进行相应立法时应有一定的差异。一般性转移支付主要解决的是纵向和横向的不均衡，专项转移支付主要解决外部性问题，

---

① 李昌麒、应飞虎：《论需要干预的分配关系——基于公平最佳保障的考虑》，《法商研究》2002 年第 3 期。

② 王彩霞：《政府间财政转移支付的法治化路径》，《青岛农业大学学报（社会科学版）》2015 年第 4 期。

具有宏观调控和政策性，相对灵活和变动性大，因此在政府间的转移支付法中，一般性转移支付的具体规则由最高立法机关制定，专项转移支付则做原则性规定，具体制度的规定可以授权国务院。

3. 加强财政转移支付的程序保障

与其他制度不同，法律能够提供程序上的保障。程序不仅是实施实体法的手段，还具有其独立的法律价值。"罗尔斯的正义理论认为公正的法治秩序是正义的基本要求，而法治取决于一定形式的正当过程，正当过程又主要通过程序来体现。"[①] 在转移支付法律制度中，法律程序是实现该制度目标的重要保障。"在强制性分配的问题上，法律并没有能力界定这一限度，这主要是经济学家的职责，但法律对这一限度的调整却有两方面的功能：一是设定各种有效程序使经济学家所确定的限度合理并予以确认，二是分配方案具体的实施有赖于法律规范。"[②] 这段话揭示出法律的有所为与有所不为，在转移支付立法中，应加强以下方面的程序规定。第一，完善公开原则，增强透明度。中央政府对地方政府的拨款要公开，要公布转移支付的计算公式和方法。专项转移支付比较灵活和不固定，因此对于专项拨款要详细公布专项拨款的项目和金额，增强透明度；相应地，地方政府应定期公布资金使用情况，以便接受监督。第二，规范转移支付，尤其是专项转移支付的决定程序。对于均等化的一般转移支付，要完善标准收支计算公式；对于专项拨款也要采用统一的规范化的公式，要逐步采用"因素法"，这些公式化计算方法均要纳入法律程序。第三，改革转移支付资金的预算程序。作为地方政府财政收入的重要组成部分，地方政府

[①]　季卫东：《法律程序的意义——对中国法制建设的另一种思考》，《中国社会科学》1993年第 1 期。

[②]　李昌麒、应飞虎：《论需要干预的分配关系——基于公平最佳保障的考虑》，《法商研究》2002 年第 3 期。

接受的转移支付资金应严格按照预算法的规定全部编入预算，与其他收入一样经过人大的审批和监督。第四，建立切实可行的监督机制，综合发挥权力机关的监督、审计监督、社会监督、司法监督等监督体系的作用，做到事前、事中、事后监督相结合。"中央政府掌握地方财政及时而完备的信息并公之于众是非常应该的，在政府间财政关系领域，量大质优的信息并不是什么奢侈品，它是一个运作良好的制度的基本组成部分。"[1]

（五）央地争端解决机制的法治化

财税体制内部关系中，中央与地方政府间的关系是非常重要的一个维度，如何处理央地之间的财政关系，理论界有很多观点，实践中也遇到很多问题；实现中央和地方关系的法治化，获得了越来越广泛的社会共识。新中国成立后，中央与地方的财政关系经历过数次重大调整，经常处于放权与收权的恶性循环中。中央与地方财政关系的调整长期游离于法治轨道之外，非正式制度成为调整的主旋律，难脱人治色彩。由于在中央和地方之间并没有建立起一种运行良好的关系调整机制，实践中中央和地方之间难免不会产生矛盾和摩擦，如在财政集权过程中，地方政府会提出不同的理由和要求或明或暗地违背中央的决策，中央对地方扩大财政自主权的抵制等，甚至形成了某种悖论：一方面，中央对地方的约束力减弱，宏观调控政策在地方上难以贯彻甚至被阳奉阴违；另一方面，中央对一些属于地方经济发展的事务控制和干预过多，如地方政府为争取项目和资金"跑部钱进"。[2]

---

①　〔加拿大〕理查德·M.伯德、〔加拿大〕麦克尔·斯马特：《政府间财政转移支付对发展中国家的启示》，黄相怀编译，《经济社会体制比较》2005年第5期。

②　车海刚：《探索构建适合国情的央地争端解决机制——实现中央和地方关系法治化的一个思路》，《中国发展观察》2014年第1期。

中央与地方关系的调节机制包含如下几个方面：地方利益的表达机制、中央与地方利益的平衡机制、中央对地方的监督与控制机制、中央与地方争端或纠纷的解决机制。[①]其中，央地争端或纠纷解决机制的发展比较滞后，规范、制度化的争端解决机制尚付阙如。笔者认为，央地争端解决机制法治化的途径主要有以下几种。第一，调解机制。有学者建议在中央政府层面设立一个专司协调处理央地之间争议和纠纷的机构，笔者对此心存顾虑，即如何保证机构的独立型和中立性？中央与地方的争端，由设在中央政府的机构来调解，中央既是当事人又是调解人，公正性无法保证。据此，笔者认为在全国人大单独设立"中央地方纠纷处理委员会"是比较可取的方案，当政府间出现行政纠纷时，可由全国人大"中央地方纠纷处理委员会"作为第三方进行调查和仲裁，是一个具有准司法权的机构。第二，协商法制化。协商模式的理论基础是"协商民主"，协商民主一般有三种解释，分别是作为决策形式的协商民主、作为治理形式的协商民主和作为社团或政府形式的协商民主。[②]这里的协商模式大多指向公共协商，体现了民主参与性。公民通过代议制选举产生代表，代表人民做出公共决策。中央与地方政府之间的决策也应遵守协商民主制，进行"公开、理性，以及平等的讨论和对话"[③]。中央与地方的关系是双向的，而不是单向的。中央与地方的利益虽然有冲突，但整体上不是根本性的矛盾，二者之间具有协商的空间。双方可就各自的利益在适当的范围内真正达成一致，寻求一个均衡点，实现合作基础上的"非零和博弈"。协商法制化不同于以往的非制度化的协商，是指在央地纠纷发生后通过协商解决，并将协商的场所、程序以及具体规则法定化。第三，司法途径。多数成

[①]　车海刚：《探索构建适合国情的央地争端解决机制——实现中央和地方关系法治化的一个思路》，《中国发展观察》2014 年第 1 期。

[②]　郑毅：《浅议中央与地方纠纷之协商解决模式》，《政法学刊》2010 年第 2 期。

[③]　郑毅：《浅议中央与地方纠纷之协商解决模式》，《政法学刊》2010 年第 2 期。

熟的法治国家都将央地争端的解决纳入合宪审查和宪法诉讼调整的范畴，通过司法途径解决央地争端是域外的普遍做法。从近期看，由于我国宪法监督机制的薄弱，宪法司法化尚未实现，使得通过诉讼的方式解决央地纠纷还不现实，但司法是央地争端解决机制的终极手段，我们可以将其作为一个长远目标来看待。争端解决机制的法治化，为中央与地方尤其是地方政府提供了确定、多元的救济途径，也对建立和谐的央地关系、维护国家稳定具有重要意义。

二、预算管理法治化

（一）预算管理法治化的基础：全口径预算

1."全口径预算"概念的提出及其内涵

在我国一直存在这样一种现象，政府收支与预算收支或财政收支是不一致的，由此也带来统计口径的差异和混乱。造成这种"乱象"的主要原因在于我国存在大量的预算外收入，甚至制度外收入，体量庞大，自收自支的非正规收费的数量一度甚至超过税收的数量，脱离权力机关的审查和监督。在这种背景下，2003 年 10 月党的十六届三中全会通过的《中共中央关于完善社会主义市场经济体制若干问题的决定》提出了"实行全口径预算管理"的改革目标。此后，国务院在《关于 2005 年深化经济体制改革的意见》中做了进一步明确。2014 年《预算法》修订案通过，明确规定我国的预算是一个包括"一般公共预算、政府性基金预算、国有资本经营预算、社会保险基金预算"的复式预算体系，向预算编制的统一性和完整性迈出了实质性一步。西方国家并没有全口径预算这个概念，西方古典财政理论中预算全面性原则是全口径预算的理论基础。全面性原则要求政府能够掌控的所有收入、支出、债务以及财政余额（赤字或盈余）都应当在年度预算报告中披露，目的是将政府预算塑造成民主社会中公民控制政府的"安全阀"。[①] 学界，包括国际组织，对全口径预算的界定角度不同，表述不一，但并不存在根本性的差异。如有学者认为，全口径预算就是要对全部政府性收支，实行统一、完整、全面、规范的预算管理，即：凡是凭借政府行政权力获得的收入与为行使行政职能所管理的一切支出，都应纳入政府预算管理，从而实现预算作为行政层面内部控制与立法层面外部控制的管理工具。[②] 经济合作与发展组织（OECD）认为，预算报告是政府的关键政策文件，为反映政府预算的全面性，它必须包含所有政府收入和支出，以便对不同的政策选择进行评估。可见，我国的全口径预算与 OECD 的理念基本相同，体现了预算约束政府的收支行为的制度特征。华国庆从揭示实质的角度，认为"全口径预算是将政府财政收支全部纳入预算统一管理，以实现立法机关对政府财政收支行为的有效控制，从而最终保障公共资金的筹集和使用，最大限度地符合人民群众的根本利益"[③]。实行全口径预算，是我国预算管理制度改革以及预算法修改的一项重要内容。全口径预算是预算法治化的基础，预算法治化是全口径预算的最好解读。一方面，从源头上讲，政府的所有收支都应具备合法性，遵循财政法定原则；另一方面，政府的所有收支均应编入预算，接受立法机关的监督和审查。遵循预算法定原则，控制政府的财政收入和支出，最终目的在于实现公共财政真正"取之于民、用之于民"。

2. 形式与实质的交错："全口径预算"的困境

《预算法》第四条规定："政府的全部收入和支出都应当纳入预

---

① 王雍君：《"全口径预算"改革探讨》，《中国财政》2013 年第 6 期。

② 李冬妍：《打造公共财政框架下全口径预算管理体系》，《财政研究》2010 年第 3 期。

③ 华国庆：《全口径预算：政府财政收支行为的立法控制》，《法学论坛》2014 年第 3 期。

算"，由此，从形式上政府的所有收支行为都被"关在预算的笼子里"。然而，就现实层面而言，"四本预算"是否涵盖了所有政府的收支？对"四本预算"适用的预算管理标准和管理规则是否一致？总体来讲，我国政府财政收支尚未完全纳入预算统一管理，也就是说，"四本预算"并未涵盖所有政府的收支。相对比而言，一般公共预算是最符合预算全面性的要求，全部收支编制预算并接受权力机关的审查和批准，是规范性程度最高的政府预算，但也存在一定的漏洞。地方债作为地方政府的收入，其收支活动当然应纳入预算中进行规范。然而，根据预算法的规定，省级政府举借的债务，列入本级预算调整方案，并报本级人民代表大会常务委员会批准。可见，地方债与地方政府的其他收入在预算的编制和审批方面是区别对待的。"公债是递延的税收"，地方债是对未来税款的透支，"举债权意味着授权于利维坦政府，使它能够从无期限的未来满足自己的征税欲望，直到这个利维坦政府不再运行。因此人们可以期待，举债权会受到特别严厉的限制"[①]。其他地方政府财政收入预算都要经过本级地方人大的审查和批准，而地方政府债务预算仅得到本级地方人大常委会的审批，无法得到本级人大的监督，这在逻辑上讲不通，也降低了地方政府债务预算的法律效力和执行力。其他三种预算的收支行为接受权力机关的监督程度相对较弱，并且三部预算均不可能在政府层面做到统筹安排，支出方向特定或专款专用。这就造成形式上是"全口径预算"，实质上离真正的全口径预算管理尚有一段距离的"形式与实质的交错"。

（二）预算管理法治化的必然要求：预算公开

2014 年修订的《预算法》首次将"预算公开"规定在法律中，实

---

① 〔澳〕杰佛瑞·布伦南、〔美〕詹姆斯·M. 布坎南：《宪政经济学》，冯克利等译，第127 页。

现了"预算公开"法律层面从无到有的突破，造就了《预算法》中的亮点。《预算法》明确了预算公开的主体、内容和时限，要求对财政转移支付、政府债务、机关运行经费等随意性较大或社会高度关注的事项公开作出说明，并规定了违反预算公开的法律责任。直接或间接规定预算公开的法条达到七条（分别是第 1、14、44、45、46、78、92条）。预算公开是财政民主制的最主要的原则，体现了控权与制衡的理念。在向"有限政府""责任政府"转型的过程中，预算公开改革是将"看不见的政府"改变为"透明的政府"。关于预算公开的内涵，我国台湾地区学者认为："预算公开原则之内涵，至少包括以下三件事：其一，预算案、法定预算及预算执行之结果应该有规律的、以易解的方式对外公开，使国民易于了解此种资讯。其二，预算审议除国家安全上之理由，而应守秘密之部分外，应该完全公开，使编制机关与审议机关同受国民之监督。其三，对于预算之批评应该完全自由，并且不得因此蒙受任何不利益。"[1] 由此可见，预算公开不仅仅是指预算结果的公开，而且是一系列具体制度的集合，包括预算公开的原则、实体规则、程序规则和监督规则。唯有如此，具有宣示性的"预算公开"才能变成活生生的法律。

预算公开的原则。《预算法》对预算公开应遵循的原则没有规定，而《政府信息公开条例》第五条所规定的"公正、公平、便民的原则"被视为预算公开可参照的原则。笔者认为，除了以上三个原则外，针对预算本身的特点和我国的国情，还应加上"公开""完整"两项。"公开"可视作预算公开的一种途径，是"预算公开"的核心原则。"完整"原则是对预算公开范围的原则要求，也是对全口径预算管理的回应。[2] 综上所述，预算公开的基本原则包括公平、公正、公开、完整

---

① 蔡茂寅：《预算法之原理》，台北元照出版公司 2008 年版，第 44 页。

② 王雍君认为全口径预算应该包含六个基本维度：一是在明确政府—市场界限的基础上，确定哪些收支属于应该纳入预算管理的范围，将该范围内的收支全面纳入预算管理；二是（转下页）

以及便民五个方面。

预算公开的实体规则。预算公开的实体规则主要指预算公开所涉各方的权利和义务规则。包括预算公开义务主体的义务和公民的权利，达到以权利制约权力的目的。在《预算法》中，实体性的权义规则并不多见，大多是程序性规则。对于公民预算权的内容，有学者认为应"依预算权利的表现形态增加公民知情权、表达权、决策权、监督权和听证权条款"[①]，也有学者在此基础上又增加了三种，即公共产品的请求权和选择权、要求程序主持者中立的权利、诉讼权。[②] 这些权利需要在《预算法》实施条例中得到具体规定，避免权利的泛化而无法践行。

预算公开的程序规则。从现有的规定看，程序性规则虽多，但多强调政府公开预算的程序，而公民对预算的反馈、质询、评价等方面的规定则匮乏少见，公民参与式预算的广度和深度仍不足，依旧遗留有预算管理的传统思维。社会公众预算参与权和社会组织预算参与权均需法定化，例如，在预算编制阶段，应完善预算听证机制；在预算审议阶段，应构建预算旁听制度；在预算执行阶段，应重点监督预算调整行为，构建一个针对预算调整行为的合理监控程序。

预算公开的监督规则。"唯有不断规范预算监督主体的权力、打造法治问责政府以及推动预算公开救济机制的不断发展，才能对现行预算制度体系和程序提出批评，促使政府在宏观公共领域提供更好的公共产品与服务。"[③] 预算公开的监督规则包括监督机构的预算监督和预算

（接上页）信息披露的类别与程度，按照国际惯例除了财务信息外，还应该包含政府职能、政策与财政目标、资产、负债等信息；三是预算报告的形式及报告内容的全面性；四是计量口径和时间范围的全面性，应该尽量涵盖当前年度之前和之后两年的数据；五是预算程序的完整性，包含预算准备、审查与批准、执行与控制、评估与审计；六是预算流程的完整性，并且重点在支出。

① 蒋洪、温娇秀：《预算法修订：权力与职责的划分》，《上海财经大学学报》2010 年第 1 期。

② 黎江虹：《预算公开的实体法进路》，《法商研究》2015 年第 1 期。

③ 〔美〕萨尔瓦托雷·斯基亚沃－坎波、〔美〕丹尼尔·托马西：《公共支出管理》，张通译，中国财政经济出版社 2001 年版，第 8 页。

公开的救济制度，前者主要指人大对预算的监督以及审计机构对预算的审计监督。后者即预算公开救济制度的建立和完善是对公民预算权的法律保障，需要进一步完善违反预算公开原则的法律责任，细化问责的具体操作规范。2014 年修订的《预算法》专章规定了法律责任，但救济主体及救济程序等未明确规定。学界普遍认为，公民主体除可以提起行政复议、行政诉讼，完善纳税者公益诉讼，从而保障预算公开的合法性与合理性。

（三）预算权的配置：在立法机关和行政机关之间

纵观西方现代财政发展史，预算权的配置在立法机构与行政部门之间摇摆不定，体现了多重利益的博弈与对抗。伴随着 19 世纪代议制民主的确立，立法机构在政府预算事务中获得了主导性地位和权力，通过控制政府的"钱袋子"来制衡政府的权力。20 世纪，政府的规模扩大，职能多样化，政府在预算中的影响越来越大，立法机关的预算权力受到挑战，历史步入了行政预算主导的时期。近年来，预算权回归立法机关的趋势明显，与行政部门共同发挥作用，预算权内部结构逐步得到优化。政府拥有预算编制权与执行权，立法机关拥有预算审批权与监督权等，立法机关加强了对行政部门的控制。我国预算权的演进轨道与西方并不一致，我国并没有经历过立法权主导的时期，我国立法权一直处于虚化的地位，行政机关是权力谱系中较为强势的一方。在预算权内部结构配置不均衡的情形下，我国预算法治化的关键在于优化预算权在立法机关和行政部门的配置，衡平权力配置的不均衡。

影响预算权在行政与立法之间配置的因素有很多，诸如宪法对行政部门与立法部门的权力配置、政体、预算结构、立法机构内部结构及其他因素。①这些因素也或多或少综合影响着当前我国预算权的配置。如预算编制权，目前预算编制权配置"碎片化"现象严重，政府基金预算、社会保障基金预算和国有资本经营预算的编制中起主导作用的并不是财政部门，预算编制中部门预算"自下而上"的特征固化了部门利益，难以实现政府资金的结构调整和统筹使用。此外，财政部门对预算支出总额的实际控制能力也过低，主要表现在大量专款专用性质的专项收入、专项转移支付、政府性基金、同财政收支增幅或生产总值挂钩的重点支出等。立法机关的审批权和监督权流于形式，立法机关内部结构包括人员专业化水平、审批时间、要么否定要么赞成的僵化表决机制等都是立法机关空心化的原因。预算权分配的理想格局应是立法机关的预算权与行政机关的预算权相互制衡、公民的预算权利与预算权的制约均衡，发展参与式预算。在现行立法机关与行政机关的二元结构之外引入社会主体——普通纳税人，形成立法—行政—社会的基本格局，这也是预算公开的基本要求。社会一元的加入，可以发挥社会公众监督预算的积极作用，同时，还可以监督立法机关的预算监督，促使立法机关增强职能，控制政府的预算权力，终极目标是维护公民的私人财产权，实现国家治理现代化。

三、财政监督法治化

"权力导致腐败，绝对权力导致绝对的腐败"②，阿克顿勋爵的这句被无数次引用的至理名言表达的意思是，不受监督和制衡的权力必然会被滥用，走向腐败，损害国民利益。财税权事关私人财产权，如

---

① 高培勇主编：《世界主要国家财税体制：比较与借鉴》，第133—134页。

② 〔英〕阿克顿：《自由与权力——阿克顿勋爵论说文集》，侯健、范亚峰译，第342页。

果缺乏有效监督与制衡，势必会加剧公共产品交换中权利与义务的不平等，进而与财税治理与改革的终极目的相背离。美国税史学者查尔斯·亚当斯认为："税收是人民的一股强大的动力，超过了政府，无论我们是否承认或者是否认识到。"① 监督的实质是权力制衡，从民主和宪政的角度看，监督无疑是制约财政权的重要武器。

财政监督是一个含义非常宽泛的概念，学界对其理解也各不相同。有从广义和狭义的角度对其进行划分，有从财政监督主体的不同进行划分，有从财政监督的本原出发，认为财政监督属于法律监督，继而又从主体的不同进行划分。可见，财政监督的概念比较混乱，对财政监督定位不准直接导致了实践中财政监督主体并存、重复监督、执法主体不明确、责任不清等问题。实际上，在这里，对财政监督的理解更准确的表达是"监督财政"，指具有财政监督权的主体依法对国家的财政收支行为的合法性进行检查和监督。从监督主体角度诠释财政监督的外延是比较通行的做法，本章也延续这种划分的方法，将财政监督分为立法监督、行政监督、司法监督和社会监督。下文主要从监督主体的角度论述人大的财政监督法律制度以及审计监督法律制度。

（一）人大的财政监督

1. 人大财政监督权的宪法依据

从各国的宪法和政治实践看，议会通常拥有以下几项职权：立法权、财政权、监督权。财政权是议会最原始的职权，包括财政决定权和对政府财政的监督权。监督权是指对政府的监督权。由此可见，人大的财政监督权兼具财政权和监督权的双重权力属性，主要通过对预算的审查和批准实现，从这个角度讲，人大的财政监督主要指预算监督。

---

① 〔美〕查尔斯·亚当斯：《善与恶——税收在文明进程中的影响》，翟继光译，序论第 8 页。

　　我国与西方国家具有不同的宪政体制。我国的根本政治制度是人民代表大会制度，《宪法》第二条明确规定，人民行使国家权力的机关是全国人民代表大会和地方各级人民代表大会。第三条规定，"全国人民代表大会和地方各级人民代表大会都由民主选举产生，对人民负责，受人民监督。国家行政机关、审判机关、检察机关都由人民代表大会产生，对它负责，受它监督。"人大是权力机关，具有至高无上的地位，其他机关都要受其监督。根据宪法的规定，全国人大及其常委会的职权可以概括为四大类，即立法权、重大事项决定权、任免权和监督权。事实上，这四种职权的界限并不是完全分明，如审查和批准国家预算的权力既可以归属于重大事项决定权，又可以划归监督权。但是，不论从决定权的角度还是监督权的角度，人大的财政监督权在宪法中均具有充分的法律依据。

　　从人大及其常委会的架构看，目前我国人大监督预算的体系包括全国人大及其常委会，地方各级人大及其常委会，以及下设的财经委员会，财经委员会下设预算工作委员会。由于现有的法律法规没有对地方是否设立预算工作委员会做出明确要求，各地方做法不一，有的地方人大常委会设立了此机构，有的地方则没有设立。此外，县以上各级人大及其常委会可根据代表的提议请求，为查清某项预算问题，按法定程序可以成立特定问题调查委员会，任务完成即告终止，因此具有临时性。

　　党的十八届三中全会的《决定》明确提出，"健全'一府两院'由人大产生、对人大负责、受人大监督制度。健全人大讨论、决定重大事项制度，各级政府重大决策出台前向本级人大报告。加强人大预算决算审查监督"。加强人大的财政监督，意味着从官僚主导转向民意代表主导，也是对财政权配置的衡平和优化。完善人大财政监督制度的基础在于合理配置人大与政府的财政权力并相互制衡，按照民主立宪的原则规范人大财政监督的职能、程序与运作机制，真正发挥人大财政监督的职能。

2. 人大财政监督制度的运行现状与完善路径

近年来，人大的财政监督虽然在不断加强，但是仍然非常薄弱。有学者通过对一些省会城市进行调查，发现地方党政首长是预算资源的实际控制者与最终配置者[①]，说明我国财政权在立法机关与行政机关配置上的失衡，行政主导的传统理念根深蒂固，人大对行政权的监督形式意义大于实质意义。2014 年《预算法》修订后，人大财政监督权得到加强，相关的财政监督法律制度亦得到优化。首先，全口径预算使人大财政监督的范围进一步扩大；其次，人大审核预算的重点发生变化，由平衡状态、赤字规模向支出预算和政策拓展；最后，收入预算从约束性向预期性转变。《预算法》规定了跨年度预算平衡制度，借以解决预算执行中的超收或短收问题，避免收"过头税"等行为。尽管如此，在制度和实践层面仍存在一些问题。

其一，没有一部专门的财政监督立法，对财政监督的规定散布于不同的法律中，并且内容不完整。我国《宪法》并没有具体规定财政监督，相关财政监督的法律规范散布于《预算法》《会计法》《审计法》等法律和其他法律规范中，体系不完整。一些国家的《宪法》中即对财政监督做了基本的规定，如德国的《联邦基本法》，我国可以考虑制定一部《财政监督法》，明确规定财政监督的机构、权限以及监督的程序等内容。

其二，人大财政监督权的内容不完整。目前，我国人大对于预算的权力只有两项：审查和批准，甚至没有规定否定权，使人大预算监督权流于形式。人大对预算是否享有修正权在各国有不同做法，绝大

[①]　於莉：《省会城市预算过程中党政首长的作用与影响——基于三个省会城市的研究》，《公共管理学报》2007 年第 1 期。

多数国家议会享有修正权，但附加一定条件，比如，美国议会可以修改政府预算的总数和构成，这种做法值得我国借鉴。

其三，在预算监督机构方面，由于人力匮乏，很难优质完成预算初审的繁重任务。如前文所述，预算初审的工作主要由人大下设的财经委员会及预算工作委员会负责，而且预算工作委员会由各地方选择性设立，人力不足必定会影响预算审查的质量。故此，只有健全人大的工作机构，增加人员数量，提高人员专业素养和业务能力，才能真正地为人民管好钱袋子。

其四，预算执行过程中政府的预算调整空间过大，应适度加强人大对预算调整的监督。所谓预算调整，是指对预算收支的数额、用途、时间的变化等做出与正式预算不一致的变更。大多数国家对预算调整规定都很严格，需要经过立法机关的审批。当然，政府应当享有一定范围的预算调整权，超过范围的应经过立法机关的审批。如在加拿大，未经过国会的同意不能在不同拨款项目之间改变资金的用途，但在同一拨款项目内可以重新分配资金。在法国，没有国会的授权不容许在拨款项目之间转移资金，但有两种情况例外。在美国，部门未经拨款委员会的批准也不予许在不同账户或事项间挪用款项。我国《预算法》第 67 条规定了应当进行预算调整的情形，这是新预算法的一大进步，但也存在一些疑问。《预算法》中所列举的预算调整的情形并未涵盖所有预算调整的情形，如很多国家都规定的在不同拨款项目之间转移资金、改变用途的，如果预算总支出并没有改变，是否需要经过人大的审批？根据《预算法》第 72 条的规定，这种情况要按照国务院财政部门的规定办理，即报经本级财政部门批准即可。显然，这种情况在我国不属于预算调整的情形。由此可见，我国政府的预算调整权普遍大于其他国家，使预算的约束力大打折扣。

（二）审计监督

对预算执行、决算进行审计监督是各国普遍做法。审计机关的独立性程度是检验财政监督法治化的一个标志，保障审计机关的独立性成为构建预算审计监督的核心内容。世界范围内，现有的审计模式主要包括立法型、行政型、司法型和独立型四种。立法型国家审计机构要向议会负责和报告，为议会监督提供需要的信息和依据，拥有终极权力的仍是立法机构。这种模式的审计机构独立性强，世界上大部分国家都采用这种模式。行政型国家审计机构隶属于行政机关，其最大的弊端是独立性较差。我国的审计模式属于行政型，审计机关隶属于国务院。《宪法》第91条规定："国务院设立审计机关，对国务院各部门和地方各级政府的财政收支，对国家的财政金融机构和企业事业组织的财务收支，进行审计监督。"《审计法》第11条规定，审计机关履行职责所必需的经费，应当列入财政预算，由本级人民政府予以保证。可见，审计机关在经费上、人事上受制于本级政府，与行政机关具有隶属关系，难以独立地行使审计监督职能。基于此，构建隶属于人大的立法型审计机关可以避免行政型审计模式的弊端，不仅是大多数国家的做法，也是未来发展的方向。

（三）人大财政监督与审计监督的对接

如前文所述，我国的审计机关隶属于行政机关，并且接受本级政府和上一级审计机关的双重领导，对本级政府和上一级审计机关负责。由于并不直接对立法机关负责，无法确保审计机关主动为人大及其常委会在审查批准预算、监督预算执行、评议监督干部等工作过程中及时地提供有关具体资料，从而影响人大及其常委会监督权行使的质量。

因此实现人大财政监督与审计监督的对接是解决问题的关键。现有的能够体现人大财政监督与审计监督相关联的法条是《预算法》和《审计法》。《预算法》第77条规定，国务院和县级以上地方政府财政部门编制本级决算草案，经本级政府审计部门审计后，报本级政府审定，由本级政府提请本级人大常委会审查和批准。《审计法》第4条规定，国务院和县级以上地方人民政府应当每年向本级人民代表大会常务委员会提出审计机关对预算执行和其他财政收支的审计工作报告。国务院和县级以上地方人民政府应当将审计工作报告中指出的问题的纠正情况和处理结果向本级人民代表大会常务委员会报告。上述的法律条文为人大财政监督与审计监督的对接提供了最基本的法律保障，但是对接保障机制仍不健全。比如，政府应何时向本级人大常委会提交审计工作报告？在政府未提交审计工作报告的情况下，人大常委会是否有权要求政府提交？诸如此类的问题应当做出具体的法律规定，建立对接的长效机制。首先，完善审计工作报告制度。规定政府提交审计工作报告的时间，以及人大常委会有权要求政府提交的权力。扩大提交报告的种类和内容。除按审计法的规定向人大及常委会报告预算执行审计工作报告和审计发现问题整改落实情况的报告外，还要建立经济责任审计和重大项目审计结果的报告制度等，弥补人大信息不对称的现实。二是建立预算编制审计制度。由审计部门提前介入预算草案的编制，或者规定财政部门编制的预算草案在提请人大常委会审议前，必须经过审计部门审计。三是增强审计透明度。公开审计机关开展的预算编制审计、预算执行审计、效益审计、经济责任审计等的审计结果，从而把审计监督与人大监督、社会监督有机结合，增强审计监督的实效。[1]

---

[1] 孙晋同、李振芹：《浅谈审计监督与人大监督如何有效对接》，http://www.audit.gov.cn/n6/n41/c19089/content.html，访问时间：2018年3月12日。

第八章　我国财税体制改革的法治构造

　　财政是国家治理现代化的突破口和抓手，正如季卫东所说："现阶段的中国，政治改革虽然千头万绪，但出发点和落脚点还是不妨归结为'理财'二字。"① 制度革新的过程必定是逐渐从政治话语走向法律逻辑的过程。财税体制改革的法治化要求构建和完善科学的财政法律体系，这是一个系统性的工程，而不是"头痛医头、脚痛医脚"的零敲碎打。财产权传统观点仅关注到私人财产权的限制及其正当性，即国家通过征收获得财产的正当性，但对征收的财产的使用和处分缺乏关注。因此有必要改变财税法宏观调控法的定位，建构公共财产法的宏大视野。本章即站在公共财产法的视角，探讨财税体制改革的法治构造。财税体制改革涉及利益众多，盘根交错，因此，财税体制改革的法治构造，既要有顶层制度设计的高屋建瓴，也要有具体制度设计的脚踏实地。

一、财税体制改革法治构造：一个公共财产的视野

　　传统的财税法学的严重缺陷在于缺乏一个在逻辑上一以贯之的理

---

　　①　季卫东：《宪政新论——全球化时代的法与社会变迁》，第 583 页。

论基础，形不成完整的理论体系。这样就容易把财税法学引向一种就事论事的"点子"式研究，或"套用"其他部门法的理论学说的尴尬境地，并因此在较长的时间中难于对实践形成并保持一个稳定的应有的评判。当然，这与财税法在法律体系中的地位以及财税法学科的发展有关。最初，财税法作为行政法的组成部分，人们用行政法的思维调整和规范财政关系，财税机关与企业和公民之间的关系被看作行政管理关系。随着经济法的出现，财税法被视为宏观调控法的重要组成部分，但因为经济法产生之初学界没有普遍承认其独立地位，甚至认为经济法属于经济行政法，所以财税法的地位并没有实质性的改变。随着我国实行社会主义市场经济，市场在资源配置中起基础作用，国家职能发生了根本性的改变，经济法作为国家干预经济的基本法律形式在我国法律体系中愈加重要，并成为一独立的法律部门。税收优惠、税率、财政补贴等财政手段成为宏观调控的重要工具，财税法的性质逐渐由原来从属于行政法变为经济法中的宏观调控法，但这并没有否定财税法规范的其他性质，"我国学者认为，国家的财政活动可以区分为行政范畴的财政活动和经济范畴的财政活动。前者主要是关于国家财政管理机关的设置与职权，财政管理活动的原则、程序和制度，以及财政管理机关与社会组织或公民在一般性收支活动中的权利义务等，属于行政法的范畴；后者主要是有关国家调节经济的一些财政政策方面的规定，属于经济法的范畴"[①]。此外，财税法还涉及其他的法律部门，正如刘建文教授所言："中国财税法学是一个涉及众多法律部门的综合法律领域，它是宪法、行政法、民法、刑法、经济法、诉讼法、国际法等法律部门中涉及财税问题的法律规范的综合体，就这一综合体仅仅涉及与财税相关的法律规范来讲，它也是一个相对独立的法律领域，它不隶属于任何现有的部门法，而是一个采用另外一种划分方

---

① 漆多俊：《经济法基础理论》，武汉大学出版社 2000 年版，第 123—126 页。

法、在某种意义上与现有部门法相并列的相对独立的法律领域。"[1] 这可以看作是从外观的角度为财税法定性。从内容取向角度，2009 年，刘剑文教授首次提出了财税法是一种公共财产法，淡化了财税法宏观调控法的属性，强调财产关系的纵向保护。其要旨是规范、控制政府公共财产权，有效保护纳税人权利。

将财税法定性为公共财产法，是对传统意义上的财产法的突破，为财税法的研究带来视野和方法的改变，有助于推进类型化的研究，也为财税法体系的构建提供了理论基础和方法论。公共财产法的提出克服了传统财税法学的缺陷，明确公共财产是财税法的核心范畴，统摄财税法理论体系。一种理论或结论需要对之进行证成和证伪的双向论证。近年来，关于公共财产法的内涵和外延、公共财产权等基本问题，学界进行了深入的研究，使这一颇具数学定理风格的论断得到了进一步的阐释和论证。将财税法定性为公共财产法，为财税法体系的研究提供了新视野和方法，那么，何为公共财产？公共财产法与财税法的结构和体系到底是什么关系？如此问题的解决才能为进一步研究财税法体系提供铺垫。

（一）何为公共财产？

财产与财产权利是有区别的。"财产是有权控制稀少的或者预期会稀少的自然物资，归自己或是给别人使用，如果别人付出代价。可是，财产的权利是政府或其他机构的集体活动，给予个人一种专享的权利，可以不让别人使用那种预期稀少、对于专用会造成冲突的东西。这样，财产不仅是一种权利，而且是权利的冲突，可是财产的权利是

---

① 刘剑文：《走向财税法治——信念与追求》，法律出版社 2009 年版，第 7 页。

管理冲突的集体行动。"① 财产权是社会进化到文明阶段且有了剩余产品的产物。"财产权一经产生就分裂为私有财产权与公有财产权……私有财产权为私益存在，公有财产权为公益而存在，并最终在实现人自身利益的基础上趋于融合。"② 可见，公共财产权的存在并不晚于私人财产权。其实，对公共财产的保护，从人类历史上第一部保存比较完整的成文法典《汉谟拉比法典》，到罗马法及古代印度最重要的法律文献《摩奴法典》，里面都可以找到相应的规定。在我国，宪法及数百个法律规范中都提到公共财产。法律文本中的"公共财产"与"公共财产法"的公共财产的语义是否一致？在我国，公共财产的认定标准比较混乱，以至于国有财产与公共财产、集体财产与公共财产在立法和实践中混淆使用。本章以《宪法》为例来分析公共财产的含义。宪法第 12 条规定："社会主义公共财产神圣不可侵犯"，一部分学者认为这里的"公共财产"主要从公有制角度来规定的，包括国有财产和集体财产；也有学者认为，"公共财产"与"共有财产"并不能等同，"新中国成立以来所制定的历部宪法或宪法性文献中，'公共财产'的核心内涵在于其存在意义和服务功能的公共性，而非物质形态和价值体现上的权属性。在这个意义上，'公共财产'并非'公有财产'的同义词，而是相对于私有财产和公有财产的社会性与公益性的物质财富"③。考察历史，"公共财产"的概念在不同的经济体制下其内涵外延亦会发生相应变化。笔者以为，法律文本中的"公共财产"是经济制度下的基本范畴，不是权利客体意义上的概念。在市场经济条件下，政企分开、两权分立、政资分离，公共财产已经不再对应国有企业和集体企业，国有企业和集体企业并非全部都是公共财产，而只限于服务于

---

① 〔美〕J. R. 康芒斯：《制度经济学》（上），于树生译，商务印书馆 1962 年版，第 357 页。
② 何真、唐清利：《财产权与宪法的演进》，法律出版社 2010 年版，第 70—71 页。
③ 汪庆红：《新中国公共财产的概念历史考察——以宪法为中心》，《理论导刊》2014 年第 10 期。

公共利益的部分，虽然在外延上随着公共财政的推行二者会逐渐重合。法律文本中的"公共财产"主要指的是物质形态的财产，包括资产的总量和结构，属于存量的范畴。比较而言，财税法意义上的"公共财产"主要指通过国家预算来管理的价值形态的财产（如税收、公债收入、非税收入、国有资产收益等），属于增量范畴。法律文本中的"公共财产"与财税法意义上的"公共财产"，既有相同点，又存在差异。相同点在于二者均强调存在意义和服务功能的"公共性"，差异性则主要体现在外延的不同，二者是存量与增量的关系。

　　视角和立场不同，概念的界定也会有所差异。总体而言，对公共财产至少有以下三种不同的理解。第一种，从财产所有权角度，公共财产是指与私人财产相对的其他财产，此为最广义的公共财产，包括国家和公共部门持有的全部财产，可以细化为公有财产（意同国有资产）和增量财产。公有财产可以分为经营性国有财产和非经营性国有财产（此处暂不区分财产和资产的不同），经营性国有财产体现了全民共有的属性，但不同于财政的公共性要求，非经营性国有财产完全服从于社会公益性目的。第二种，从财产的职能属性角度，公有财产专指国有资产中服务于公共利益的财产。第三种，从公共财政角度，公共财产通常指通过国家预算来管理的增量财产。财政学对政府制度的研究在相当程度上是通过对政府收支的考察来实现的，因为政府的收支活动在相当大的程度上反映了政府制度运行的客观过程。当然，财政学也开始关注存量的国有资产的研究，"财政收支中的一部分是为了形成国有资产或者是为了管理好存量的国有资产而发生的，存量的这部分正是财政学所忽略的，事实上，只有不仅仅对收支，而且对存量进行一体化的考虑和统筹把握，才有助于我们更全面地做好财政工作。只有将收入、支出与存量国有资产做一通盘考虑，财政学的视界才算比较完整……也就是我们经常所说的'大财政'和'小财政'之分"①。公共财产法作为公共财政的法学解读，公共财产的视域也应和公共财政相契合。从大财政的角度出发，财税法意义上的公共财产应从最广义的公共财产来理解，不仅调整通过国家预算来管理的增量财产，还应包括存量的公共财产。"存量"与"增量"间紧密相连，互相转化。调整增量公共财产的法律规范主要是财税法，但调整存量国有资产的法律规范不仅关涉到财税法，还包含其他法律部门如经济法、民法、宪法等性质的法律规范，且这部分性质的法律规范占主体。

学界对公共财产的解读不可谓不多，但主要局限在物质形态的公共财产，税收等由私人财产转化而来的财产很难成为财产法研究的对象。将财税法定位于公共财产法，对于完善财产法体系和私人财产权的保护具有重要的意义。

（二）公共财产法的结构与财税法体系之间的逻辑关系

在传统观念中，财产权主要指私人财产权，对私人财产的保护基本上是由民法和宪法财产权保护制度组成。有学者用公式"宪法财产权－国家赋税＝私人财产权"来解释宪法财产权和私人财产权的关系。②这个公式至少说明了一点，即私人财产权从诞生之日起即是一种相对权利，承担着社会义务。国家公共权力的建立是税收产生的社会条件，税赋是国家的经济基础，私人财产权自诞生之日起即要受到征收的限制，是一种相对权利。虽然古典自然法学派将财产权视作一种自然权利，认为在政治社会之前就存在财产权③，但是在政治社会产

---

① 毛程连主编：《国有资产管理学》，复旦大学出版社 2005 年版，第 17 页。

② 王士如、高景芳、郭倩：《宪政视野下的公共权力与公民财产》，法律出版社 2011 年版，第 58 页。

③ 洛克是财产自然权利说的开山鼻祖。他用劳动来论证财产权是一种自然权利，目的在于限制政府权力。一是论证了财产权产生于政治社会建立以前的自然状态，二是论证了劳动创造财产权，不需要经过其他人的同意。洛克认为生命、自由、财产是人的不可转让、不可剥夺的权利，国家的目的就是保护这些权利不受侵犯。

生之前，这种应然的财产权在没有国家的保护下能否转化为实然的权利？即使近代资本主义国家宪法所倡导的"私有财产神圣不可侵犯"，那也"只是一种道德上和哲学上的思想表述，是近代自然法思想的一种话语，未必符合具有严格意义上的法律规范的要求"。① 财产权的传统观点仅关注到私人财产权的限制及其正当性，即国家通过征收获得财产的正当性，但对征收财产的使用和处分缺乏关注。公共财产理论将私人财产转化为政府持有的财产类型化为公共财产，公共财产具备财产的一般属性和运动过程，公共财产法关注财产的权属性、动态性、过程性，其终极价值是对私人财产权的保护，真正实现"取之于民、用之于民"。公共财产的取得、使用和收益、处分与财政收入、财政支出、财政管理相对应，决定了在法律层面公共财产法的结构与财税法的体系之间相对应的逻辑关系。

公共财产的取得与财政收入法。公共财产是由私人财产转化而来的、由国家预算管理的增量财产。从静态意义上讲，公共财产形式上主要包括税收、收费、发行公债、政府性基金、彩票收入、国有资产收益等，在财税法中表现为财政收入。从各国取得收入的方式看，通常将财政收入类型化为三种，分别是税收、非税收入、债务发行。从动态意义上讲，公共财产的取得或财政收入的形成要具备正当性，即由私人财产转化为公共财产或财政收入要正当。"从来没有哪个制度否认过政府的征用权，重要的是征用的法律限制。"② 财政收入法定原则即是对政府征用权的法律限制。财政收入法定最初主要表现为税收法定，为了限制王室的征税权，英国 1215 年《大宪章》确立了"无代表不纳税"的理念，随着近代民主政治的发展，1689 年的《权利法案》中正

---

① 林来梵：《针对国家享有的财产权 —— 从比较法角度的一个考察》，《法商研究》2003 年第 1 期。

② 〔美〕路易斯·亨金等编：《宪政与权利：美国宪法的域外影响》，郑戈等译，生活·读书·新知三联书店 1996 年版，第 155 页。

式写入了"税收法定"原则，开"税收法定"原则入宪之先河，也成为当今世界大部分国家宪法中的内容之一。自 1994 年分税制实施以来，税收收入就一直是我国财政收入的主要来源，我国亦步入"税收国家"[①] 行列。其他类型的收入，如非税收入、公债收入均应相应的法律化，全面实现财政收入法定原则。

公共财产的用益和处分与财政支出法。"政府首先需要通过征税收集钱财，然后明智而负责地引导这些钱的使用。"[②] "钱的使用"即是公共财产的用益和处分过程，主要体现为政府的财政支出活动。公共财产显著的特点是其公共性，这一点不仅表现在其权属性上，更表现在其使用和处分中的公益目的上，即提供公共产品和公共服务。由于公共财产的非营利性，所以公共财产并不以增值为目标，但也有例外，如社会保险基金就有保值增值的目的，作为财政收入的一部分，社会保险基金的筹集、使用和运营管理具有特殊性，所以社会保险基金的法律制度应对社会保险基金的筹集、运营、使用等进行具体的规范。财政学中按照财政支出是否与商品或服务相交换为标准，将财政支出分为购买性支出和转移性支出。"购买性支出是指政府从个人和企业购买原材料和土地、劳动力、资本的生产性服务并由政府直接使用的支出，又称消耗性支出。""转移性支出是指政府在公民之间再分配购买力的支出，表现为资金无偿的、单方面的转移。"[③] 抛开经济分析意义上的差别不谈，二者的不同点主要在于是否等价交换。购买性支出是一种等价交换活动，转移性支出则是无偿的，包括政府间的转移支付和政府对私人的转移支付。国家往往通过财政支出实现对经济的宏观调

---

① 关于税收国家的含义，葛克昌先生认为主要有以下三个方面：第一，以租税收入为国家主要收入来源。第二，在租税国家中，租税目的往往是国家目的，租税国即其目的之主体。第三，由于在租税国中，课税权为国家统治权之固有的、主要的表现形态，国家统治活动往往以此工具为限。课税不但是国家收入之合法形态，也是唯一之合法形态，其他方式则不得利用统治权以行使。

② 〔美〕史蒂芬·霍尔姆斯、〔美〕凯斯·R. 桑斯坦：《权利的成本：为什么自由依赖于税》，毕竞悦译，第 40 页。

③ 钟晓敏主编：《财政学》，第 114—116 页。

控和资源配置，促进公平分配，从而保证国家目的的实现。而现实中财政支出的逐年扩大、政府机构的膨胀、贪污腐败的严重等现象都与政府财政权缺少有限约束有关，约束财政权的有效路径即是所有财政支出均应纳入国家预算，并且建立科学、民主、透明的预算制度来控制财政支出的范围，确保财政支出的有效性。

公共财产的管理和财政监督管理法。财政监督和财政管理是相伴相随的。公共财产不具有营利性，公共财产管理的目标是保障其安全，而不是追求经济效率，要防止公共财产的不当减少。对公共财产的管理和监督涵盖从收到支的全过程，预算管理和国库管理是公共财产管理的主要工具和内容。财政监督系统中预算监督是核心，其他如审计监督、社会监督与之配套而行。这里凸显出预算法在财政监管法中的重要地位，预算已然成为国家财政活动的中心，是制约财政权的重要手段。财政监督通过完善人大对预算编制、审批、执行以及执行结果的全程监督制度[①]，推进财政监管的法定化。

公共财产的权属与财政体制法。无论是单一制国家还是联邦制国家，财政分权是普遍存在的，只是分权程度有所不同。所谓财政分权，是指中央政府与地方政府以及地方政府间税收权力和支出责任范围的划分。私人财产转化为公共财产后，公共财产权如何在多层级的政府机构中分配是财政体制方面的重大议题。"按照公共物品层次性及受益范围，结合不同级次政府的行为目标来确定政府职责和财政支出责任，是建立财政收支划分法律制度的逻辑起点和内在要求。"[②] "有权必有法"，财政体制法将各级政府的财权、事权和支出责任进行清晰明确的界定和合理配置，规范各级政府的财政收支分配关系，其终极目标是要实现分配正义，提高社会公众的民生福祉。

---

① 刘剑文、耿颖：《新形势下人大财政监督职能之构建》，《河南财经政法大学学报》2014年第1期。

② 陈晴：《我国财政收支划分的立法研究》，《现代财经》2007年第7期，第73页。

二、财税体制改革法治构造的基本理念

财政法和税法的关系既是关系到财税法体系的重要议题，也会影响到财税法学科的体系结构。[①] 如前文所述，理论和实践中二者的关系主要表现为两种观点和立法模式。一种是分离模式，认为财政法和税法是并列的关系，主张税法具有相对独立地位。立法实践中，税法和财政法分开立法并归属不同的法律部门也常见。[②] 一种是财税一体化模式，认为应把税法的研究和财政法的研究结合起来，全面规范和监督收税和用税，促使学科平衡发展。孤立的评判任何一种立法模式的优劣均是不可取的，而应将之放到具体的国情中进行历史和现实考量。历史地看，从高度集中的计划经济时期的国家分配财政到市场经济时期的公共财政，税收占财政收入的比重有了很大幅度的增长[③]，税收已经成为财政收入的主要来源，征税权成为现代国家或政府最为重要的权力之一，并且属于政治权力，没有征税权，国家不能提供公共产品，从而失去存在的意义。由此，税法的地位凸显出来，从财政法中脱离出来，成为财政法体系中相对独立的一部分。

长期以来，税法与财政法相提并论，税法学与财政法学构成了财税法学研究的两部分。应该说，财税法学和财税法是不相同但相关的两个概念。为了凸显税法的地位和回应现实中税法在财税法中的重要

---

① 对财政法的理解有广义和狭义之分。广义的财政法是指调整一切财政关系的法律规范的总和，当然包括税法，为了凸显税法的特殊性和重要性，学界往往称之为财税法。狭义的财政法不包括税法。本章的财政法主要指广义的财政法。

② 财政法与税法分开立法并不一定意味着税法与财政法在体系上的分离。

③ 相关年份的统计年鉴数据显示，计划经济时期，由于财政收入中国有企业上缴的利润占很大比重，税收收入较低，大概占到40%—50%，随着"利改税"的实施、全民所有制企业的相对独立及公共财政的推行，税收收入占财政收入的比重大幅度提高。以2005—2014年十年数据为例，税收占财政收入的比重平均为87.57%，税收已然成为财政收入的主要来源，但税收占财政收入的比重并未逐年提高，反而有轻微下降。

作用，将税法学提升到与财政法学并列的高度未尝不可。但在财税法体系中，税法与财政法相提并论则有诸多弊端。首先，逻辑上存在问题。财政法是税法的上位概念，二者是包含与被包含的关系，不可能并列。其次，不利于财税法治的实现。公共财产的提炼使财税法规则更具包容性、系统性和过程性，它从公共财产的权属、取得到管理、处分，从初始状态到结果状态进行全方位关注。而税法仅涉及私人财产权转化为公共财产的"征税"问题，从而忽略了税收的管理和使用，进言之，忽视了财政支出活动，同时也忽视了民众对取之于民的税收的使用情况的监督。有学者也意识到这一点，提出了"一体化税法"的观点，提出税法调整的税关系不仅包括税收关系，也包括税用关系，从而推动了税法理论的深入发展。但这种观点的提出，并不是拉大了税法与财政法的距离，相反恰恰体现出税法与财政法结构上的一致性，税法是财政法的下位概念。此外，税法与财政法的分离，将会忽视对其他财政收入的法律规范和研究，造成对私人财产权的不当侵犯。最后，不利于财税法学科平衡发展。由于过多地重视税法的研究，所以税法学相对成熟一些，而财政法学总体上比较薄弱，两者关系出现了失衡。作为下位概念的税法，其相关理论和研究成果会在财政法领域具有普适性，但二者终究存在差异，加强财政法自身的理论研究和法制建设势在必行。综上所述，将财政法和税法打通研究，相辅相成，既是从实际出发，也符合公共财产法的宗旨，应成为构建财税法体系的基本理念。

三、财税体制改革法治构造的具体设想

部门法体系主要是根据调整对象的不同而进行的划分。公共财产法理论和结构为财税法体系的建构提供了全新的视角，与公共财产的

取得、用益、管理、处分、权属等相对应，财税法部门体系可以划分为财政收入法、财政监督管理法、财政支出法、财政体制法。

（一）财政收入法的具体构造

我国财政收入可以分为两大部分：税收收入和非税收入。由于公债收入与税收和其他非税收入区别较大，属于政府的债务性质，不属于经常性收入，因而通常将公债收入单列出来。因此，财政收入可以分为税收收入、非税收入和公债收入三部分。税收收入是财政收入的主要来源，也是国家提供公共产品和公共服务的经济保障。"只有文明世界才会为了保护财产权而建立政府"[1]，然而税收又是文明的对价，公共选择理论将经济人范式应用到国家现象的分析上，认为国家及其政府的"经济人"独特的利益追求，总有侵犯私人财产权利的天然倾向，因此，国家及政府必须受到契约的约束，征税权必须受到法律的规范和约束。"课税不但是国家收入之合法形态，也是唯一之合法形态，其他方式则不得利用统治权以行使。"[2] 由于课税权是利用统治权而行使的，是一种政治权利，宪法必然要对其加以限制。税收法定入宪将是今后修宪的一个主要内容。

税收方面的法律可以分为三大类：税收基本法[3]、税收实体法、税收程序法。税收基本法作为统领各单行税法的基本法，规定税收制度的基本结构、基本原则和重大制度，协调各税收法律制度，其法律定位应当是税法领域的"母法"。长期以来，我国税收立法过度关注税收

---

[1]　Junnifer Nedelsky, *Private Property and the Limits of American Constitutionalism*, University of Chicago Press, 1990, p. 68.

[2]　葛克昌：《国家学与国家法》，第 142—143 页。

[3]　此处的税收基本法是税收领域基本法地位的概称，而不是具体名称。学界对税收基本法的名称有不同的认识，主要有"税收基本法""税法通则"和"税法总则"，其中"税法总则"逐渐成为共识。

单行法的制定，忽视了税收基本法的制定，造成现今各单行税法单打独斗的局面。税收基本法的制定对于落实税收法定原则、实现从形式正义到实质正义意义重大。税收实体法主要指开征的各个税种的法律。在现行开征的十八种税种中，已经有十二种由全国人大及其常委会制定了法律，其他多个税种也都进入到立法程序。税收程序法指以国家税收活动中所发生的程序关系为调整对象的税法，是规定国家征税权行使程序和纳税人纳税义务履行程序的法律规范的总称。我国的税收程序立法主要是《税收征收管理法》。

非税收入在我国财政收入中占比通常达到 10% 以上，如果把政府性基金收入和国有资本经营预算收入考虑进去，非税收入的比重会更高。基于收入管理的范围进行分类，非税收入主要包括行政事业性收费收入、政府性基金、国有资产收益、彩票收入等。有学者将非税收入法律关系类型化，分为基于行政管理行为的非税收入，如行政事业性收费收入和罚没收入；基于公共财产的非税收入，如国有资产有偿使用收入、国有资本收益、特许经营收入；基于公共事业的非税收入，如政府性基金收入、彩票公益金收入；其他非税收入。[①] 非税收入的来源同税收相同，均由私人财产转化而来，在追问非税收入的正当性时，合法性是考量的一个方面。非税收入的法律规制仍应遵循非税收入法定原则，制定《收费法》《政府性基金法》《彩票法》《国有资产法》。其中对基于行政管理权取得的非税收入，应从实体和程序两个维度进行法律规制，如《收费法》《政府性基金法》；对非基于行政管理权取得的非税收入，应侧重程序方面的法律规制，如《彩票法》《国有资产法》。

与税收相比，公债具有鲜明的自愿性、有偿性和非固定性，属于政府的负债。"用公债弥补财政赤字，实质上是将不属于国家支配的社

---

① 贾小雷：《我国非税收入法律规制与国家财权治理的现代化》，《法学论坛》2017 年第 4 期。

会资金在一定时期内转为国家使用，是社会资金使用权在一定时期内的转移和使用结构的调整。"①通过发行公债来弥补财政赤字是各国通行的做法，但一旦债务规模超出合理空间就会导致政府陷入财政危机甚至破产，影响社会稳定和公共利益，因此，有必要制定《公债法》，对发行债券的主体资格、资金用途、发行规模、债券期限、发行利率、发行方式、发行对象等做出详细的法律规定，尤其在我国某些地区地方债务高涨的情况下，对地方政府的发债权进行全面的规定更是迫在眉睫。

（二）财政监督法的具体构造

财政活动是一个动态的过程，从收到支的每一个环节都离不开管理和监督，"管理"的目标并不是盈利，而是追求安全。预算作为收支计划在财政管理中处于核心地位，预算法和国库管理法构成财政管理法的重要组成部分。有财政必然要有对财政的监督，通过对财政权的制约和平衡实现对私人财产权的保护。目前，我国财政监督方面的法律规范主要体现为预算法、会计法、审计法等，尤其是伴随着我国《预算法》修订的完成及《预算法实施条例》的出台，我国财政监督的法律体系进一步得到了完善。财政监督法方面还应制定专门的《财政监督法》，规定财政监督的主体、监督职能、监督内容和对象、监督机构、监督程序、法律责任等，并辅以会计法、审计法等，将财政监督法定化。

（三）财政支出法的具体构造

公共财政是为市场提供公共产品和公共服务的国家财政，其宗旨

---

① 贾康、余小平、马晓玲：《财政平衡与财政赤字》，《财经科学》2001年第1期。

是满足公共需要。这决定了财政支出的目的也是提供公共产品和公共服务，提高公民的社会福祉，真正实现"取之于民、用之于民"。财政的收支活动都纳入预算管理，因此财政支出的法律约束主要来自于预算法。但对具体项目的支出在预算执行和监督方面预算法无法完成，需要对财政支出的具体类型进行专门立法，主要包括《政府采购法》《政府投资法》《政府拨款法》。财政支出的公共性，必然要求财政支出法遵循财政民主原则，保障社会公众的参与权、知情权，实现程序正义。

（四）财政体制法的具体构造

财政体制法是有关中央政府和地方政府以及地方政府间财权和事权、支出责任划分的法律规范的总称。财政体制法的内容主要涉及三大支柱，分别是财权的划分、事权和支出责任的划分以及财政转移支付。关于财政体制的立法模式和结构各国做法不尽相同，但是财政体制宪定却是很多国家一致的做法。此外，还有国家通过财政法、预算法等法律进行进一步细化。我国宪法中没有关于财权与事权、支出责任的规定，完全空白。目前通过修宪的方式来规范并不可行，因为这对宪法的改动比较大，不太现实。因此，制定一部专门的法律，即《政府间财政关系法》是比较可行的，做到用法律形式界定和规范事权划分，实现事权配置的制度化。在事权清晰划分基础上，以中央对地方转移支付的方式实现事权与支出责任相适应。合理划分各级政府间的财权和事权并予以法定化，是建立财政转移支付制度应当具备的关键条件。《财政转移支付法》是对政府间的财政转移支付行为进行规范的一部法律。在目前我国财权与事权初始分配不对称的财政体制下，财政转移支付对于实现财政平衡、基本公共服务均等化至关重要，财政转移支付的法定化即是将财政转移的形式、条件、程序、使用管理、监督等进行规范，是财政体制法的重要内容。

"征税权是事关毁灭的权力"，征税权属于政治权力，国家权力的取得必须合法化，作为政治权力的征税权更应由宪法做出规定和约束。从法理上讲，先有宪法才有征税权。宪法具有概括性、原则性特点，需要宪法性法律和其他法律对之"规则化"。宪法性法律是对宪法核心内容（即权力和权利）的延伸，涉及税权划分及支出责任划分的相关法律即属于宪法性法律。宪法保护私人财产权，"但是宪法最多也只能宣示一种保护，而具体的保护还要靠具体的法律来贯彻"①。由此，从财税法的效力体系看，应包括宪法中的财税条款、宪法性财税法律、财税法律、行政法规、部门规章、地方性法规、地方规章等。从渊源体系看，除了包括宪法及宪法性法律、法律、行政法规、部门规章、地方性法规和地方规章等正式渊源外，还包括司法解释等非正式渊源。

---

① 江平:《我所能做的是呐喊》，法律出版社 2010 年版，第 137 页。

第三部分　地方税法治体系重构研究

引　言

近年来，"地方高负债""土地财政""基层财政困难""中央点菜、地方买单"等问题极为突出，使 1994 年以来推行的分税制饱受批评，也使地方税体系构建问题倍受各界关注。从现有地方税体系的运行实践来看，依然存在着地方政府税收自主权过小、地方财政收支不均衡、地方主体税种缺失等问题，随着"营改增"全面落地，作为地方税主力的营业税"退出了历史舞台"。在此背景下，地方缺乏主体税种的问题将更加突出，构建与国家治理相吻合的地方税体系的问题变得更加迫在眉睫。

改革开放以来，在经济体制和政治体制改革的推动下，我国财税体制改革经历了计划经济时代的"无税"年代、有计划商品经济体制下的"承包制"以及市场经济体制下的"分税制"，地方税制体系在不同的经济体制下呈现出不同的样态。1994 年开始的分税制改革在开启中央政府和地方政府经济性分权的同时，也不可避免地带来了"行政主导型"改革的制度惯性，财权的上移和事权的下移使得地方税的税种结构、税收规模呈现出各种弊端，与此同时地方政府为履行事权而寻找替代性财源引发了诸多非税收入、土地财政、地方债等问题。正是在此背景下，构建地方税体系以保障地方财力稳定增长的问题重新出现在新一轮财税体制改革的聚光灯下。

当前，在我国新一轮经济体制的推进过程中，地方税体系的重构已然成为深化财税体制改革、建设现代财政制度的核心内容和关键之举。十八届三中全会就深化财税体制改革、推进地方税体系建设作了重要部署,《中共中央全面深化改革若干重大问题的决定》明确提出,要"深化税收制度改革,完善地方税体系,逐步提高直接税比重"。2014 年 6 月 30 日,《深化财税体制改革总体方案》确定了财税体制改革的时间表,制定了路线图,并锁定"增值税、消费税、资源税、环境保护税、房地产税、个人所得税"作为六大重点改革方向。这预示着地方税体系建设的成败是我国整体税制改革的目标能否最终实现的关键。十八届四中全会明确提出了"依法治国"原则,要求中央与地方之间的事权和支出责任应通过法律来明确界分,这反映了我国经济转型发展对税法权威性与稳定性的客观需求。地方税体系的建设也涉及与纳税人切身利益密切相关的财产税等诸多税种的调整,因此坚持税收法定原则,由全国人大等各级国家权力机构通过法定形式来决定地方税的有关税收问题,对平稳有序推进地方税体系建设,切实保障纳税人权益具有重要意义,地方税体系建设理应在法治轨道上运行。而十八届五中全会关于建立"税种科学、结构优化、法律健全、规范公平、征管高效"的税收制度的精神则是对十八大以来中央一系列关于深化财税体制改革的决策部署的精准提炼和全面总结,在完善地方税体系的改革上实现突破和创新也是十八届五中全会所提出的客观要求。与此同时,在与地方税体系建构息息相关的税收程序制度创新方面,我国地方税的征管体制改革正在持续推进。2015 年 12 月 24 日,由中办、国办印发的《深化国税、地税征管体制改革方案》正式向社会公布。方案要求根据深化财税体制改革进程,结合建立健全地方税费收入体系,厘清国税与地税、地税与其他部门的税费征管职责划分,着力解决国税、地税征管职责交叉以及部分税费征管职责不清等问题,该方案所主导的建成与国家治理体系和治理能力现代化相匹配的现代税收征管体制为地方税体系的有序建构提供了有力方向指引和制度支持。

　　由此观之，在新时代重构地方税体系格局，既是在原有分税制体制下重新审视中央和地方财政关系的理性选择，也是全面深化财税体制改革、依法治国方略的必然要求。它的构建和完善有利于理顺不同层级政府之间的财权、事权与支出责任关系，有利于发挥地方经济社会发展的主动性，进而实现保障地方财政收支安全运行和增强地方公共产品有效供给的目的。

　　本部分旨在针对后"营改增"时代我国地方税体系建设所面临的问题，全面分析目前我国地方税体系的制度特点、实践问题，在借鉴OECD等西方国家地方税收制度的基础上，按照国家关于推进财税体制改革的精神，提出进一步完善我国地方税体系建设的相关建议。

第九章　地方税法治体系重构之现实需求

一、地方税体系的内涵及其构成

（一）地方税的内涵界定

要明确地方税体系的构建思路，首先必须研究并明确界定地方税及相关概念的内涵。关于何为地方税，理论界的认识不一，尚未形成统一意见。目前，有关地方税的认识大致分为以下三个方面：一是理论意义上的地方税，主要是站在税种属性的角度来理解地方税，将税基流动小、较为稳定、适合地方征管的税种算作地方税。如根据《财政百科全书》，地方税被视为中央税的对称，凡是税源分散、收入零星，且与地方经济联系紧密的税种均可归为地方税。二是法律意义上的地方税，亦即将地方政府拥有立法权、管理权和调整权的税称为地方税。三是体制意义上的地方税，亦即财政体制调整时收入划给地方的是地方税，收入划给中央的是中央税。[①]这些观点均从不同角度诠释了地方税，颇有"横看成岭侧成峰，远近高低各不同"之感。但如果仅仅是从"现象到现象"，就容易得出一些偏离本源的理解。第一种观点认为凡是由地方直接征收并组成地方可支配收入的税种均应纳入地

---

① 刘尚希：《地方税改革关乎国家治理》，《光明日报》2014 年 9 月 4 日。

方税范畴。从理论上看，这是符合地方税可持续发展规律的，但就目前情况而言，这种界定并不契合我国当前的实际。而按照第二种观点，我国就不存在严格法律意义上的地方税，因为在现行分税制财政体制下，税权高度集中于中央，地方政府税权只限定在地方税和部分共享税的征税权领域，没有独立的税收立法权，因此第二种观点对地方税的界定也有所偏差。第三种观点则站在财政收入的归属角度来解释地方税，认定收入归地方的就是地方税，收入归中央的就是中央税，这种观点虽然契合我国实际情况，将不完全由地方征收、收入也并不完全归属地方的共享税划归地方税范畴，但从长远来考虑，这种观点不利于发挥主体税种对地方政府的积极效应。故此，针对以上观点，笔者建议在进行综合考量的前提下，对地方税进行如下界定：地方税是基于中央与地方财政分权的前提，为保障地方政府履行职能，通过中央统一立法或中央授权地方立法的方式，向纳税人收取并划归地方政府管理的税收。如此界定的优势在于：一是有利于清晰地划分地方的税收收入，使得地方政府对可以预期的未来收入，做到"心中有数"；二是有利于切实调动地方税收征管的积极性，在保持中央和地方收入格局大体稳定的前提下，扩大地方税收入增收的空间，使得地方政府"有米下锅"；三是有利于优化政府间财政关系，实现地方政府事权与支出责任相适应。

（二）地方税的理论逻辑

地方税缘何而来？换言之，地方政府为何需要税收收入来支应财政支出的需要？这个问题背后蕴含着深刻的政治经济学哲理。从国外地方税的发展来看，地方税的形成离不开财政分权的逻辑前提。美国著名经济学家斯蒂格勒、蒂博特、奥茨的研究认为，地方财政在公共产品的供给过程中作用不可小觑，因为与中央政府相比，地方政府能够拥有更多的信息优势，能够近距离地接近当地民众，对所辖地区的居民偏好和公共品需求比较了解，因此可以更好地提供公共服务以满足本地需要。[①] 斯蒂格勒（George Stigler）在其 1957 年发表的《地方政府功能的有理范围》一文中，就对为什么需要地方财政这一基本问题做出了解释。他认为，地方政府存在的必要性主要体现为两个方面：其一，与中央政府相比，地方政府在地缘上跟自己所管辖的民众更为接近，也能更好地了解所辖民众的偏好与需求；其二，不同地区的居民有权利选择自己所需的公共服务的种类和数量，并进行投票表决。蒂博特在《地方政府支出的纯粹理论》一文中也提出了著名的"用脚投票"理论，他主张要加强地方政府在提供公共服务领域的竞争，就必须实现财政权力的下放，只有让地方政府拥有足够的财政权力，居民方可在地区间自由流动，并选择自身认为最能提供满意的公共服务的地区，由此实现公共资源配置效率最优化。[②] 在承接蒂博特的理论思想基础上，奥茨在《财政联邦主义》一书中论证了蒂博特均衡的可能性。他指出，公共产品是多层次、多属性、异质化的物品，从事公共产品供给的公共经济部门也是多中心的。因此，为推动公共产品生产效率的提升，可以在多种不同公共部门及私人部门以及各自内部竞争的组合安排中，选择最高效的制度安排。由此，奥茨得出了地方政府能为当地选民提供最有效的产出质量、满足居民多样化需求的结论。

财政分权理论的合理性即在于此，它所倡导的合理税权划分能更好地从制度和经济上保障地方政府有充足的财力提供合乎公众意愿的本辖区的公共产品和公共服务。一方面，它强调了政府提供公共服务的效率性，因为相比中央政府而言，地方政府更加了解所辖民众的公

---

① 唐云锋：《地方治理创新视角下的地方政府债务危机防范研究》，中国言实出版社 2014 年版，第 17 页。

② C. M. Tiebout, "A Pure Theory of Local Expenditures", *Journal of Political Economy*, vol. 64, no. 5, 1956, pp. 416-424.

共需求和公共效用，因此更能提供合乎公众意愿的公共产品和服务；另一方面，它解决了公共物品的差异性和层次性问题，不同地区的公众有权选择不同种类和数量的公共产品和公共服务，而在此方面，对地方政府不同层级的设置就是实现此种选择的最佳机制。这就要求地方政府积极发挥其在税收领域的自主权，通过建立完善的地方税体系来实现对财政收入的有效控制，根据本地居民对公共产品和公共服务的偏好来进行财政支出，以此来推动地方经济建设，对当地居民负责。就我国而言，在地方经济社会有待发展和地方政府公共服务效能有待提升的背景下，不断加强地方税体系建设，将税权在中央与地方政府间进行合理配置，以使地方政府对其所拥有的税种享有相对独立的税收立法权、税收征管权和税收使用权意义十分重大。

（三）地方税体系的有机构成

就地方税体系本身来分析，它既不是一个简单的税种结构概念，也不是一个简单的税收收入归属概念，而是一个集体制和制度于一体的完整系统。从体制层面分析，地方税体系应当涵盖税收管理权的全部内容，包括地方税收立法权、地方税收收入分配权和地方税征收管辖权。从制度层面分析，地方税体系应当包括优化税种结构、优化收入规模结构以及公平税负的税收制度等内容。由此，我们可以对地方税体系进行一个广义的界定，将其认定为：一国综合经济和社会发展水平、财政收支需求以及税收征管水平等因素，通过合理配置税权、科学设计税制、确定税收征管等构成的互相协调、互相补充的地方层级的税收体系。概言之，地方税体系应当是由地方税收收入、税收制度、税收权限和征收管理等组成的有机整体，它是地方税收入体系、地方税税权体系、地方税制度体系和地方税征管体系的"四系统一"。

其中，地方税收入体系是由划归地方所有的税种形成的收入，和中央与地方共享税中地方按比例分成的收入一起共同构成的归地方政府支配的收入规模，是税收收入归属权的一种体现。地方税税权体系包括税收立法权、征收管理权与收入归属权，在这当中，税收立法权是全部税权的基础与核心范畴，倘若税收立法权能够分配得当，其他税权的配置问题便能迎刃而解。征收管理权则处于中心环节，具体解决由谁来负责征税和管税的问题。税收收益权则侧重于分清哪个主体有权获得哪些税收收益。[①] 地方税制度体系则是指在归属于地方政府所有的各个税种以及税制要素之间所形成的互相协调、相互配合的税收制度体系，包括组成地方税的税种、主体税种的选择以及各税种之间的协调与搭配。地方税征管体系是指地方税征收管理活动各要素之间相互联系和制约所形成的整体系统，包括地方税管理服务、征收监控、税务稽查、机构组织等。

二、我国地方税法治体系运行考察

（一）地方税权的配置分析

1. 当前中国税权配置格局

自 1994 年实行分税制以来，中国税收分权体系在动态调整中逐渐形成了目前的税权配置格局。从立法权限来看，依照《宪法》和《立法法》规定，财政、税收制度为法律保留事项，只有经全国人大或全国人大常委会授权，国务院方可对其中部分事项制定行政法规。由此可见，税收立法权高度集中于中央，行政机关拥有的立法权十分有限。从税收征管权来看，除海关拥有少量特定税收征管权外，绝大部分税

---

① 张守文：《税权的定位与分配》，《法商研究》2000 年第 1 期。

种的税收征管权归属于税务部门。中央政府与地方政府之间实行分税制，国家税务部门和地方税务部门各司其职，负责所属税收事项的征管。从税收收益权来看，现行中国税收体系将各税种的收益权划分为中央政府固定收入、中央与地方共享收入和地方政府固定收入三部分，如表 9.1《中央政府与地方政府税收收入划分》所示：

表 9.1　中央政府与地方政府税收收入划分

中央政府固定收入	关税、海关在进口环节代征的增值税、消费税、车辆购置税
中央与地方共享收入	增值税（不含海关代征的部分）、城市维护建设税、企业所得税、个人所得税、印花税（证券交易印花税归中央，其他印花税归地方）、资源税（海洋石油企业资源税归中央，其他资源税归地方）
地方政府固定收入	房产税、城镇土地使用税、耕地占用税、土地增值税、车船税、契税、烟叶税、环境保护税

注：未纳入共享范围的中央企业包括铁路运输、国家邮政、中国工商银行、中国农业银行、中国银行、中国建设银行、国家开发银行、中国农业发展银行、中国进出口银行以及海洋石油天然气企业。

2. 中国税权配置的主要特点

一是我国税收立法权呈现行政化特征。实践中，我国税收立法权不是集中于全国人民代表大会及其常委会，而是通过授权立法的方式将部分税权赋予国务院。这种由国务院主导的税权划分方式，地方政府既无法预期，也无力阻止。税权纵向配置常常呈现出"收权—放权—收权"的循环态势，迫切需要更加稳定的配置规则来作为支撑。

二是地方税权存在名实不匹配现象。由于地方拥有的税权有限，而事权又不断扩大，巨大的财政支出压力迫使地方政府不得不另辟蹊径。如以财政返还方式减免企业的纳税义务，或通过行政规费、基金等常设的政府收费形式实现"以费代税"，进而弥补收入与支出间的差额，解决财税入不敷出的难题。

三是地方政府部分税权缺位或受限。如表 9.2《现行地方税体系中省级政府的税政管理》所示，这种缺位或受限具体表现为：税收解释权缺位，地方税体系中只有房产税、城镇土地使用税和契税等被授权由省级政府颁布实施细则予以解释；税收减免权受到限制，省级政府只拥有少量减免幅度和期限的决定权。

表 9.2　现行地方税体系中省级政府的税政管理

税种	省级税政管理权			
	税收立法权	税收解释权	税制调整权	税收减免权
房产税	无	有	房产原值减除幅度的调整权、纳税期限的确定权。	纳税人纳税确有困难的，可由省级政府确定，定期减征或者免征房产税。
城镇土地使用税	无	有	本辖区适用税额幅度调整权、纳税期限的确定权、经济落后地区及经济发达地区适用税额标准适当降低和提高的确定权。	纳税人纳税确有困难的，可由省级政府确定，定期减征或者免征城镇土地使用税。
土地增值税	无	无	具体扣除比例的确定权、普通准住宅与其他住宅具体划分界限的调整权、土地增值税预征办法的调整权。	无
车船税	无	无	纳税期限的确定权、扣缴义务人解缴税款和滞纳金的具体期限的确定权、车辆具体适用税额的调整权。	对农村居民拥有并在农村地区使用的摩托车、三轮汽车、低速载货汽车和公共交通车船定期减征或者免征。受地震、洪涝等严重自然灾害影响纳税困难以及受其他特殊原因影响的车船减征或免征。
烟叶税	无	无	无	无
耕地占用税	无	无	本辖区平均税额的调整权	无
契税	无	有	适用税率调整权，其他直接用于办公、医疗、教学、科研及军事设施土地、房屋具体范围的调整权，代征单位的调整权。	土地、房屋被县级以上政府征用、占用后，重新承受土地、房屋权属的情形，减征或免征契税。

（二）地方税税种构成分析

1.央地税种划分情况

1994 年我国对税制进行了全面改革，明确划分了中央税、地方税和中央地方共享税。截至目前，我国实行的全部税种共十八种，划分情况如表 9.3《央地税种划分表》所示。其中地方税分两大类，即财产行为税类（包括房产税、车船税、契税、烟叶税）和资源税类（包括耕地占用税、城镇土地使用税、土地增值税）。

表 9.3　央地税种划分表

税种归属	税种名称
中央税	车辆购置税、关税、消费税、船舶吨税
地方税	房产税、城镇土地使用税、车船税、烟叶税、耕地占用税、契税、土地增值税、环境保护税
中央与地方共享税	资源税、印花税、企业所得税、增值税、个人所得税、城市维护建设税

2.地方税主体税种现状

地方级税收收入主要由地方税和中央共享税两部分收入组成。由图 9.1《2005—2014 年全国地方级税收收入变化情况》可知，地方税收入由 2005 年的 1852.07 亿元增长到 2014 年的 14500.8 亿元，增长了 7.83 倍；地方税收入占地方级税收收入的比重总体上升，由 14.55% 增长到 23.88%。根据《2013—2015 年中国统计年鉴》相关数据，2014 年营业税、企业所得税和国内增值税所占地方级税收收入比重较大[1]，来自于这三个税种的收入占地方级税收收入的比重为 61.37%。其中，营业税是地方级税收收入占比重最大的税种，而且相对稳定，占地方级税收收入的比重一直居于首位。据统计，在包括计

---

[1]　数据来源：根据《2013—2015 年中国统计年鉴》整理计算。

划单列市在内的全国 37 个地区中，营业税占地方级收入比重高于 30% 的有 33 个地区，占比接近 90%。[①] 其比重远高于房产税、城镇土地使用税等其他地方税种，毫无疑问是地方级税收主体税种。

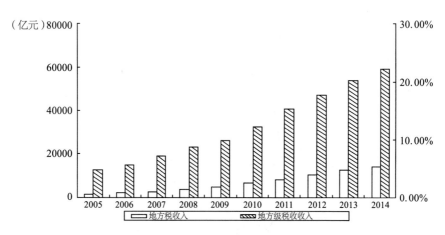

数据来源：根据《2015 年中国统计年鉴》数据整理得出，2014 年营业税、企业所得税和国内增值税所占地方税收收入比重较大。

图 9.1　2005—2014 年全国地方级税收收入变化情况

3. 地方政府间税收收入划分情况

我国地方政府间的税收划分一般是在省级与地市级之间设共享收入，主要可以分为：一是省级与地市级之间各自有相对独立的税收来源。比如北京将个人所得税、契税作为市级税收收入，其他税种按50%：50% 比例共享。二是省级有相对独立的税收来源，但地市级却没有。上海就采用上述模式，将城镇土地使用税、耕地占用税作为市级税收，其他税种属于共享税种。三是地市级具有相对独立的税收收入来源，而省级则没有。除上述两个直辖市外的其他 29 个地区均采用了此种模式。

---

① 广州市地方税务局：《关于构建地方税体系提高地方财政自给能力的思考》，2015 年 9 月 1 日，http://www.gdsswxh.com/show.aspx?id=4772&cid=3。

（三）地方税征管格局分析

1.地方税务局负责地方税的征收管理

1994 年，分税制财政管理体制在全国统一实行。按照中央与地方政府的事权划分，根据事权与财权相结合的原则，将各类税种统筹规划成中央税、地方税和中央地方共享税三大类，并分别建立中央税收和地方税收体系，由中央和地方两套税务机构分别征管。如营业税（除各银行总行、各保险总公司集中缴纳的部分）、城市建设维护税（除各银行总行、各保险总公司集中缴纳的部分）、资源税（除海洋石油资源税外）、烟叶税、土地增值税、车船税、契税、房产税、城镇土地使用税、耕地占用税、印花税（不含证券交易印花税）等地方税由地税部门征管；企业所得税、个人所得税由国税、地税共同征管；增值税、证券交易印花税由国税征管。

2.初步建立地方税综合治税体系

多年来，在自上而下各级地方政府的支持和协调下，各级税务机关在社会综合治税方面进行了有益的探索和实践。如自 2003 年起，全国多个省市制定了地方综合治税的地方性法规或地方规章，通过多部门参与配合综合治税，逐步形成"政府领导、税务主管、部门配合、社会参与、司法保障、信息化支撑"的社会综合治税体系。由此实现了税基的强力巩固和税源的有效监控，有力促进了地方级税收收入，规范了纳税秩序，营造了依法诚信纳税的良好氛围。

3.逐渐推行以风险管理为导向的地方税专业化管理

近年来，国家税务总局提出：要以实施税收风险管理为导向，建立税源专业化管理的新模式。如图 9.2《税收风险管理流程图》所示，各级税务机关建立了目标规划、风险识别、等级排序及推送、风险反馈以及监督与评价六个环节的风险管理模式，进行风险预警提示和信息发布，对不同等级的纳税人和风险，合理配置征管资源，实施差别化应对策略，实现税收专业化管理。

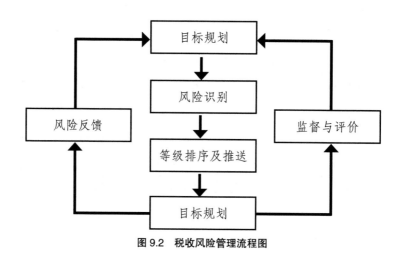

图 9.2　税收风险管理流程图

以重庆税务为例，现在各地税系统已经构建以风险管理系统为中心、以信息技术为依托的地方税管体系，并通过合理的人员配置、各类型数据交换等方式，将风险管理贯彻到日常征管的各个环节。

三、重构我国地方税法治体系之客观必要性

（一）事权财权匹配与地方适度分权的需要

实施分税制以来，我国形成了高度集中的税收权限划分模式，确保了国家税法的统一，但也存在几方面的问题：一是地方政府税权不充分，难以充分协调地方税收征管与本地税源情况，无法发挥地方

政府税收杠杆调节作用。二是非税收入占比过高，弱化了地方税在地方财政收入中的主要地位。以重庆为例，近年来，重庆各年度的非税收入都明显高于地方税收入，尤其在 2014 年重庆非税收入达到 640.19 亿元，占地方本级财政收入的比重为 33.31%，高出全国平均水平 11.25 个百分点，其中的行政事业性收费收入占非税收入比重高达 54.51%，高出全国平均水平 25.59 个百分点，行政事业性收费收入占地方公共财政预算收入的比例高达 18.15%，高出全国平均水平 11.77 个百分点（参见图 9.3《重庆市 2005—2014 年地方税收入同非税收入和地方级财政收入比较》）。因此，事权财权要相一致，并要与地方适度分权显得尤为重要。

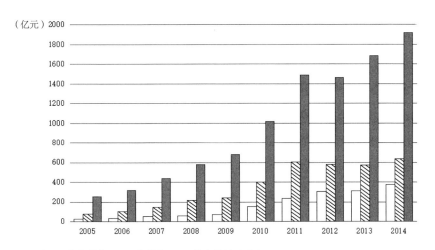

注：□地方税收入　▨非税收入　■地方级财政收入
数据来源：《2015 年重庆统计年鉴》《2015 年中国统计年鉴》整理计算。
图 9.3　重庆市 2005—2014 年地方税收入同非税收入和地方级财政收入比较

（二）平衡区域财力与缩小地区差距的需要

由于我国幅员辽阔，地域差异很大，因此在中央和地方的财权划分中存在着相互博弈的关系，加上我国主体功能区与基本公共服务均等化政策目标的设定也对平衡区域财力提出了要求。如果地方税体系中缺少了收入来源相对稳定的主体税种，则地方税收收入与财政支出之间的缺额将难以得到充分弥补，地方政府对中央财政转移支付的依赖将会越来越大。如图 9.4《重庆市 2005—2014 年地方公共财政预算收入与支出比较》所示，长期以来重庆地方公共财政预算收入和支出明显失衡，其中 2014 年重庆市地方公共财政预算收入为 1922.02 亿元，而支出达到 3304.39 亿元，地方财政自给率仅为 58.17%，中央对地方的转移支付几乎已经占据地方财政支出总额的一半左右。而就转移支付制度而言，当前基于实施中央特定政策目标的专项转移支付的占比较高，而基于均衡地区间财力差异、推进地方间基本公共服务均等化目标的一般性转移支付所占比例较低，所带来的结果便是地方财政收入来源相对不稳定。

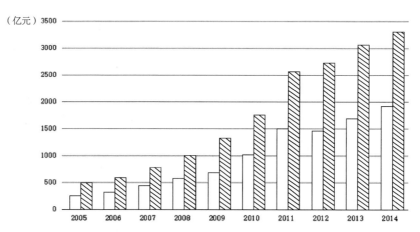

注：□地方公共财政预算收入 ▨公共财政预算支出
数据来源：《2015 年重庆统计年鉴》整理计算。

图 9.4   重庆市 2005—2014 年地方公共财政预算收入与支出比较

（三）"营改增"推进与重构地方主体税种的需要

　　长期以来，营业税是地方级税收体系中的主体税种，如图 9.5 《2014 年重庆市地方级税收收入结构》所示，从 2014 年重庆市地方级税收收入构成来看，营业税是第一大税种，占税收收入的 34.65%。 "营改增"的实施，一方面减少了重复征税，降低了企业税收成本；另一方面也将造成地方税收入锐减，使税收征管矛盾突出。因此，"营改增"将带来地方税体系的重构以及中央财政与地方财政关系的再调整，地方税如何寻求新的主体税种、中央财政与地方财政如何分税等一系列问题已经成为目前财税体制改革亟待解决的问题。

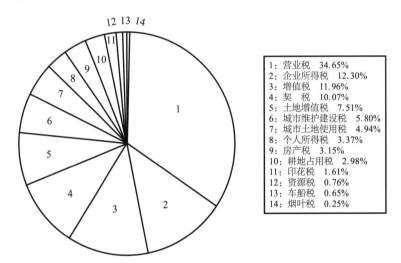

1：营业税　34.65%
2：企业所得税　12.30%
3：增值税　11.96%
4：契　税　10.07%
5：土地增值税　7.51%
6：城市维护建设税　5.80%
7：城市土地使用税　4.94%
8：个人所得税　3.37%
9：房产税　3.15%
10：耕地占用税　2.98%
11：印花税　1.61%
12：资源税　0.76%
13：车船税　0.65%
14：烟叶税　0.25%

数据来源：根据《2015 年重庆统计年鉴》整理计算。

图 9.5　2014 年重庆市地方级税收收入结构

（四）深化税制改革与优化税收征管的需要

　　在进行税制改革优化时，必须实现税制改革优化与税收征管均衡发展。这是因为：首先，通过不断的税制改革与完善，逐渐向最优化的税制结构靠拢，这样不仅能够保障税收收入达到适度规模，还能使税收征管成本有效降低，同时还能够强化纳税人的监督意识，提高税收征管的质量与效率。其次，税制改革优化要有利于国税、地税的协调发展。再次，高效严密的征管制度，对于税制的贯彻执行具有重要意义，有利于及时发现税制规定中的不完善之处。最后，税收征管质量和效率会随着技术、法制、人员等因素的进步而进步，其提高也给税制改革优化提供了更为广阔的发展平台，从而促使税制结构向更加合理完善的方向转化。

第十章　地方税法治体系重构之核心理念与实施原则

地方税收体系的构建不能依靠市场机制自发形成，也不能单纯凭借政府行政权力来强制实现，它的实现需要配套的法律制度体系作保障，为此，地方税收体系的建设必须以法治化来保驾护航，受到法治理念的约束，并在此基础上按照特定的实施原则进行架构。

一、税收法定：地方税法治体系重构之核心理念

法治是国家治理的基本要求，也是现代财政制度建立的必要保障。所谓税收法治，是指各方主体基于税收法定原则，为了把所有征税、纳税和用税活动纳入法治化轨道所做的制度安排。[①] 具体到地方税的构建领域，则要求将税收法定主义作为基本的前提和根基，政府课税必须经得人民同意，并被限缩在法律所允许的范围内，此即税收法治的主旨内涵。从西方国家地方税体系建构的历程来看，为确保征税以及其他财政收支行为都经由人民同意的立法来规制，均以法治化的原则来确保地方税体系确立的正当性。发展至今，税收法定已成为各国税

---

① 汤贡亮：《中国财税改革与法治研究》，中国税务出版社 2014 年版，第 158 页。

收立法普遍奉行的"帝王原则"，亦即税收必须在人民同意的前提下征收，征税的种类和数量均不能凭借政府单方意志决定，而必须遵循法律保留原则，由国家最高权力机关通过的立法来确定，这是税收法定的基本原理，也是世界各国地方税体系构建的基本前提。

就我国而言，当前国家治理体系的现代化以及现代财政制度的建立都需要"法治之剑"来做指引，十八届三中全会提出的落实税收法定原则和四中全会提出的全面依法治国均要求推动"依法治税"的实现。而 2015 年新修改的《立法法》规定，税种的设立、税率的确定以及税收征收管理等税收基本制度只能通过制定法律予以确立，这就进一步从制度层面为我国实现税收法定原则提供了保障。

地方税体系作为现代财政体系的重要组成部分，它的建设更需要法治理念来保驾护航。然而就当前来看，我国现有地方税体系的建设离法治的理想状态仍存有不小差距，税收法定原则落实不力、法治化进程也稍显缓慢，2007 年证券交易印花税的仓促出台，2011 年上海、重庆两地的房产税试点改革，以及成品油消费税税率"三连调"等事件，都在一定程度上体现了我国在税收立法权领域的"任性"。"没有制度性，就没有规范性；没有规范性，就没有稳定性"[1]，为此，我国在地方税体系的规范建构中应当坚持法治化的基本理念，用税收法定原则来确立地方税的权源和征收依据，做到"财政收入的方式、数量或财政收支的去向、规模等均须建立在法制的基础上……无论哪一种形式、哪一种性质的收入，都必须先立法后征收。无论哪一类项目、哪一类性质的支出，都必须依据既有制度来安排"[2]。具体而言，可以从以下三方面推进地方税收的法治化。

一是要求提升地方税收的立法层次，确保地方税的建构以法制为

---

① 王绍光、胡鞍钢：《中国国家能力报告》，辽宁人民出版社 1993 年版，第 279—280 页。

② 高培勇：《财税体制改革与国家治理现代化》，第 74 页。

基础。针对我国"政府行使税收立法权"在税收法制领域过多过滥的现象，应不断提高地方税的法律效力，将地方税收通过全国人大及其常委会审议的途径上升为国家意志，逐步形成以法律为主、行政法规为辅的地方税法律体系。与此同时，地方税制度的建设与地方民众的利益密切相关，为此，在地方税收立法的过程中应注重发挥民主，完善立法听证制度，最大限度地反映和吸收来自不同利益群体的立法建议。

二是要求有效限制征税权的滥用，确保地方税权的规范使用。一方面，应结合已经制定出台的地方税收法律规范和《预算法》的修订，明确中央和地方政府在地方税的征收过程中所依法享有的权利和承担的义务，使得央地之间以及地方政府间的税权划分处于法治化状态；另一方面，应结合税收征收管理法的修改，有效规范地方政府的征税行为，防止地方政府随意变更税制要素，恣意征税，依法保障纳税主体的税收权益，有效维护公平竞争的市场秩序。

三是应当为地方税的征收建立健全法律保障体系。这就要求因地制宜，根据各地需求，以省为单位加快统一的地方税收保障办法的制定，明确各级政府及相关部门在涉税信息交换中的法定义务和职责，形成统一、规范的国地税协作机制，致力于打造"政府领导、税务主导、部门参与、信息共享、综合治税"的统一的税收征管体系。在某种意义上，只有遵循税收法定、权力制衡、征管协同的基本原则，方能推动地方财政收支活动和管理行为的制度化、规范化和透明化。

二、地方税法治体系重构应当遵循的主要原则

在十八届四中全会所明确的"法治化"理念下，地方税体制应在规范的体系下、基于规范的授权来运行。然"徒法不足以自行"，地方税法治体系的重构还需以完善的"实施体系"为保障。因此，在遵循

法治化理念的指导下，地方税体系的重构还应通过遵循以下实施原则，在统一税制改革方向指引下，以合理、适度为原则，实现地方税收收入的可持续增长。

（一）一致性原则：与税制改革整体方向相统一

整体制约着部分，没有整体便没有部分。地方税体系作为我国财税制度体系的重要组成部分，它的建构应与整体税制改革的步伐和方向密切保持一致性，遵循当前税制改革的基本原则。在十八大以及十八届三中全会精神的指导下，我国于 2014 年 6 月 30 日审议通过了《深化财税体制改革总体方案》，该方案明确将税制结构的优化、税收功能的完善、宏观税负的稳定以及推进依法治税作为主要内容，并要求建立科学发展、社会公平、市场统一的税收制度体系。基于改革依据的分析，地方税体系的重构应当遵循与整体税制改革方向一致性的原则，增强改革的系统性、整体性、协同性，加快构建地方税体系建设的步伐。具体应从以下三个方面落实。

1. 宏观税负的合理化

十八届三中全会对深化财税体制改革提出了"两个稳定"的要求，即"税负稳定"和"保持现有中央与地方财力格局的总体稳定"，地方税的完善也应遵循这一前提和要求。这是因为地方税体系的重塑离不开对现有税制结构、税制要素的优化重组，如果不能将总体税负控制在相对稳定的状态下，容易使社会公众对税制改革的预期产生负面评价，从而给深化地方税制改革带来压力和挑战。这就要求我们在地方税体系的完善和构建过程中，不能片面地从单个税种的属性、某一行业的微观税负来考虑税制要素的设计，更要从税制的结构性调整、整体税收负担的情况来总体考量，尤其是要综合考虑税种属性的划分、税种设置、税费整合、非税负担和社会公众的实际承受能力，统筹规划和设计税制要素，确保总体税负水平维持稳定状态。

2. 税制改革的公平性

税收制度的改革直接关涉纳税人利益乃至整个社会的公平利益，正因为如此，《方案》要求建立有利于科学发展、社会公平、市场统一的税收制度体系。在地方税体系的构造中，同样涉及中央政府、地方政府、民众等多方利益的博弈和调整，这就要求我们科学地进行税种设计，通过促进社会公平来增进社会各界对税制改革的理解与支持。首先应力求税种设置的科学化。"简税制、宽税基、低税率、严征管"是税收制度建设的总体目的，就地方税体系的建设而言，它要求做到直接税和间接税的双向改革。在直接税领域，地方税体系应主要围绕所得税、财产税制度的改革与完善，更好地发挥直接税的量能课税和调节分配的功能。在间接税领域，则应在进一步推进"营改增"的前提下实现中央与地方收入的合理划分，在收益权上实现二者的平衡调整。其次应结合地方税的区域性特征来进行合理设计。地方税的区域特征明显，缴纳税收的纳税人也主要源于本辖区的自然人和居民，为此，在地方税的设计中应尽可能地符合"来源和受益相匹配"的原则，使来源于地方的税收尽量用于地方，以提高区域性的公共服务水平。最后则应确保正确使用税收优惠政策，及时清理不规范的税收优惠政策，防止由此造成的税收歧视及不公平竞争。

3. 税制改革的渐进性

就发展阶段来看，地方税税制的改革是一个"由浅入深"的过程，不能一蹴而就。就十八届三中全会决定所确立的目标来看，我国正处于税收改革的"深化"阶段，这就要求我们找准地方税体系建设中的突出矛盾和主要问题，兼顾社会经济发展的不均衡、不协调的区域性差异和阶段性特点，有序地推进地方税体系改革。在此过程中，尤其要努力处理好立法与改革的关系，对于征税环境和技术条件已经成熟的地方税种，应以立法带动改革，明确其法律地位；对于社会争议较大、暂不适合开征的地方税种，则可以先行先试，试点改革，以改革促进立法。

（二）持续性原则：保障地方税收收入可持续增长

所谓财政可持续，是指政府拥有满足其当前及未来财政责任的能力。[①] 就政府公共服务与财政收入之间的关系来看，地方政府要提供更多、更好的公共服务不仅是提升地方政府威信的要求，也是公众对政府的根本期望。但是，优质公共服务的"理想"需要强有力的财力支持，如果忽视"财力的可获取性"来提高公共服务水平，将带来财政的不可持续。地方财政是国家公共财政的基础，只有地方财政稳固了，国家财政方能稳固。地方财政收入的主要来源为地方税收收入，税收收入是否能够可持续地增长直接关涉到财政的可持续发展能力，只有在税收收入可持续增长的前提下，才能保证各级政府的财政自给率的稳定和提高，进而保证中央政府和地方政府实现其公共服务的效率和公平。因此，为更好地推动地方税制度改革，必须以地方税税收收入的持续性增长为原则，建立地方税与经济发展之间的内生增长机制，以此满足地方政府公共支出的持续要求。

首先，在可持续发展原则的指引下，应当做到主体税种的可持续发展。一是要求我国地方税种的征收范围足够广泛，能够随着社会经济的发展而不断扩大。二是要求地方税的税基保持增长的潜力，在税

---

① R. A. Buckle, A. A. Cruickshank, "The Requirements for Long-run Fiscal Sustainability", New Zealand Treasury Working Paper 13/20, 2013.

基与税源之间形成自动调节机制，使税基随着经济的增长和税源的扩充而正向调节。三是要求税率的选择保持累进的性质，体现地方税的征收在收入分配调节领域的公平性。

其次，在可持续发展原则的指引下，应当保持税收中性原则。由于税收具有一定的收入效应和替代效应，政府课税除为满足财政所需外，总是要对经济施加某种影响。一旦课税太重或课税方式不够健全，就可能对经济造成一定程度的无谓损失，使纳税人不敢尽心尽力地从事生产和生活。为此，我们在地方税体系的建构过程中应当充分考虑税收对经济可能造成的影响，厘清政府与市场的关系，确保税收中性以助力经济的发展。

最后，可持续发展原则还要求地方税体系的建构有助于生态环境的可持续发展。从可持续发展原则的源头来看，其最早源自于环境法领域，要求做到人口、资源、环境与经济、社会的协调发展。在地方税体系的建构过程中，资源、环境税收制度的建设也是重要的组成部分，因此在建立地方税体系的过程中一定要将环境治理因素纳入考虑范围，寻求既有利于地方收入增长，又有利于保障生态环境的税收政策，推动环境的可持续发展。在我国分税制体制下，地方税规模则需要一个科学合理的界限，通过构建可持续发展的地方税体系来为地方税收收入的增长提供较为稳定的源泉，进而从根本上解决地方财政困难。

（三）效率性原则：地方税收征管成本最小化

有效治理是地方税体系建设的重要组成部分，它要求提高地方税收管理的效率、效能和绩效，其本质是税收效率原则在地方税体系中的运用。就税收效率的原则来考察，它包括税收的经济效率与税收的行政效率两个层面的内涵，其中，经济效率原则要求征税机关恪守税收的中立性，使市场经济机制充分发挥高效的资源配置作用。对此，国家税收不应伤害市场经济的调节作用，以避免对纳税人的生产和投资决策、储蓄倾向以及消费选择带来不良影响。税收行政效率原则则要求征税机关应当尽可能地减少税收征管费用，降低纳税人的遵从和奉行成本。[①] 为此，在地方税的建构过程中，我们同样需要遵循经济学上的"成本—效益"分享法则，使得地方税收的配置与征管符合效率性的基本原则。

第一，地方税种的划分应该实现效率化，做好资源的优化配置。首先，地方税的选择应遵循财政经济原则，对于税源分布较广、征管环节比较集中、容易征收的税种应划归中央税，而税源分散、存在地区差异、跨区域征管难度大的税种应当划归地方税。原因在于地方对所辖地区税源的特征更为熟悉，能够在此基础上制定更加科学和合理的税征方法，有效地征收税款。与此同时，这亦有助于调动地方政府积极性，激励地方政府基于自身利益来征收税款。[②] 其次，这还要求税种的设计要尽可能地简化。目前在我国的税种设计中，税种过多造成征纳成本较高，也不利于税收遵从。例如，我国涉及房地产业的税种就有九个，还有税种是重复征收的，这就需要加快税种的合并，减少重复课税。再次，地方税的设计应坚持税收收入与支出之间的匹配和均衡。从国外地方税税种的选择来看，地方税设置的目的性都比较强，往往能够根据公众的具体需求来确定相应的地方税种，实行"专税专用"，收入与支出相互匹配。在此方面，我国地方税的税种设置也应尽可能地坚持这一原则。

第二，地方税的征管应遵循效率化原则。依法治税与高效的税收服务是税收征管发展的"两个轮子"，税收体制必须要依托有效的税收征管方能实现目标，而在税收征管过程中，征税的难易及成本的高低

---

　　① 徐孟洲主编：《税法原理》，中国人民大学出版社 2008 年版，第 99 页。
　　② 中央财经大学税务学院编：《中国税收发展报告（2013—2014）——中国地方税改革研究》，中国税务出版社 2014 年版，第 42 页。

直接制约着税收体制的设置和优化。有鉴于此，首先，地方税的征管必须遵循效率化原则，在完善地方税体系时尽量做到地方税制的简化，通过明确地方税的课税主体、客体、纳税环节等，使地方税的计算更为简单便捷。其次，应充分发挥地方社会协作、征管协同的优势来提高征管效能，通过征管查信息一体化、部门之间涉税信息的共享来提高征管效能。最后，从征管服务的角度，各级税务机关应提高税收管理的有效性，加强服务型政府建设，努力使纳税服务组织体系、服务流程以及服务规范日益健全，使纳税人需求得到快速响应。

（四）联动性原则：地方税体系的协同建构

所谓联动性原则，是指地方税体系重构的过程中应注重相关配套制度的改革联动效应，以其他制度的同步改革来推动地方税体系的建立和完善。地方税体系的科学合理建构不仅要求体系内的各个税种之间优势互补，推动地方税功能的有效发挥，而且需要在体系外与行政改革、税费体系改革、财政预算改革、土地制度改革、房地产市场调控、社会保障体系等有机结合起来，统筹治理，科学推进。为此，完善地方税体系不是简单地"单兵突进"，而是要与其他税费改革综合配套联动，体现地方税体系完善过程中的系统性、整体性和协同性。

第一，地方税体系改革应以系统治理为指导。系统性是指地方税体系的完善要讲求全面性和系统性，其所属各子系统之间相互渗透，相互作用，构成一个有机整体。因此，地方税体系的完善要以复合税制为依托，分税种、分环节、分层次地征收，覆盖经济领域的全过程，确保地方政府运行职能的需要。随着"营改增"的全面落地，地方主体税种税收增速下滑，收支矛盾更趋紧张。因此，必须力求"全国税制改革一盘棋"，让地方政府能够得到稳定的、可预期的税收来源。

第二，地方税体系改革应以整体治理为方向。整体性是指地方税体系的完善要讲求一致性和关联性，防止构成地方税体系的内在元素相互割裂。尤其要加以重视的是，地方税体系的完善要与整个财税体制的改革相关联，注重税制的整体统筹视角，立足长远，而不仅仅是对地方税税种的微小调整。在这方面，地方税体系的重构应注重与其他财政收入的改革配套。这是因为在构成地方税体系的财政收入来源中，税、费、债同属于政府财政资金，均为国家筹措资金和调控经济的有效手段。但由于税、费、债属于不同性质的分配活动，这决定了它们在政府财政收入中具有不同的地位，其中税是财政收入的主要形式，而费和债是辅助和补充形式。为此，从税费分离的角度，将清费与立税相结合，将一些具有税收性质的收费和基金尽快纳入税收分配范围，以预算内资金的方式进行管理，有助于规范地方政府的分配行为，强化税收的地位和作用。而从税债分离的角度，当地方政府财政收入不足时，其为了满足财政支出便产生了借债的需求；为此，完善地方税体系也有利于实现对地方政府债务的法治化约束。

第三，地方税体系改革应以协同治理为依托。协同性是指地方税体系的完善要讲求协同性，不能孤立。首先，协同治理应强调财权与事权上的协同。由于地方政府在公共产品的供给上比中央政府具有信息优势，且更具灵活性，因此实行分级政府的管理体制必然实行分级财政体制，而分税制最终作为理想的分级财政体制被普遍采用。在合理划分各级政府事权的基础上，分设中央税和地方税，有利于达到财权与事权相协同，实现完善地方税体系的目的之一。其次，其他地方税种体系的建设也需要做到经济社会发展的协同推进。如房地产税的改革需要与不动产的统一登记制度相配套，环境税的改革与国务院规定的应税污染物的具体名录相配套等。最后，地方税体系的构建还应注重征管的协同。税收不仅仅是税务机关的事，作为国家财政收入的重要组成部分，它关系到国家的稳定和社会公共产品的供给。为此，地方税制的改革不仅会影响税务部门，也会使其他部门、第三方主体在不同程度上受到影响，在此方面，地方税体系的建构也需要各方面的支持与合作，只有加强信息互通、政策配合与征管合作，地方税制度的改革才能圆满完成。就此而言，地方税体系的改革必须坚持"整体联动性"的原则，协同推进各项制度的治理。

第十一章　各国地方税法治体系的比较与借鉴

世界各国受经济基础、政治体制和历史传统等因素影响，形成了大相径庭的分税制。"他山之石可以攻玉"，充分了解和研究各国在税权划分、税种划分、收入规模和税收征管上的实践经验，对我国实行分税制改革，尤其是重构地方税制具有重大意义。本章选择或具代表性，或与我国邻近相关的国家（美国、法国、德国、日本、印度）的地方税法治体系建设现状作为研究对象，比较差异，找出可供我国地方税法治体系构建借鉴的地方。

一、各国地方税法治体系设计及实践

（一）当前世界主要国家税权划分的情况简介

按照现行国际惯例，税权分为地方分权、中央集权、适度分权三个类型（如表 11.1《各国税权划分类型》所示）。纵观我国税权划分的历史，总体呈现"集权—放权—再集权—再放权"的轨迹，我国目前的情况基本属于中央集权型：税收立法权高度集中，省级政府按授权范围落实有关税收政策管理权限。

表 11.1　各国税权划分类型

类型	特点	代表国家
地方分权型	中央和地方分别行使各项税权，互不交叉和干扰，税权在各级政府之间的分布较为分散。	美国
中央集权型	各项税权高度集中于中央，地方只有很小的税权。	法国、印度
适度分权型	中央和地方均享用一定的税收立法权，但中央对地方税收立法权的具体行使有一定的限制。	日本、德国

1. 美国

作为联邦制国家的典型代表，美国有联邦、州、地方三个级次的税权划分，这三个层级都有自己的立法、征管等税收体系。但美国宪法规定联邦税收优先，具体说来就是上一层级要监督、管制和制约下一层级，如规定最高税率或设定收入增长幅度等。在一定的情况下，上一层级甚至可以改变或停止下一层级的税收行为。

2. 德国

同样作为一个联邦制国家，德国的情况是：虽然实行分级财政，但税收立法等权力却集中在最高层级 —— 联邦这一级，联邦作为最高层级对联邦税、共享税和各州的专享税有立法权，更可以行使优先立法权，其比率占到了95%，而只有约5%的税收法律由州或市议会确定。市镇等地方政府几乎没有税收立法权，仅有一些小税种由市议会立法。

3. 法国

法国实行议会制政治体制，其税收立法权由国会行使，其税收立法权和征管权都相对集中于中央，即不管是中央税还是地方税，无论是立法权还是征管权都集中在中央，而地方只有调整地方税税率及优惠等机动权。在中央授权的范围内，地方可以开征一些零星的税种。

4. 日本

日本作为单一制国家的代表，其税收体系与其政治体制相匹配，实行中央、县和町村三级管理。其税收立法权、征收权等"大权"相对集中，管理权、使用权等"小权"相对分散。不论是中央税还是地方税，其立法权均在日本国会，但同时也授予地方一定的权限。地方政府在规定范围内出台地方税法，对一些法外普通税进行开始征收、停止征收等管理。在日本的地方税体系中，有法定和法外的地方税之分，其立法分别由中央和地方提请中央批准后确定。日本实行此举是为防止税率混乱、减轻税收负担失衡的情况发生。

5. 印度

印度是一个联邦制国家，由 28 个邦和七个中央直辖区构成，其税收制度是以印度宪法的规定为基础而形成的，没有议会的授权，行政上不能课税。在印度，联邦和邦都有税收立法权。

（二）各国地方税主体税种的设置情况

受政体的影响，行政级次不同，各国的税权划分不尽相同，地方税主体税种的设置也各有特色。就我国现有的地方税税种来看，主要有土地增值税、契税、城镇土地使用税、房产税、车船税、耕地占有税和烟叶税，纯中央税有消费税、车辆购置税、关税、船舶吨税，其余税种为共享税。五国情况如下表 11.2《各国地方税主体税种设置》所示：

表 11.2　各国地方税主体税种设置

国别	政体	行政级次	主体税种
美国	联邦制	联邦	个人所得税、公司所得税、社会保险税、关税
		州	销售税
		地方	财产税
法国	单一制	中央	个人所得税、公司所得税、增值税、消费税 登记税、印花税、工资税、关税
		大区	企业增加值捐税、机动车注册税、驾照税
		省	建筑土地税、企业增加值捐税、印花税
		市镇	建筑土地税、非建筑土地税、居住税、 企业不动产捐税、企业增加值捐税
德国	联邦制	联邦	关税、消费税、公路税、资本流转税、 交易所营业税、保险税、团结互助税
		州	财产税、机动车税
		地方	地产税、营业税、狗税
日本	单一制	中央	个人所得税、法人所得税
		都道府县	居民税、事业税
		市町村	居民税、固定资产税
印度	联邦制	联邦	关税、所得税、富裕税、遗产税、赠与税、超额利润税、 中央营业税、印花税
		邦	农业所得税、地税、学业税、物品税、消费税、机动车税、 娱乐税、赌博税、职业税
		地方	—

可见，表中无论是单一制还是联邦制的发达国家，都没有把所得税纳入地方税主体税种，而是不约而同地将财产行为税方面的税种纳入地方税主体税种，而作为发展中国家的印度和中国则没有这样明显的特点。

（三）各国地方税收入的规模分析

1. 美国

美国实行三级政府或两级政府同时开征的税种共享税源、税率分享原则。以 2007 年为例，联邦政府税收收入为 1670926 百万美元、州政府税收收入为 765904 百万美元、地方政府税收收入为 54329 百万美元。按照 OECD 的分类，属于联邦政府独享的税收收入占全部税收收入的 51.9%，属于州和地方政府的税收收入占 27.1%，其余 21% 是共享税，在地方税收中，财产课税占地方税收的比重为 30.77%。据美国 2011 年统计数据显示，其地方税中有 55.82% 来源于所得税和财产税，到该年第三季度，各州及地方政府总收入达 2920 亿美元，相比 2010 年的第三季度增长 4.1%；至 2014 年第四季度，美国各州和地方政府的税收收入增至 3690 亿美元，收入增长主要得益于个人所得税飙升 10.9%。可见，在美国，财产税与所得税在地方税中占据很大的比重，真正由地方政府独享的税源较少，不过地方税收的占比在不断上升。

2. 法国

法国的中央与地方实行彻底的分税制，税源划分清晰，没有共享税。以 2007 年为例，法国中央政府税收收入为 306888 百万欧元，地方政府税收收入为 99114 百万欧元，社会保障收入为 415836 百万欧元。在不考虑社保税的前提下，其中央税、中央和地方共享税占全部税收收入的占比分别为 63.2% 和 26.8%；在考虑社保税的前提下，其社会保障税、中央政府税收、地方政府税收的占比分别是 50.6%、37.3% 和 12.1%，其中财产课税 50482 百万欧元，占地方政府收入比重为 50.93%。2013 年，法国税收收入占 GDP 比重达 45%；2014 年，企业所得税税率最高为 38%。可见，在法国，所有较大的税源都是由中央政府独享，地方政府没有独享的税源，且财产税的比重显得很重要。

3. 日本

各级共享是日本税收划分的一个特点。日本中央一级在 2007 年的税收收入总额是 526560 亿日元，地方一级税收收入 402620 亿日元，社会保障收入为 532350 亿日元。在不考虑社保税的前提下，其纯中央税、纯地方税和共享税的占比分别是 1.6%、11.1% 和 87.3%，其中，中央政府实现了 56.6% 的税收占比。在考虑社保税的前提下，其中央税收收入、社保税收收入和地方税收收入的占比分别是 36.0%、36.4% 和 27.6%，其中财产课税 104330 亿日元，占地方政府收入比重为 25.91%，所得课税 223490 亿日元，占地方政府收入比重为 55.5%，两项合计占地方收入比重达 81.41%。又以 2011 年为例，在地方税收中，其所得税和财产税分别占 40.83% 和 37.79%，占比仍然很高。可见，在日本，多是中央和地方共享税源，但在地方税收入中财产税与所得税占了很大比重。

4. 德国

德国的税收收入主要来源为共享税，其工资税、公司所得税按法定比例共享、增值税分享比例协商确定。从下表 11.3《2010—2012年德国税收收入》、表 11.4《2010—2012 年德国税收收入（州与地方税）》可见，联邦与州共享税占税收收入总额的比例在 70% 以上，单纯的联邦税仅占 18% 左右，而州与地方税占比仅为 11%，其中房地产购置税、继承税、不动产税占了重要比重。可见，德国实行的是共享税与专享税共存、以共享税为主的模式，在地方税中，财产行为方面的税收占比最大。

表 11.3　2010—2012 年德国税收收入

税务类型年度		2010 年	2011 年	2012 年
税收收入总额（百万欧元）		530587	573351	600046
联邦与州共享税	税额（百万欧元）	372857	403567	426190
	占比	70.27%	70.39%	71.03%
联邦税（含关税）	税额（百万欧元）	97804	103705	104256
	占比	18.43%	18.09%	17.37%
州税	税额（百万欧元）	12146	13095	14201
	占比	2.29%	2.28%	2.37%
地方税	税额（百万欧元）	47780	52984	55398
	占比	9.01%	9.24%	9.23%

表 11.4　2010—2012 年德国税收收入（州与地方税）

（单位：百万欧元）

税务类型年度		2010 年	2011 年	2012 年
州税	财产税	1	-4	-1
	继承税	4404	4246	4305
	房地产购置税	5290	6366	7389
	博彩税和彩票	1412	1420	1432
	防火税	326	365	380
	啤酒税	713	702	697
	合计	12146	13095	14202
地方税	不动产 A 型税（农林业）	361	368	375
	不动产 B 型税（其他）	10954	11306	11642
	贸易税	35711	40424	42345
	其他税项	754	886	1037
	合计	47780	52984	55399

5. 印度

印度的税收收入主要在联邦，其税收收入约占全部税收收入的65%，邦及地方政府占35%左右。考虑到对地方收入不足的补救问题，印度的税收制度把个人所得税的85%划到各邦，其比率以各邦人均所得额的反比为基础；将联邦消费税的45%划给各邦（其中40%的部分比照个人所得税的分配比率划分，5%的部分划给发生财政困难的邦）。

由此可见，不同政体的国家，地方税收入规模存在着较大差异，但总的说来各国税收收入大部分都归中央，且其财产税或所得税收入占地方税收入的比重最大。而中国的情况却大相径庭。据《中国统计年鉴》历年数据显示，自1994年实行分税制以来，中国地方税收入占国家税收收入的比重一直在40%至50%之间，但独享地方税收入占比很小。以2013年为例，地方税收入为53,890.88亿元，占GDP的比重为9.47%，占全国税收收入的比重约为45.10%。其中共享税占地方税收入比重为35.02%、共享性质地方税占地方税收入比重为41.10%、独享地方税收入占地方税收入比重为23.88%；其中共享税占全国税收收入比重为52.27%、共享性质地方税占全国税收收入比重为20.72%、独享地方税收入占全国税收收入比重为11.64%。因此，中国地方税收入的占比不大，且财产税与所得税是主要组成部分，随着"营改增"的落地，若仍维持现行的地方税体系，这一比例还将下降。

（四）各国税收征收管理体系的比较

失败的税收管理将会改变税收影响政府资源的配置、收入再分配和经济稳定的方式。税收征管对贯彻税收政策十分重要。从世界范围来看，税收征管模式大体有三种，即集中式、分散式、集中与分散相结合的模式。集中式管理即一个单独的中央税收管理部门负责征收所有的税收，全国只设一套税务机关，如法国、俄罗斯等；分散式管理即不同层级的政府设置不同的税务机构，分别负责在分税制的范围内征收管理属于各个层级政府的税种，如美国、日本等；集中与分散相结合的模式如德国等。中国的税收征管部门有国税局、地税局和海关，可以归于集中与分散相结合的模式。

1. 美国

与其行政体制相对应，美国的税务机构也是由联邦、州、地方三级组成，在税收征管上，这三级机构相互独立；在人员、经费等管理方面，这三级机构也不存在隶属关系；在行使职权时，这三级机构更是各自独立。但是，整个体系表现出了较好的沟通与协作能力。

联邦这一层级的政府的税收管理机构是财政部下属的美国国内收入局和海关署。国内收入局系统又分三级，即税务总局、大区税务局和地区税务分局及其支局。目前，美国税务总局设在华盛顿，设有四个大税区，相当于总局的派出机构，负责纳税人台账、稽征、审计、情报、诉讼等工作；下设 33 个税务分局，负责征收税款、审计申报表和调查偷逃税等；另设有十个税务中心，负责会计研究、数据转换、税务检查及纳税人工作等事项。海关署系统分为六个关税稽征区，下设 300 多个海关区。

值得一提的是，美国的每个州都有税务管理体系，而且它们相互独立，但也有合作联系，州以下的地方政府也有自己的税务部门，负责征收土地税和财产税，可见，其地方税务系统是比较完整的。

2. 法国

法国的税务机构健全、强大而稳定。其财政部下设税务立法局（负责起草税收立法草案和制定各项税收政策）、税务总局（负责组织税收收入）、关税管理局（负责管理关税）和会计局（负责征收直接税），它们相互独立又统归一个部门。

　　法国设有中央一级（税务总局）和地方一级（大区税务局和省税务局）两级税务机构。大区税务局作为总局的派出机构共有 21 个；省税务局作为总局的基层机构有 108 个，并下设了 850 个征收税款的专门机构。实际上，法国的税务机构管理很集中，其机构的设置和权力系统实行自上而下的垂直领导，不受地方的干预。

3. 日本

　　从总体上看，日本税收管理体制是中央负责中央税、地方负责地方税的分级管理的税收征管模式。分别设立了国税和地税系统，设有省国税厅负责征收中央税、都道府县财政局或税务局征收都道府县税、市町村财政课负责征收市町村税。在实际工作中，地方消费税由国税代征，其余地方税均由地方政府征收。

4. 德国

　　虽然德国有联邦税、共享税和地方税，但并没有像中国等国家一样设立国税和地税两个税务机关，而只是在联邦、州和地方政府间划分了相应的税收权限。德国采取"一套机构、两个系统"的税收征管模式。从总体上看，其税收征管具体由联邦管理局和州管理局实施，但这两个系统又受各州的财政总局统一领导。联邦管理局负责关税和联邦专属税的征管，州管理局负责州税的征管工作，地方税务机关只负责市议会立法的税种的征管，并向地方政府负责。这样较利于工作协调、机构精简、减少行政负担。

5. 印度

　　印度的税收管理权按税种归属进行划分。联邦政府依法管理并征收中央税种、各邦政府按照被授予的权限管理并征收划归各邦的税种。联邦财政部设有"中央直接税管理委员会"和"中央消费税与海关管理委员会"，分别在全国各地设立征收区、征收分区、征收站、征收段，形成四个层次的垂直管理。地方（邦）一般设立销售税专门机构与土地税专门机构，再分征收区、征收分区、征收站、征收段，形成四级管理系统。

二、各国地方税法治体系设计的可借鉴之处

由于各国政治体制不同、文化经济背景不同，税制结构亦不同，各自在税权选择、税种划分、收入归属和征管体系上差别很大。这表明，税治体系、地方税体系不存在统一的模式，也不存在单一的理论逻辑，关键是要从自身国情出发，选择与之相符的模式，而且这一模式也不是一成不变的，要随着政治经济文化的变化而做出相应的调整。具体说来，国外地方税法治体系设计方面的一些规律和特征值得我们研究和借鉴。

（一）在税权划分方面的可借鉴之处

1. 集中税收的立法权力

税收立法权对于一个国家非常重要，大多数国家都将此相对集中于中央层次，一般都会明确规定在宪法或其他基本法律中，地方立法权相对较小，多是对法律的具体解释或延伸。

2. 税权划分规范而有弹性

发达国家在税权划分方面，基本通过立法的形式规定了从中央至

地方各级政府的税收权限分配关系，通过多种法律措施和法律体系确保税权划分的严谨性和合理合法性。值得关注的是，税权划分的结构、形式等要随着国家政治经济文化的变化而做出相应的调整，让税权划分显得法制化、规范化而又弹性化。

3. 中央税权置于地方税权之上

各国税权划分模式虽然存在较大差异，但普遍都认为地方可以有一定的税权的前提是要接受中央税权的制衡，以保障中央政府的宏观调控能力。

4. 地方政府需求与积极性的考虑

从各国的实践经验来看，要充分考虑地方政府的管理需求，特别是其提供公共产品的范围和财政能力方面的需求，通过给予地方政府一定范围内的财权，明确各级政府和部门间财权财力的划分标准和范围，加强协作和配合，实现一加一大于二的协同效应，才能更有力地提高地方政府的积极性和中央政府的调控能力。

（二）在税种设置方面的可借鉴之处

无论是单一制还是联邦制的发达国家，在税种的设定上都比较简单明了，直观上税种名称与课税内容比较统一，方便纳税人识别。在中央与地方税种的归属上，中央税的主体税种一般是所得税，地方税的主体税种一般是财产税。从各税种的相关规定看，内容较稳定，条款很明细，征收机关的自由裁量权相对受限制。

（三）在税收管理体制和配套方面的可借鉴之处

1. 实行分税制

发达国家通常以税种划分为基础，确定各级政府的征税权，即实行分税制。在分税制的执行中，并不是将国家财力进行彻底分配，也不是一级政府只能以本级税收收入安排本级财政支出，而只是进行国家全部税收收入的基本或初次分配，在此基础上建立了纵向或横向财政平衡机制。

2. 管理严密高效

大多数国家税收管理部门都比较精简，注重部门间的统筹协调，收入虽然大都归中央，但仍能通过一定的措施，发挥地方政府的主动性。其信息程度比较高，计算机信息技术、网络功能、银税企联网等在发达国家的税收管理方面得到了较好的利用，充分利用第三方信息，最大限度地控制现金交易，建立了有效的税源监控系统。实行了较为严格的税务稽查制度，税收违法成本高。在纳税服务上注重缓和征纳双方的矛盾，引入税务中介机构、纳税人协会、税收志愿者组织等开展社会化纳税服务。

3. 中央对地方实行财力补助

大部分国家通过中央对地方的纵向财政补助或财力让与、各种形式的补助金等基本手段形成中央对地方政府财政经济的控制。通常通过建立量化的指标体系或测定公式决定一定的基础和比例，进行非主观、规范、公平的补助，以保证各地政府的收入，并以此为基础提供服务效果相似、管理内容相同的社会服务，减少政府服务的地区差异。

第十二章　地方税法治体系重构之进路设计

一、税权重建：明晰确权与适度分权

　　长期以来，受政治集权和法治缺失的双重影响，我国中央政府和地方政府之间的"分权困境"尤为突出，反映在对税权的划分上，两者关于税收立法权、税收征管权和税收收益权的分割不尽合理，尤其是在高度集中的税收立法权的情势下，地方财政出现了严重的内在不足和外部失序的问题：一方面，在1994年以来"分税不分权"的路径主导下，地方财政自主权生长和发育的土壤尚不存在，地方尤其是基层财政收入严重不足，表现为我国东部地区多数依靠土地出让金，中西部地区政府则大多依靠转移支付来勉强维持"吃饭财政"，地方财政自主空间受到严重"挤压"。另一方面，由于地方事权财权不匹配，尤其是自主税权欠缺的状态长期存在，为支应本地财政支出的实际需求，地方政府只有以变通的方式发行债务或进行收费，使得隐性负债、以费挤税现象等"预算外收入"盛行。就此而言，我们要建构完善的地方税体系，就必须依托税权的重建，在坚持税法统一的前提下，赋予地方适度的税收立法权，使失衡的税权得以再造，允许资源各异、发展不均的地方因地制宜建立差异化的地方税体系。

（一）适度下放地方税收立法权的必要性和可行性

所谓地方税收自主权，是指地方税的制定权或决定权，应当考虑适度下放给地方，由地方根据自身的地域特点和立法优势，适时向中央争取先行先试地方税的自主立法权。在现有背景下，适度下放地方税收立法权既有其现实必要性，也具有实践操作的空间。

第一，地方政府财政收入来源的稀缺加剧了经济结构的不合理，亟须加以改善。目前，我国税制结构以及地方税体系仍然存在两方面的突出问题：一方面，我国税制结构以流转税为主，这就决定了税收收入与经济规模的大小高度相关，而与经济体的盈利能力关联不大；与此同时，我国税权高度集中于中央，地方财力与税制安排的不合理导致组成各地财力来源的主体税种大致相同，多数来源于增值税、城市维护建设税等。这种地方税体系的构造使得地方政府的财力越来越依赖于经济总量的提升而非经济质量的优化，进而加剧了经济结构的不合理。为此，只有改变目前趋同化、与 GDP 高关联度的地方财力格局，培育好地方税的主体税种，方能使地方税体系更加完善和成熟。在此方面，我们亟须做好税权的合理配置，使地方政府在以所得税、财产税为主导的直接税制体系当中分享权力。

第二，适度赋予地方税收自主权有助于税权结构的重整优化。就我国 1994 年分税制改革采取的税权配置方案而言，在当时地方政府以藏富于民、滥用税政权等方式同中央政府展开税源竞争背景下，通过"集权"的方式来促成分税制改革，上收税权以提升中央财政的地位和权威，对于加强中央政府的宏观调控能力是极为必要的。应该说，高度集中化的税收立法权反映了中央统揽全局的合理要求，能够在保障国家税收权威性和税制统一性方面发挥积极作用。然而，这种集权式的改革仍未逃脱"一放就乱、一管就死"的命运，即便是在 1994 年之后，该项改革亦没有松缓的趋势，并且集权的色彩在 2002 年的所得税分享改革中进一步彰显。在此背景下，分税制改革的"矫枉过正"使得我国出现了地方事权多、财税少、税权极为有限的"不对称"现象。财政收入的过度集权与财政支出的过度分权使得地方财政"入不敷出"，转而借助土地财政、税外费、举借债务等形式获取财政收入，这与市场经济公共财政框架下的规范的政府分配方式相悖，也使地方政府面临着巨大的财政危机。由此可见，1994 年分税制改革中中央政府的过于集权带来了地方税权的异化，而要改变当下的错乱格局，就必须赋予地方政府税权，整治不合理的"费权"，重新划分央地税权，赋予地方政府一定的税收自主权，以实现对地方财政的正向激励。

当前为人们所担忧的是，如果中央向省和省以下政府下放税权，将造成地方政府滥用税权、威胁中央政府地位的现象。但在事实上，这种担心是经不起考量的。首先，大部分的税收立法权仍然控制于中央，中央具有"绝对的主导权"，无须担心税权下放会失控。在税权领域，立法权是最为核心和根本的权力，税收立法权的行使可通过确定税收规模、选择税制结构以及设置税制要素来贯彻立法者的旨意，进而对税收征管权和税收收益权实现控制。在我国，税权的适度下放不会改变中央政府在税收立法权领域的主导地位，因而不会对中央财政收入构成威胁。其次，当前我国税权的划分主要偏重于中央，没有考虑到地方经济发展的差异性，容易出现中央立法的"效率低下"问题，若能在税权配置上适当向地方让步，能够允许地方政府根据当地经济发展条件、税源分布、财政收支需要、经济发展目标等客观情况来确定税基、选择税种和调整税率，将使地方政府能够拥有支应地方公共产品和服务的必备财力。就此而言，赋予地方政府在税收收入上一定程度的自主权不仅可以巩固地方税在地方财政体系中的主体地位，还可以有效地扼制预算外资金以及乱收费现象的蔓延，并由此实现地方财政收支行为的法治化。再次，从世界各国的分税制实践可以看到，凡是实行市场经济体制的国家在推行分税制的过程中均无一例外地给予了地方政府一定的税权，只是给予的程度不一而已。在此方面，经济学理论以及相关国家的制度实践皆已证明，由于公共产品具有层次性，因此，从效率的角度看，全国性公共产品和地方性公共产品应分别由中央政府和地方政府来提供。我国也可以借鉴其他国家在税权分配方面的有关机制，优化税权的配置。就此而言，适当下放税权不会造成税权的滥用，反而有助于税权结构的重整优化。

第三，宪法和立法法为地方享有适度的税收自主权预留了空间。从宪法和立法法看，这些法律在将立法权赋予各立法主体的同时，并没有将税收立法权排除在外，地方可在一定程度上享有税收立法权限。

首先，我国《宪法》要求发挥地方在立法上的积极性和主动性。《宪法》第二条规定："中华人民共和国的一切权力属于人民。人民行使国家权力的机关是全国人民代表大会和地方各级人民代表大会。"第三条第二款规定："全国人民代表大会和地方各级人民代表大会都由民主选举产生，对人民负责，受人民监督"。第三条第四款规定："中央和地方的国家机构职权的划分，遵循在中央的统一领导下，充分发挥地方的主动性、积极性的原则。"《宪法》第一百条及一百一十六条进一步规定，只要不违反法律，省、自治区、直辖市和国务院批准的较大的市的人大及其常委会可以制定地方性法规。[①] 通过分析这些条文，我们可以看到以下旨意：税权来源于人民，无论是中央政府还是地方政府，都应对人民负责；税权的划分不仅要在中央统一领导下进行，而且要激发地方的主动性和积极性。

其次，《立法法》的相关规定对税收法律法规制度的立法格局做了

---

① 《宪法》第一百条：省、直辖市的人民代表大会和它们的常务委员会，在不同宪法、法律、行政法规相抵触的前提下，可以制定地方性法规，报全国人民代表大会常务委员会备案。第一百一十六条：民族自治地方的人民代表大会有权依照当地民族的政治、经济和文化的特点，制定自治条例和单行条例。

较为详细的说明，释放了较大的地方税权空间。十二届全国人大三次会议于 2015 年 3 月 15 日通过了修改《立法法》的决定，根据新《立法法》第八条第六项的要求，对税种的设立、税率的确定和税收征收管理等税收基本制度只能由法律来明确规定。在第九条保留授权立法的基础上，第十至第十二条专门就授权目的、事项、范围、期限以及被授权机关授权决定的实施等进行针对性布局，旨在规范授权立法的行使，防止行政立法权过度强大僭越立法机关本有的立法权限。可以看到，《立法法》在扭转税收领域的行政主导立法方面做了极大的努力。但与此同时，《立法法》也以法律的形式引入了地方行使税收立法权的方法：该法第十三条规定，全国人民代表大会及其常务委员会可以视改革发展的需要，就行政管理领域的特定事项在一定期限内在部分地方暂时调整或者暂时停止适用法律的部分规定。由此可见，只要是基于改革发展的需要，立法机关可以就行政管理领域的特定事项直接授权地方行使立法权，在一定期限内暂时调整或暂时停止适用法律的部分规定。由此可见，中央在不违背宪法及法律规定前提下，可以授权地方行使税收基本制度以外的税收立法权。

此外，《税收征收管理法》也并不完全阻却地方税收立法权的存在。依据《税收征收管理法》第三条规定的规定①，有关税收的开征、停征以及减、免、退、补等税收征管事项均属于全国人大及其常委会制定的税收基本制度范畴，地方国家机关无权立法，但除此之外的其他税收管理权限，如发票的管理、纳税人的认定、申报期限和申报内容以及实施细则的制定等一般事项，就可以授权地方国家机关来规定。由此可见，由地方享有一定税收立法权，制定相应的税收法规并不会影响全国的税收法制统一。

---

① 《税收征收管理法》第三条的规定："税收的开征、停征以及减税、免税、退税、补税，依照法律的规定执行；法律授权国务院规定的，依照国务院制定的行政法规的规定执行。"

　　第四，地方税权在实践中依然享有有限的立法权。目前，在高度集中的税收立法权之下，我国地方依然在某些单行税收立法实践中享有着零星的、有限的税权，具体表现在以下五个方面（见表12.1《地方政府拥有的税收立法权一览表》）：其一，税种的征收权与停征权。主要针对的是屠宰税和筵席税，但随着2006年2月17日屠宰税的废除和2008年1月15日筵席税的废止，该部分权力也不复存在。其二，某些税种的税率调整权。比如，针对契税、营业税中的娱乐业税目，资源税中的特定税目，地方具有自主决定税率幅度的权力。[①]再如，车船税中的车辆税目、耕地占用税、城镇土地使用税，可以由地方来自主确定具体的适用税额。[②]其三，部分税种的减免税权。一类由立法直接授权地方进行减免，例如特类车船、特定区域车辆的车船税减免[③]，民族自治地方的企业所得税减免[④]，纳税人确有困难的房产税减免[⑤]，因意外事故或自然灾害等原因遭受重大损失的资源税减免[⑥]。另一类则需借助对法律的解释由地方获得减免税权。例如根据《个人所得税法》第五条的规定，有关个人所得税减征的幅度和期限由省、自治区、直辖市人民政府规定。增值税的起征点也被授予地方来行使。[⑦]其四，计税依据的确定权。一是直接规定某一税种具体的减除比例或费用扣除比例。如房产税中房产原值的减除幅度[⑧]，土地增值税中房地产开发费用的具体扣除比例[⑨]。二是直接核定某类产品的计税价格。如根据《消费税暂行条例实施细则》第二十一条的规定，其他应税消费品的计税

[①]《契税法》第三条、《资源税法》第三条。

[②]《车船税法》第二条、《车船税法实施条例》第三条、《耕地占用税暂行条例》第五条、《城镇土地使用税暂行条例》第五条。

[③]《车船税法》第五条、《车船税法实施条例》第十条。

[④]《企业所得税法》第二十九条。

[⑤]《房产税暂行条例》第六条。

[⑥]《资源税法》第七条。

[⑦]《增值税暂行条例实施细则》第三十七条。

[⑧]《房产税暂行条例》第三条。

[⑨]《土地增值税暂行条例实施细则》第七条。

价格由省、自治区和直辖市国家税务局核定。三是借助成本利润率的确定间接确定计税依据，如资源税中特殊营业额（销售额）的确定。[①]

其五，部分税种征纳管理的确定权。一是具体征收机关的确定权，如契税征收机关或委托代征单位的确定。[②] 二是纳税期限的确定权。如房产税、城镇土地使用税的纳税期限由省、自治区、直辖市人民政府规定。三是纳税地点的调整权。例如资源税的纳税地点需要调整的，由省、自治区、直辖市税务机关决定。四是具体征管办法的制定。例如土地增值税中针对特定纳税人，地方可以制定税额预征、清算和多退少补的具体办法。[③]

表 12.1　地方政府拥有的税收立法权一览表

权限级别	内容	备注
税种的开征、停征权	拥有屠宰税、筵席税的税法制定权，其他税种的开征、停征权均属于中央。	两税分别于 2006、2008 年取消。
实施细则制定权	拥有车船税、房产税、城镇土地使用税、城市维护建设税的实施细则制定权，其他税种的实施细则制定权均属于中央。	四税中的税目、税率等基本要素调整变动权及税法解释权仍归属中央。
税率税额调整权	拥有车船税和城镇土地使用税的税额、资源税税率在《税目税率表》规定幅度内的确定。	部分娱乐业的营业税税率曾一度被中央限制为 20%。
计税依据的确定权	房产税中房产原值的减除幅度，土地增值税中房地产开发费用的具体扣除比例，消费税中其他应税消费品的计税价格，营业税和资源税中特殊营业额（销售额）的确定等。	限定于省、自治区、直辖市的地方层级。
税收减免加征权	除民族自治地方外，一般省区仅有个人所得税、资源税、契税、房产税、车船税等少数税种在特定情况下的减免权。	民族自治地方拥有企业所得税地方分享部分的减免权等多项权利。

（二）我国地方税权重建的主要思路 —— 以自主权能实现为核心

从一定意义上说，地方享有税权是我国深化财税体制改革的客观

---

① 《资源税法》第七条。

② 《契税暂行条例》第十二条以及《契税暂行条例实施细则》第二十条。

③ 《土地增值税暂行条例实施细则》第十六条。

需要，而由地方享有一定税收立法权，不仅有助于央地之间的税权划分，而且能够有效推进地方税体系的完善。为此，在总的税制结构框架下，在保证中央财政收入稳定增长的基础上，我国应当按照"统一税法、分级管理"的原则，赋予地方对在某些事项上的税收立法权，建立"中央立法为主，地方立法为辅"的税收立法格局。中央应充分考虑各省经济社会发展的需要和运用地方税调控地方经济的能力，适当下放地方税权，在合理划分税权的基础上，给予地方税主体税种的法律保障。

在借鉴国外先进经验的基础上，我国学者也提出可以通过确立中央立法的税种范围来实现对地方税收立法权的合理限制：其一，对经济社会具有全国性影响的税种由中央立法；其二，税基具有高度移动性的税种，由中央统一立法；其三，课税对象具有跨区域性的税种，由中央进行立法；其四，地方税的开征不得损害国家利益和其他地方的利益；其五，对相同种类的税目，中央有优先立法权。[①] 综合这些标准和原则的基本启示，本书认为我国重构分税制、合理划分中央与地方税收立法权的配置应着重从以下三个方面着手进行：

第一，中央立法注重宏观统筹，地方立法应考虑区域特性。总体而言，针对对宏观经济影响较大的税种，应由中央集中行使立法权，而对于区域特征明显、税源分散的税种则应由地方来适度行使立法权。[②] 这是因为我国是采取单一制的国家，又属于世界上最大的发展中国家，这就决定了中央政府要把财力集中起来进行有效的宏观调控。因此，对增值税、企业所得税、个人所得税等对宏观经济发展有较大影响的地方税种，应由中央统一立法和解释，税收管理权也相对集中在中央。对此，《德国基本法》第七十二条第二项也规定，基于维护法

---

① 刘剑文、熊伟：《税法基础理论》，第 48 页。

② 潘明星、匡萍：《创新政府非税收入管理方式的思考》，《中国行政管理》2005 年第 2 期。

律秩序和经济秩序统一性的必要，尤其为维持超过一个邦的地区生活条件的统一性的必要，需要由联邦法律加以规定时，联邦即有了立法权。在此方面，由中央统一行使立法权的优势在于避免各地区国民的税收负担差异悬殊，使得工商企业、人民迁移流动到税负较少的地方，最终影响各地区经济的均衡发展。

但地方政府在不违背中央统一规定前提下，也应在一定范围和幅度内享有税收立法权。尤其是对于某些税种而言，它们虽然是在全国范围内统一开征，但区域性特征比较明显，如资源税、房产税、城市维护建设税等。对于这些税种，整体立法权应当归中央行使，但至于具体的实施办法，税目、税率的调整，税收减免和税收征管等权限，则可赋予地方政府来实施。换言之，地方可在中央规定的幅度范围内，结合本地经济发展实际自行确定适用于本地区的具体征收率，可以在一定范围内征收一定额度的附加税，可以依法决定是否开征或停征若干税目等。这样既可以防止出现地方自主立法造成税源异常流动、税收宏观调控功能削弱、自然资源分布不均衡加剧等问题，也可以增强这类地方税种的灵活性和适应性。

第二，中央主管税基移动性强且课税对象跨区的税种，地方主管税基移动性弱且作用范围有限的税种。就某些税种而言，由于开征之后的作用范围仅局限在地方，对全国统一市场的影响较小，可交由地方来进行立法。对此，我们可以根据税种性质的不同来进行区分。首先，像所得税、遗产税等税基具有较强流动性的立法，如果将这类税种划归地方，由地方自行立法，在各地的税率高低不一的情况下，极易引起税基的流动，使纳税人前往税负比较低的地方，因此不宜由地方来主管立法。其次，对于课税对象跨区的税种而言，由地方立法也存在"收益划分和权衡"的难题。单一阶段的销售税可以在任何层次的政府课征，但多阶段的销售税，如果由下级地方政府课征，当课税对象的货物或劳务横跨一个或一个以上的地方政府辖区时就会出现征收上的困难。例如，增值税体系下的抵扣制度就要求将跨区的交易纳入计算，以抵扣先前区外交易已经支付的税款。如果各个地方设定不同的税率或课税对象，就会带来征税上的困扰。为此，由中央统一制定增值税法并由中央政府统一征管，较为科学。而对于城市维护建设税、印花税等影响范围小、不涉及跨区征管的税种，则宜增强地方的立法权限，在中央统一立法的基础上，授权地方根据发展实际，自主确定具体的实施时间和出台实施办法，调整相应的税目税率，自行制定本地的减免税优惠政策，并享有相应的解释权。

第三，零星分布、征收成本较高的税种，立法权可由地方主导。从地方税发展的趋势来看，应赋予省级地方政府在经由中央批准之后开征某些地方税种的权力。尤其是对于税源在地区间分布不均衡、地域特点明显、不会对宏观经济造成直接影响且不会对中央税基构成威胁的税种，应由地方政府掌握绝对的立法自主权。例如车船税、地方土地使用税、印花税、契税等，这些税种比较分散、征收成本也较高，为此，应将其部分立法权和征管权划归地方。在此方面，各地可以在不违反宪法、法律及行政法规的限度范围内，自行制定地方税收的课税税目、标的、税基和税率等有关课税要件事项，以便地方自行筹措地方事务所需的财源。① 亦即，应当认可地方政府具有根据地方税源的分布开征地方特色税种的权力，但必须以中央政府的批准或备案为前提。

目前，我国《立法法》的修改虽落实了下放权力的精神，但遗憾的是，在设定地方政府立法权范围时只涉及"城乡建设与管理、环境保护、历史文化保护等方面的事项"，地方人大与政府下放的立法权中并没有涉及税收立法权，特别是地方税种的一些立法权。对此，我们建议，根据《立法法》对地方立法权的例外规定，在制定《房地产税法》时设定相应的授权条款，授权地方人大在不与上位法相悖条件下

---

① 陈清秀：《税捐立法权与税捐收益权归属》，《财税研究》1997 年第 1 期。

制定实施细则，以推进直接税的改革与立法的效率。

（三）地方税收立法权应当适度设置

应当看到，地方税收立法权的实现是一个渐进过程，与中央税收立法权相比，它是一种"受限"的权力，因此也必须进行适度设置。首先，由于地方税收立法权并非完全独立自主，而需受到中央立法机关、行政机关的监督和制约，地方性税收法规亦需报送全国人大及其常委会或国务院备案。因此，在行使税收立法权时，省级政府不仅不能损害中央政府的利益，也不能损害其他地区和当地居民的利益。对此，中央可以行使监督管理权，并有权废止地方政府损害中央政府、其他地区和当地居民利益的行为。其次，对于不同的地方税税种，地方的税收立法权能也应有所差异，对于大部分的地方税，立法权能归中央享有，地方税只享有除税法制定权、税法解释权、税收开征停征权外的其他权能；而对于极少数的地方税，地方税拥有完全的税收立法权能，但仍需报中央审批、备案。再次，地方性税收法规的空间效力具有地域性，只能在本地区内施行有效，否则将带来税源异常流动、税收竞争不断的后果。最后，当前我国地方立法权只能下放到省一级地方政府，不得逐级下放。这是因为根据我国宪法的规定，税收立法权只能授予省级地方人大或政府来行使地方性法规或规章的制定权，未经中央许可，税收立法权不能层层下放。因此，省级地方人大或政府行使税收立法权不能与宪法和法律法规相抵触，而对于市县级地方政府而言，则暂时不具有享有地方税收立法权的可行性。就此而言，我国地方税收立法权的划分应当遵循有限赋权原则，避免因过度行使而带来地方各自为政、地方税收法规相互冲突等问题。①

---

① 胡宇：《试论我国地方税收立法权的确立与界定》，《中央财经大学学报》1999 年第 2 期。

就此而言，地方税收自主权的实现要求加快地方税种的立法进程，提高地方税种的立法层次，维护税法的权威性和严肃性，以此建构层次分明的央地税权配置的理想图景，如表 12.2《我国税收立法权合理划分的理想模式》所示：

表 12.2   我国税收立法权合理划分的理想模式

税种类型	税收立法权的等级划分		
	第一层次	第二层次	第三层次
中央税、共享税	全国人大及其常委会	国务院	国务院财税主管部门
央地共享立法客体的地方税种	全国人大及其常委会	国务院	省级人民政府
专属地方立法客体的地方税种	省级人大及其常委会	省级人民政府	省级人民政府具体税务部门

二、税制重组：主体突出与合理配置

由于"营改增"倒逼地方税体系的重构，营业税的消失所造成的地方财政空缺亟待填补，当前如何重构地方税体系，合理安排主体税种，填补营业税消失后的税收"真空"，正成为学者争议的焦点。

（一）国内外地方税体系主体税种的观点综述

国外财税专家对中央税与地方税的划分原则进行了广泛研究，具有代表性的观点有：

马斯格雷夫从财政职能实现的需要出发，认为税收划分应遵循七原则：（1）经济功能未定的税种适宜划归中央，而收入来源稳定、具有周期性特点的税种应划归地方政府。（2）具备收入再分配功能的税种应划归中央政府，有利于实现全国范围内的公平目标。（3）税源在各区域分布不平均的税种适宜划归中央，否则会造成区域间财政不均衡。（4）对流动性较差的生产要素课税应划归较低的地方政府。（5）针对流动性较强的生产要素课税（如所得税、资本利得税）适宜划归中央政府，以免引起资源配置的扭曲。（6）依附于居住地的税收划归地方政府。（7）受益性税收以及对使用者的收费适用于所有级次的政府。

赛利格曼从税收行政效率出发，认为税收的划分应遵循以下三项原则：（1）效率原则，即以征管效率的高低作为中央税与地方税的划分基础，如将所得税划归中央，将财产税划归地方，征税效率比较高。（2）适应性原则，即以税基的宽窄作为税收划分的依据，税基广的税种归属中央。（3）恰当原则，以税负是否公平作为分税标准，为使全国居民公平负担税收而设立的税种归属中央，只涉及部分地区和居民的税种划归地方。

明孜从政治学和管理学角度出发，提出税收划分的五原则：（1）效率原则，税收的划分应尽量减少对资源配置的扭曲。（2）简便原则，便于公众的理解和执行。（3）灵活原则，将税权与事权相适应，便于各级政府有效灵活地使用各项税收政策工具。（4）责任原则，各级政府的支出责任应与本级税收规模保持一致。（5）公平原则，各级政府应尽量保持税种结构、税基、税率上的平衡，以此来保证各地区税负水平的公平。

国内代表性学者的主要观点有：王国华、马衍伟[①]认为，地方税应具有如下基本特征：一是税基具有明显地域性，课税对象不随纳税人流动而转移；二是收入具有受益性，纳税人所负担的税收与其所享受到的公共产品具有对称性；三是征收的便利性，地方在征管方面更易

---

① 王国华、马衍伟：《财产税应当成为我国地方税的主体税种》，《福建论坛》（人文社会科学版）2005年第3期。

掌握税源，方便管理。

王宇[①]认为合适的地方税种需要具备三个条件：一是税基相对稳定，包括税基在市场价值的稳定性和地理位置上的不易流动性；二是满足区域性受益原则；三是不会导致恶性税收竞争。

靳东升、王则斌[②]认为地方税应具备三个基本特征：一是税源的非流动性；二是课征的直接受益性，纳税人根据其从公共服务中获得利益的大小纳税；三是对地方的强依附性，包括税源依附于地方社会经济发展和税收征管依附于地方政府的努力。

（二）国际经验 ——OECD 国家地方税体系与主体税种

一国的地方税设置受该国国家结构形式、经济发展阶段、社会福利、民主政治程度、文化传统、地理面积、行政管理层级等多个因素的影响。OECD 是全球 38 个市场经济国家组成的政府间国际组织，这里以 OECD 国家为例，总结单一制和联邦制国家的财政分权、税权配置和地方税构建的国际经验和规律，以给我国地方税的重构以有益启示。

2012 年 OECD 成员国家的地方税结构如表 12.3《OECD 各国地方税结构（2012）》所示。由于联邦制国家的次级政府包括州政府和地方政府两级，因此为了更全面反映各国地方税情况，为我国地方政府（省与省以下政府）提供经验，这里把联邦制国家州政府和地方政府税收结构均做了反映。

---

① 王宇：《财税改革过程中地方主体税种的选择》，《税务研究》2015 年第 4 期。
② 靳东升、王则斌：《构建地方税体系的若干重要问题的思考》，《公共经济与政策研究》2013 年第 4 期。

表 12.3　OECD 各国地方税结构（2012）　（单位：%）

国家		占州政府税收收入比重					占地方政府税收收入比重					地方税占总税收收入比重
		企业所得税	个人所得税	货物劳务税	财产税	其他	企业所得税	个人所得税	货物劳务税	财产税	其他	
联邦制国家	澳大利亚	—	32.8	32.7	34.5	0.0	0.0	0.0	0.0	100.0	0.0	3.4
	奥地利	6.3	49.2	15.1	2.1	5.4	0.0	63.1	9.8	14.8	2.6	3.2
	比利时	0.0	0.0	27.7	71.4	0.5	0.0	33.7	8.0	58.0	0.0	5.0
	加拿大	9.0	41.3	39.6	3.5	0.0	0.0	0.0	2.0	97.4	0.6	9.7
	德国	6.3	47.2	41.1	5.4	0.0	27.3	52.0	5.9	14.7	0.1	8.0
	墨西哥	0.0	53.7	22.2	18.1	6.1	0.0	0.0	3.4	81.6	15.0	1.1
	瑞士	13.7	62.5	7.9	13.2	0.0	13.6	68.6	1.5	13.7	0.0	15.2
	美国	5.4	35.9	56.7	2.1	0.0	1.3	4.5	21.7	72.5	0.0	15.9
	西班牙	0.2	41.2	50.3	7.7	0.7	3.4	15.0	35.4	39.0	5.2	9.6
	未加权平均值	5.1	48.8	32.6	17.5	1.4	5.7	26.3	9.7	54.6	2.6	7.9
单一制国家	智利	—	—	—	—	—	0.0	0.0	53.3	41.7	0.0	6.6
	捷克	—	—	—	—	—	0.0	0.0	44.2	55.8	0.0	1.2
	丹麦	—	—	—	—	—	2.0	87.3	0.1	10.5	0.0	26.7
	爱沙尼亚	—	—	—	—	—	0.0	89.8	2.2	7.9	0.0	13.3
	芬兰	—	—	—	—	—	6.2	87.1	0.0	6.6	0.0	23.2
	法国	—	—	—	—	—	0.0	6.8	24.1	51.6	17.4	13.1
	希腊	—	—	—	—	—	0.0	0.0	4.2	95.8	0.0	3.7
	匈牙利	—	—	—	—	—	0.0	0.0	79.9	20.1	0.0	6.5
	冰岛	—	—	—	—	—	0.0	82.0	0.4	17.6	0.0	26.6
	爱尔兰	—	—	—	—	—	0.0	0.0	0.0	93.8	0.0	3.3
	以色列	—	—	—	—	—	0.0	0.0	5.2	94.8	0.0	7.6
	意大利	—	—	—	—	—	1.7	23.2	29.9	16.0	29.1	4.2
	日本	—	—	—	—	—	15.5	34.5	19.5	29.4	1.1	25.2
	韩国	—	—	—	—	—	7.9	11.4	25.6	44.4	10.7	16.3
	卢森堡	—	—	—	—	—	91.3	0.0	1.4	6.8	0.4	4.7

（单位：%）　续表

国家		占州政府税收收入比重					占地方政府税收收入比重					地方税占总税收收入比重
		企业所得税	个人所得税	货物劳务税	财产税	其他	企业所得税	个人所得税	货物劳务税	财产税	其他	
单一制国家	荷兰	—	—	—	—	—	0.0	0.0	45.4	52.4	2.2	3.6
	新西兰	—	—	—	—	—	0.0	0.0	9.6	90.4	0.0	7.3
	挪威	—	—	—	—	—	0.0	87.9	1.4	10.7	0.0	12.1
	波兰	—	—	—	—	—	11.0	48.4	6.9	30.4	3.3	12.5
	葡萄牙	—	—	—	—	—	10.1	19.4	24.5	45.1	0.7	6.6
	斯洛伐克	—	—	—	—	—	0.0	0.0	47.9	52.1	0.0	2.9
	斯洛文尼亚	—	—	—	—	—	0.0	78.5	6.3	15.3	0.0	10.9
	瑞典	—	—	—	—	—	0.0	97.3	0.0	2.7	0.0	35.7
	土耳其	—	—	—	—	—	8.9	17.1	19.3	14.0	10.6	8.8
	英国	—	—	—	—	—	0.0	0.0	0.0	100.0	0.0	4.8
	未加权平均值						6.2	30.8	19.5	40.2	3.0	11.5

数据来源：OECD 数据库《税收收入》。

通过分析以上数据，我们可以得出以下结论：

1. 地方税在单一制国家相对更为重要

如表 12.3 所示，单一制国家的地方税占总税收的比例为 11.5%，联邦制国家为 7.9%，说明在一国税收体系中，地方税在单一制国家中的重要性超过联邦制国家。这主要是由于联邦制国家中有中层政府（州或省）来收集税收，在单一制国家中这部分税权和收入归地方政府。

2. 联邦制国家州政府主体税种选择各有不同

联邦制国家中州政府的主体税种选择分为以下五种情况：

（1）以个人所得税为单主体税种的国家有：奥地利、墨西哥、瑞士，占联邦制和分权型国家总数的 33%；

（2）以货物劳务税为单主体税种的国家只有美国，占 11%；

（3）以财产税为单主体税种的国家只有比利时，且财产税占州政府税收收入高达71.4%，占国家数的11%；

（4）以个人所得税和货物劳务税为双主体税种的国家有3个：加拿大、德国、西班牙，占国家数的33%；

（5）以个人所得税、货物劳务税和财产税形成三主体税种的国家为澳大利亚，三种税的收入占比几乎相等，占国家数的11%。

总体而言，九个国家中个人所得税平均占州政府税收收入比重为48.8%，货物劳务税占比为32.6%，财产税占比为17.5%，企业所得税占比为5.1%。因此，各国对州政府的主体税种选择偏好从强到弱依次为：个人所得税、货物劳务税、财产税、企业所得税。

3. 地方政府的主体税种选择

（1）财产税

第一，34个国家中，如表12.3右起第三列所示，将财产税作为单一地方主体税种的国家有十三个，占国家总数的38%，其中五个是联邦制国家，占该类国家的56%，八个是单一制国家，占该类国家的32%，说明较多国家认可财产税作为地方税主体税种的地位。

第二，财产税在联邦制国家的地方政府中担任更重要的角色，前者地方政府税收中财产税占比高达54.6%，而单一制国家地方税收中财产税平均占比仅为40.2%，说明在财产税是否设置为地方税主体税种的定位上，国家结构形式是显性影响因素。

第三，除了国家结构影响外，历史传统、文化特征、法律习惯等因素的影响也较大。英联邦成员国家或受英联邦影响的国家的地方政府对财产税依赖性较强，英国、澳大利亚、加拿大、美国、爱尔兰、新西兰六国财产税占地方税的比重分别为：100%、100%、97.4%、72.5%、93.8%、90.4%，受其影响的墨西哥为81.6%。

第四，财产税作为地方税主体税种的国家，在地方税辅助税种的选择上大多选择货物劳务税，而几乎排除了所得税，尤其是个人所得税。以美国为例，财产税占比为 72.5%，货物劳务税占比为 21.7%，个人所得税占比为 4.5%，企业所得税占比为 1.3%。新西兰的财产税占比为 90.4%，货物劳务税占比为 9.6%，所得税占比为 0。

（2）个人所得税

第一，34 个国家中，将个人所得税作为地方主体税种的国家有十一个，占国家总数的 32%，其中三个是联邦制国家，八个是单一制国家，如表 12.3 右起第五列所示。

第二，个人所得税在联邦制国家地方政府税收中占比为 26.3%，在单一制国家占比为 30.8%，差距不大，说明国家结构对个人所得税是否被定位为地方税主体税种的影响不明显。

第三，北欧国家严重依赖个人所得税。丹麦、芬兰、冰岛、挪威、瑞典五国个人所得税占地方税收的比重分别为：87.3%、87.1%、82.0%、87.9%、97.3%。北欧是高福利国家，社会保障支出构成了财政主要支出成分，政府将个人的资本利得和工资收入作为课税对象的首选，符合地方税的受益税原则。

第四，有十四个国家的地方税收入中没有个人所得税，占国家总数的 41%。在这些国家中，八个国家以财产税为主体税种，四个国家以财产税和货物劳务税为双主体税种，一个国家以货物劳务税为主体税种，一个国家以企业所得税为主体税种。

（3）货物劳务税

第一，34 个国家中只有三个国家将货物劳务税作为地方主体税种：土耳其、智利和匈牙利，都属于集权制国家，仅占国家总数的 9%，如表 12.3 右起第五列所示。

第二，货物劳务税在联邦制国家地方税收收入中仅占 9.7%，在单一制国家的地方税收收入中占 19.5%，这是因为在联邦制国家的中级政府税收中，货物劳务税大多被当作主体税种。

（4）企业所得税

34 个国家中只有卢森堡一个国家的地方税是以企业所得税为地方主体税种，并且企业所得税占地方税收的比重高达 91.3%。

（5）双主体税种

第一，以财产税和货物劳务税为双主体税种的国家有三个，分别为荷兰、捷克、斯洛伐克，均为欧洲集权制国家，占国家总数的 12%。

第二，以财产税和个人所得税为双主体税种的国家是日本，个人所得税占比为 34.5%，财产税占比为 29.4%，占国家总数的 3%。

第三，以个人所得税和货物劳务税为双主体税种的国家为意大利。个人所得税占比为 23.2%，货物劳务税占比为 29.9%，占国家总数的 3%。

由上可知，在一些国家中地方仅能征收一种税——财产税，如英国、爱尔兰、澳大利亚，而更多的国家地方政府征收 2—3 种地方税，形成双主体税种或主辅税种搭配和谐的地方税体系。

4. 各国地方主体税种设置的规律总结

综合上述内容，我们可以发现如下规律：

（1）各级政府的事权与财权基于契约精神相匹配

第一，中央政府与次级政府之间在事权与财权的划分上，遵守契约精神和公正公平原则，中央政府的本级财政收入普遍大于地方政府的本级财政收入，但同时中央政府的本级财政支出也普遍大于地方政府的本级财政支出，各级政府在财权与事权上是相匹配的。

第二，集权型国家的中央政府比联邦制和分权型国家的中央政府财权集中度更高，但是中央政府的事权职责范围也更大。同样，联邦制和分权型国家的地方政府比集权制国家拥有更多的财政收入，同时承担更多的社会事务管理。

第三，许多国家各级政府的事权和财权划分，采用规范的法律形式以有效地约束，形成法律契约之上的事权财权划分。

（2）地方政府拥有不同程度的税收自主权

第一，联邦制和分权型国家的地方政府拥有较多的税收自主权，收入主要来自于单独设置的地方税种，对地方税的自主权形式更高阶，集权制国家的地方政府拥有相对较少的税收自主权，除了地方税之外还有大量的共享税存在，并且权力形式更低阶。

第二，英美法系国家的地方政府拥有较高的税收自主权，大陆法系国家地方政府拥有的税收自主权相对较低。

第三，即便是税收自主权较低的集权型国家或大陆法系国家，地方政府通常对地方税也拥有一定的税收自主权，如完全设置税率的权利或者有限设置税率的权利，在共享税的分成上即便由中央政府决定分成比例，也需要以法律形式进行规范，中央政府不可朝令夕改，随意改变分成比例。

（3）各级政府主体税种的设置受多因素的影响

第一，各国不同层级政府主体税种的设置，受国家结构形式、法律体系、社会福利水平、历史文化等多重因素的影响。

第二，国家结构形式对中央税与地方税的设置影响较大，在联邦制和分权型国家中，州和地方政府拥有较大的社会事务管理权，也享有较多的税收自主权，因此中央政府主要选择具有调节收入分配功能的个人所得税作为中央税的主体税种，将稳定经济和筹集收入较强功能的货物劳务税归州政府，将具有受益税特征的财产税归地方政府。而在集权型单一制国家中，中央政府具有行政集权和税收集权，地方政府的税收自主权较低，也不需承担更多的社会事务，因此将具有较强的筹集收入和稳定经济功能的货物劳务税归中央政府，将个人所得税和财产税归地方政府。

第三，法律体系对地方税的设置具有一定的影响，英美法系国家集体偏好于将财产税作为地方的主体税种，大陆法系的选择更具有多样性,选择财产税的国家数量和选择个人所得税的国家数量几乎相当。

第四,北欧五国对财产税制的依赖性不强,选择将货物劳务税作为中央税的主体税种,将个人所得税作为地方税的主体税种。

第五,东亚两国(日本和韩国)地方税占国家税收收入的比重较高,说明东亚国家中地方政府承担了较多的社会事务。其中日本的地方税主要采用直接税形式,并将税收负担均匀分摊到财产、个人所得和企业利润上,地方税中个人所得税占比为 34.5%,财产税占比为 29.4%,企业所得税占比为 15.5%。韩国的地方税中除了直接税 —— 财产税、个人所得税,货物劳务税也占了一定的份额。财产税占比为 44.4%,货物劳务税占比为 25.6%,个人所得税 11.4%。

5. 启示借鉴

第一,应以法律形式规范中央政府与地方政府的事权与财权划分,只有以法律契约的形式形成清晰的政府间的事权与支出责任边界,才能规范政府行为,形成良性预期。

第二,应逐步提高我国地方政府的财政收入占比,降低地方政府的财政支出占比。我国中西部省份的财政自给率比 34 个 OECD 成员国中最低的奥地利地方政府财政自给率 29% 还要低。

第三,应根据不同地方税的特点,赋予地方适度的税收自主权,比如未来开征的房地产税,应将有限的税率设定权和豁免面积的设定权赋予地方,允许各地在中央规定的税率幅度范围内确定本地的适用税率,各地根据本地区的房地产市场发育完善程度、人均住房面积等因素确定豁免面积。

第四,从国家结构上我国是集权型国家,从法律体系上是大陆法系,从地缘文化上与日韩接近,因此增值税、关税、消费税等货物劳务税应作为中央税的最优选择,个人所得税、财产税应作为地方税的选择项,而从社会福利程度和地缘文化上,似乎更应选择财产税作为地方的主体税种。

（三）主体税种设置模拟及数据测算

由于"营改增"倒逼地方税体系的重构，营业税的消失所造成的地方财政空缺亟待填补，当前如何填补营业税消失的税收缺口，成为各方争议的焦点。

1. 短期方案

随着"营改增"的落地，如何通过地方税主体税种的建设来弥补地方财政空缺，已成为一个炙手可热的问题。以 2014 年数据为例，地方政府营业税收入总额为 17713 亿元，"营改增"后假设增值税仍按照 75：25 的分享比例，那么地方财政缺口为 13285 亿元，如果增值税收入全部归中央，则财政缺口为 17713 亿元。如何弥补"营改增"后出现的 13000—18000 亿元的财政缺口，是当前亟待解决的问题。总体来看，关于如何设计我国的地方税主体税种体系，大致存在以下四种观点。

（1）"车辆购置税 + 个人所得税 + 资源税 + 环保税"的辅助税种制度变革

首先，我们先考虑外围的辅助税种，目前财税专家比较认可的是：

第一，将车辆购置税的收入归属从中央改为地方。这一提议合理性表现在：一是车辆购置税具有直接税的特征，征税环节为最终消费环节，纳税地点为车辆登记注册地，将车辆购置税列为地方税，方便源泉控管，提高征收效率；二是车辆购置和使用所造成的车辆停放管理、交通堵塞、环境污染等问题均由地方政府买单，因此按照受益税的原则，将车辆购置税收入归地方，用于以上问题的治理，从逻辑上是自洽的。2014 年车辆购置税收入为 2885 亿元。

第二，个人所得税收入全额归地方。个人所得税目前为共享税，中央与地方的分享比例为 60：40。个人所得税从职能定位上属于调节收入分配的税种，按照马斯格雷夫的观点应该属于中央税的范畴，英美法系国家普遍将其作为中央税的主体税种，然而大陆法系国家将其作为州主体税种或地方主体税种的情况相当普遍。此外，需要指出的是，我国的个人所得税更接近于 OECD 国家的工薪税，调节收入分配的作用不强。因此，未来可以考虑将个人所得税作为省级政府的主要税收收入来源。2014 年个人所得税全额 7377 亿元，其中归属中央的为 4426 亿元，可以划归为地方收入。

第三，改革资源税，由从量定额征税改为从价计征。根据"资源税、房产税改革及对地方财政影响分析"课题组测算，资源税改革之后，石油、煤炭、天然气三类主要资源按照 5% 的税率从价征收，以 2010 年的数据计算即可累计增加收入 1814 亿元，整体增收效应较为显著，但地区差异较大，中西部一些资源性省份增收幅度较大，可起到支撑地方财政收入的作用，而东部资源匮乏的省份增收效应有限。

因此，"车辆购置税 + 个人所得税 + 资源税 + 环保税"的辅助税种的制度变革，经过测算，将给地方政府创造 9485 亿元的增量收入，接下来就是寻找能够创造 4000—9000 亿元左右的地方主体税种才可实现弥补地方财政缺口的任务。

（2）重构增值税的分享比例方案评析

"营改增"前，增值税收入在中央与地方间的分享比例为 75：25，"营改增"后比例：一是国内增值税，中央与地方仍保持 75：25 的分享比例；二是原营业税征税范围改为增值税之后，收入 100% 归于地方。两种分享方式，显然是过渡办法，不能长期维持。部分学者认为与其他方案的大动干戈相比，重构增值税的分享比例是短期内解决地方财政收入问题的低成本、高效率的办法。

　　李林木、李为人[①]认为近中期很难从现有税种中寻找一种能够替代营业税主体地位的税种，为发挥地方政府的积极性，可以对增值税分成比例做适当调整；高凤、宋良荣[②]通过分析地方分享比例的上限值和下限值，得出地方分享比例应在 46.74%—62.48% 范围内；刘明、王友梅[③]通过线性回归分析，得出中央与地方分享比例为 47.82∶52.18；邢树东、陈丽丽[④]计算出一步到位式改革下中央与地方的分享比例为 49.77∶50.23，分步式改革下分享比例应为 53.15∶46.85；刘和祥、诸葛续亮[⑤]以 31 个省和五个计划单列市 2009—2011 年国内增值税和地方营业税收入为样本，得出按照 50∶50 的增值税分享比例计算，绝大部分地区财政受损和得益不大的结论，各省能够基本保持"营改增"前的收入规模。综合可见，重构增值税的分享比例，将中央与地方的收入比例从 75∶25 改变为 50∶50 左右，即可弥补"营改增"后的地方财政缺口。以 2014 年为例，国内增值税为 30855 亿元，地方营业收入为 17713 亿元，合计为 48568 亿元，按照 50% 的分享比例为 24284 亿元，与作为地方国内增值税收入 9752 亿元和地方营业税收入 17713 亿元之和的 27465 亿元相比，相差 3181 亿元，这个差额可以用车辆购置税和个人所得税的分成调整来弥补。

　　重构增值税的分享比例方案的优点在于，它的成本最低、效率最高、社会风险最小。但缺点也比较明显，主要体现在以下几个方面：其一，该方案的实质就是简单的数据计算，仅仅就收入谈收入，无助

---

　　① 李林木、李为人：《从国际比较看地方财政收入结构与主体税种选择》，《国际税收》2015 年第 6 期。

　　② 高凤、宋良荣：《增值税扩围后中央与地方分享比例测算》，《财会月刊》2013 年第 4 期。

　　③ 刘明、王友梅：《"营改增"后中央与地方增值税分享比例问题》，《税务研究》2013 年第 12 期。

　　④ 邢树东、陈丽丽：《增值税"扩围"改革后中央与地方分享比例问题研究》，《地方财政研究》2013 年第 5 期。

　　⑤ 刘和祥、诸葛续亮：《重构增值税分享比例　解决地方财政失衡问题》，《税务研究》2015 年第 6 期。

于当前收入与支出，中央与地方两个矛盾的解决。其二，加剧了中央对税权的控制，因为分享比例不会以法律形式进行规范，中央根据经济形势可以随时变更分享比例，地方政府没有独立的地方主体税种，更加依赖于中央的"垂怜"。其三，违背政府间的契约精神，与既定的现代化、民主化的财政体制改革方向相冲撞，也与国家治理体系和治理能力现代化的目标相违背。

（3）关于零售税作为地方税主体税种的思辨

郭庆旺、吕冰洋[①]提出开征零售税，其思路为按照生产环节和零售环节征收增值税和零售税。第一步，在商品进入零售环节之前继续征收增值税，同时降低税率，收入全额作为中央税收入；第二步，在商品进入零售环节之后，按照商品价格从价征收零售税，并将其作为地方税收入；第三步，取消营业税，将属于生产性服务（如交通运输业、建筑业、不动产业）的税基归为增值税，将消费性服务（如餐饮、住宿）的税基归为零售税。

该方案也有利弊之分，优点主要体现为：其一，零售税的税收增长潜力大，地方财力将大大加强；其二，对地方政府的激励，也将从房地产建设和招商引资，引导为促进居民消费，有利于经济发展方式从出口型和投资型向消费型转变。缺点主要有：其一，零售税属于国外的一般消费税的范畴，若按照这种设计势必出现一般消费税和特殊消费税平行出现的问题，改革动静比较大，民众接受度低，推进阻力大；其二，在流转税现有的增值税、消费税的基础上，又增加了新的流转税种，与降低流转税比重，提高直接税比重的税制改革趋势不一致，与结构性减税的方向相冲突；其三，"营改增"的目的就是完善增值税链条，降低增值税和营业税税负，零售税尽管在增值税的最后一

---

① 郭庆旺、吕冰洋：《地方税系建设论纲：兼论零售税的开征》，《税务研究》2013 年第 11 期。

道环节出现,然而商品的最终消费者在现实中既有可能是个人,也有可能是企业和单位出于管理需要购买文具用品、电脑等,征收零售税,就没有增值税的进项税额,仍然割断了增值税价值链条;其四,由于低收入者边际消费倾向高,高收入者边际消费倾向低,零售税具有累退性,加剧了居民收入分配的差距;其五,实行价外税的征收,会增加民众心理负担而降低消费,与当前刺激内需和消费的宏观调控目标不相符;其六,易导致地方保护主义,不利于统一市场的建立,出现各地品牌产品只能在当地购买,各省出于税收保护主义,限制商品的跨省流动的问题;其七,零售环节征税难度较大,加大地方税务部门的征管成本;其八,与财政分权理论相背离,与国际经验不符。

财政分权理论认为增值税等一般性货物劳务税与国家宏观经济稳定密切相关,应作为中央税收入;在实践中,OECD 成员国中大部分的集权制国家将货物劳务税作为中央税收入。

因此,将增值税的最后一道环节作为零售税,让地方征收,只能是过于理想化的想法,无论是财政理论上、各国实践中还是税收征管上都不大可行。

(4)关于国内消费税作为地方主体税种的争议

倪红日、楼继伟、许善达等专家学者提出将国内消费税从中央收入划归地方,扩大国内消费税的征税范围,将征税环节前移至零售环节。

该观点与零售税的观点不尽相同,倪红日等人提出的国内消费税主要指对特种商品开征的消费税,郭庆旺、吕冰洋提出的零售税属于原增值税的范畴,是增值税的最后一道环节,属于对一般商品征的消费税。我国现行消费税是在增值税的基础上对部分特殊商品,如烟、酒、小汽车、奢侈品、资源类产品的征税。一般消费税的主要功能是筹集财政收入,特殊消费税的功能包括筹集财政收入、调节收入分配和纠正外部性。然而,随着消费税改革的方向定性为调整和扩围,一方面将现行征税范围中已经成为老百姓日用品的化妆品、轮胎等调整出征税范围，另一方面将私人直升机等高档奢侈品，煤炭等能源产品，化肥、电池、塑料制品等污染性工业品纳入应税消费品的范围；此外将征收环节从生产环节改为消费环节（零售环节）。人们逐渐混淆了一般消费税和特殊消费税的区别，认为国内消费税改革后即为零售税，是可以作为地方主体税种的选择方案。

尽管在理论上，专家们均认为以房地产税为代表的财产税具有优良的地方税特征，然而由于各方博弈的困局难以打破，税收征管模式需要重塑，房地产税立法也需要广泛讨论的过程，许多支持房地产税改革的专家学者，也不得不承认短期内需要一个替代方案，而纷纷转向消费税。这其中以高培勇①为代表，他在《中国近期税制改革动向与趋势》一文中写道："从长远看，房地产税是最适宜作为地方主体税种的选择……但是，至少在近期，房地产税对于地方主体税种的重建来讲，可能是远水解不了近渴，只能作为长期选择，渐进地加以推进。"如果仅从收入规模来看，国内消费税＋车辆购置税＋个人所得税基本可以弥补财政缺口的任务。2014 年国内消费税收入为 8907 亿元，若全部作为地方收入，加上车辆购置税的 2885 亿元，个人所得税（原中央部分）收入 4426 亿元，合计 16218 亿元，若消费税扩围之后，税收规模预计还将增加，应基本可以弥补营业税消失的地方财政缺口 17713 亿元的需要。

然而，持不同意见的学者也不在少数。尹音频、张莹②认为消费税不符合地方税种应具备的特性，消费税管理上征管对象的跨域性和出口退税的跨域性决定其不宜作为地方税管理，消费税收入规模较小且不稳定，税源分布在区域之间严重不均衡，因此无法弥补营业税的收入空白。

---

① 高培勇：《中国近期税制改革动向与趋势》，《国际税收》2015 年第 1 期。
② 尹音频、张莹：《消费税能够担当地方税主体税种吗？》，《税务研究》2014 年第 5 期。

杨志勇[①]认为消费税的收入结构主要依靠烟、酒、油、车的现实决定了地方政府不能依靠这样的收入结构，地方税的完善要通过增值税和消费税共享来解决。

高阳、李平[②]经过对 OECD 国家和欧盟国家的消费税进行考察认为，消费税出于管理需要，绝大部分国家征收都在生产环节，只有在特别监管体系内才允许征收环节后移，且基本控制在批发环节，在零售环节征收的主要是税源便于控管的机动车和特定服务税。从收入归属上以中央税为主，纯粹作为地方税的不多。因此，他们认为将我国现行消费税改为地方税不符合税种特性，是行不通的。

综上所述，对国内消费税改为地方税的思路做如下评析。其优点在于：第一，从数量规模看，"国内消费税 + 车辆购置税 + 个人所得税"，再考虑未来消费税的扩围，应基本可以弥补营业税造成的财政缺口。第二，没有增加新的税种，将高档奢侈品、高能耗、高污染商品加入征税范围，民众心理接受度高，改革的阻力较小。第三，若将消费税改在零售环节征收，作为地方税，将有可能引导地方政府扩大内需、促进居民消费，有利于经济发展方式从出口型和投资型向消费型转变。而其缺点主要表现为：第一，从功能定位上，消费税具有筹集收入、调节收入分配、纠正外部性三大功能，按照财政分权理论，原则上宜作为中央税。第二，从税种收入结构上，消费税的主要收入集中在烟、酒、成品油、机动车，这四个税目的收入占消费税总收入的80% 左右。这种收入结构，一是不具有未来的收入潜力和持续性，二是改为地方税后，将刺激地方政府会致力于这些产业的生产和消费，那么地区经济结构和产业结构可能会变得更为畸形。第三，消费税具有地区分布不均衡的特点，将加大东西部经济差距，不利于公共服务

---

① 杨志勇：《政府间财政关系的规范化应更加注意调动中央和地方两个积极性》，《中国财政》2014 年第 1 期。

② 高阳、李平：《部分 OECD 国家消费税的特征及借鉴》，《国际税收》2015 年第 5 期。

均等化。在税收分布的地区结构上，消费税的规模与居民对特定消费品的消费行为正相关，而居民的消费行为受收入水平、消费能力、消费习惯等多个因素的影响。一般来说，人口集中度高、收入水平高、消费能力强的东部地区要优于中西部地区，若消费税作为地方主体税种之后，东部省份的消费税收入要高于中西部地区，将会进一步拉大地区之间的财政差距和经济差距，也不利于公共服务的均等化。第四，消费税的课税对象具有一定的流动性，会导致消费税收入的不确定性。如果一个地区对消费税的征管税率较高或征管严格，由于改在零售环节征税，消费者可以从其他实际税负较低的辖区买到同样的商品，更极端的例子是通过网络购物或海外代购来避税。而且大量消费通过旅游转移到国外，不仅降低了国内消费和税收，还减少了工商业就业岗位，影响整体经济的健康发展。这也是许多发达国家对高档奢侈品没有征特殊消费税的原因。税收有收入效应和替代效应，通过改变消费者的可支配收入以及商品的相对价格，影响投资、就业和消费，使得税收立法的目的与最终的经济效果常常不一致。因此，在我们对消费税改革的效应分析不够透彻时，不可轻易改变其征税环节和过度扩大征税范围，并应与资源税、环保税统筹考虑，不能造成企业和消费者的过度负担，而影响经济发展。第五，消费税改在零售环节征税不符合征管便利原则。生产环节征税便于源泉控管，监管成本比较低，不容易产生税源流失。在零售环节征税，税源比较分散，加大税务部门的征管成本，征收效率不高。如对烟酒的征税，原来在生产环节征收，税务部门只需监管大型烟厂、酒厂即可实现源泉控管，现在却要面对零售环节的成千上万的烟摊、酒摊、超市、便利店，且大多为个体户形式，可以想见，征管成本高企、征收效率低下、税收流失严重的状况必然出现。

因此，将国内消费税改在零售环节征收，作为地方政府独享的主体税种，将是弊大于利的选择。更优的选择，一是将个别税目如机动车消费税、娱乐业消费税改为消费环节征收，收入归地方政府，更便于源泉控管。二是消费税大部分税目建议继续在生产环节征收，符合国际惯例和税种特性，收入归属上由中央和地方共享。

（5）对上述方案的总结

面对我国地方政府财政入不敷出的困局，如果能有税源充沛、税基稳定、征管便利的独享税作为地方主体税种，那将是最优选择。可是，不管是零售税、消费税还是仅占税收收入6%的个人所得税，当前任何一种税的税收规模和税种属性都不能担当此重任。那么，就只能退而求其次，选择次优项：增加能够被地方支配的税收收入，提高共享税的比例，做好辅助税种的制度安排，加大纵向转移支付，减少地方支出责任。

具体而言，短期方案是"开源节流"，增加能够被地方支配的税收，减少地方财政支出责任。包括：

第一，主要收入上，重构增值税的分享比例，提高地方在税收分成中的比重。

第二，辅助安排上，将车辆购置税、个人所得税全额归地方，加大资源税的改革力度，单独设立环保税，将消费税税目中的机动车消费税、营业税中的娱乐业改征消费税归入地方税。

第三，加大中央对地方的转移支付力度，提高一般转移支付的比重。

第四，规范中央与地方的事权支出范围，减少地方财政支出中的投资性支出，引入民间资本投资地方基础设施建设项目。

2. 长期方案

几乎所有的财税专家公认房地产税与其他税种相比，具有对征税地依附性高、税基无流动性、符合受益原则、税收收入稳定的特点，而且房地产税与地方基础设施建设形成良性循环，它们使其成为地方税的最优选择。它的缺点是易被纳税人觉察，纳税痛苦指数高，政治接受度低，初始征收成本高。

国外的实践也证明了这个结论，如在 OECD 的 34 个成员国中有 53% 的国家选择财产税作为地方的主体税种，或双主体税种中的一个选择项，有 38% 的国家选择个人所得税作为地方税主体税种或选择项，选择货物劳务税的国家仅占 9%，选择企业所得税的国家仅占 3%。

（1）房地产税测算的理论

Bahl[1] 为了考察房地产税占国民总值比重的制度内外影响因素，开创性使用了以下公式：

$$\frac{T_C}{Y} = \frac{T_C}{T_L} \times \frac{T_L}{AV} \times \frac{AV}{TMV} \times \frac{TMV}{MV} \times \frac{MV}{Y}$$

其中：

T_C—房地产税的实际收入　　　　Y—GDP

T_L—房地产税税负　　　　　　　AV—应纳税房产的评估价值

TMV—应纳税房屋的市场价值　　MV—房地产市场的总价值

因此：$\frac{T_C}{T_L}$ 代表的是房地产税的实际征收率，取决于税务部门的征管水平和效率，取值在 0—1 之间，越接近于 1，说明征管效率越高。

$\frac{T_L}{AV}$ 代表的是房地产税的税率，取决于税权的设定（谁来设定，如何设定）。

$\frac{AV}{TMV}$ 代表的是房地产评估率，为房地产评估价值占市场价值的比率，取决于评估过程的效率，取值在 0—1 之间，越接近于 1，说明评估值越接近市场价值，评估准确率越高。

$\frac{TMV}{MV}$ 代表非减免比率（或应税比率），代表了房地产税的减免范

① R. W. Bahl, J. Martinez-Vazquez, "The Determinants of Revenue Performance", in *Making the Property Tax Work: Experiences in Developing and Transitional Countries*, edited by Roy Bahl, Jorge Martinez-Vazquez and Joan Youngman, Lincoln Institute of Land Policy, 2008.

围和幅度，取值在 0—1 之间，越接近于 1，说明房地产税政策减免的范围越小。两个极端值的意义是：若为 0，代表所有的房产均为免税对象；若为 1，代表所有的房产均未减免。

$\frac{MV}{Y}$ 代表房地产总市场价值占 GDP 的比重，反映了房地产市场的发育水平和对国民经济的重要程度。该值越高，说明房地产税市场越发达，对国民经济的重要性越强；相反则说明对国民经济的重要性越弱。

由此公式通过约去 Y，并将非减免率变形为（1 - 税收豁免率），可以推出房地产税的收入测算公式：

房地产税收入 = 房地产总价值 × 评估率 × 税率 ×（1 - 税收豁免率）× 征收率

（2）房地产税的收入规模的测算

对房地产税的收入规模的测算见表 12.4《2013 年和 2020 年房地产税收入测算》，表中用了 2013 年和 2020 年两个时间节点来计算房地产税规模，其原因在于 2013 年的数据是《中国统计年鉴》中最新的数据，选择 2020 年则是由于该年度对我国经济社会的意义重大，各项改革进程的阶段性时间或目标时间都订在该时间点，城市化建设、户籍制度改革均如此。对于房地产税而言，由于政府相关部门反映的信息显示 2018 年不动产登记系统才能完成，大家普遍估计房地产税开征大约在 2020 年。[①]

表 12.4　2013 年和 2020 年房地产税收入测算

项目	2013 年	2020 年
城镇人口（万人）	73111	84000
城镇人均住房面积（平方米）	32.9	39.4
住宅商品房平均销售价格（元 / 平方米）	5850	8232

① 由于本书的写作时间在 2020 年以前，故此处及下文中采用了预测数据。虽然这些数据现在不具有时效性，但体现了作者当时的实际研究状态，且具较强的参考价值，故仍予保留。

项目		2013 年	2020 年
住宅市值（亿元）		1407131	2724463
不同税率下的房地产税收入（亿元）	税率 0.5%，评估率 100%，非减免率 45%，征收率 100%	3166	6130
	税率 1.2%，评估率 100%，非减免率 45%，征收率 100%	7599	14712
	税率 3%，评估率 100%，非减免率 45%，征收率 100%	18996	36780

数据来源：2013 年数据来自于《中国统计年鉴》（2014），2020 年数据部分来源于国务院的《国家新型城镇化规划》和国家信息中心经济预测部《2014—2020 年：中国房地产市场需求的中长期分析》，住宅商品房销售价格来自于按照 5% 的年增长率的估算。

计算公式：住宅市值＝城镇人口 × 城镇人均住房面积 × 住宅商品房平均销售价格，不同税率下的房地产税收入＝住宅市值 × 税率 × 评估率 × 非减免率 × 征收率

第一，测算公式：

房地产税收入＝房地产总价值 × 评估率 × 税率 × 非减免率 × 征收率 [1]

其中：房地产总价值＝城镇人口 × 城镇人均住房面积 × 住宅商品房销售均价

第二，根据《中国统计年鉴（2014）》数据显示，到 2013 年末我国城镇人口有 73111 万人，城镇居民人均住房面积 32.9 平方米；2013 年全国住宅商品房平均销售价格为 5850 元 / 平方米，住宅市值为 1407131 亿元。2020 年的数据部分来源于国务院的《国家新型城镇化规划》和国家信息中心经济预测部的《2014—2020 年：中国房地产市场需求的中长期分析》，到 2020 年，城镇常住人口城镇化率将达到 60%，将有近一亿左右的新增城市人口，城镇人口总数将达到 84000 万人，城镇人均住房面积达到 39.4，全国住宅商品房平均销售价格为作者按照 5% 的增速计算得出为 8232 元 / 平方米，住宅市值为

---

① 借鉴 Bahl 的公式。

2724463 亿元。

第三, 税率设置: 将征收率和评估率都理想化设定为 100%。税率的设定按发达国家的实务操作中的税率范围估算: 瑞典的税率为不动产评估价的 0.5%—1%; 奥地利的税率为评估值的 1%—2%; 丹麦的税率最高不超过 2.4%; 芬兰的税率为 0.5%—3%; 法国的税率为 3%; 德国的税率为 1%—1.5%; 挪威的税率为 1.1%—1.6%; 西班牙的税率为 3%; 美国各州和地方政府税率不同, 平均税率为 1%—3%。总体来看, 发达国家的税率范围为 0.5%—3%。考虑到我国现行商业用房地产税税率为 1.2%, 因此这里设置三档: 0.5%、1.2% 和 3%。非减免率 45%, 按照图 12.1《城市住宅按用途和人均面积分类占比情况》计算得来, 该图数据来自刘蓉等人《房地产非减免比率的估计与潜在税收收入能力的测算》一文, 计算公式为: 非减免率 = 空置率 + 使用房率 ×［(自住率 × 超过人均 35 平方米部分占比) + (租赁率 × 非廉租房占比)］。

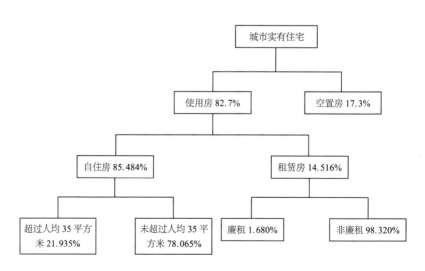

图 12.1　城市住宅按用途和人均面积分类占比情况

3. 测算结论

如表 12.4《2013 年和 2020 年房地产税收入测算》所示，2013 年按照 Bahl 公式计算出来的三档税率下的房地产税收入为：3166 亿元、7599 亿元、18996 亿元，分别占地方税收收入 53891 亿元的 5.8%、14.1%、35%。2020 年预计三档税率下的房地产税收入为：6130 亿元、14712 亿元、36780 亿元。可见随着新型城市化建设，新增人口的住房需求扩大了房地产税的税源，使得房地产税收更为可观。

三、税种优化：公平为先与持续绿化

（一）个人所得税改革

从中国个人所得税的发展现状来看，现行个人所得税制度在调节社会分配、增加财政收入等方面起着积极的作用，但就税制设计本身而言还存在一些不完善的地方，特别是在现行的经济环境下，税收公平原则、合理性原则的体现和税收征管方面还存在诸多弊端。因此，研究和探讨改进个人所得税税制迫在眉睫。

1. 观点评述

（1）国外研究动态及评述

关于如何进行个人所得税的设计，各国学者在所得税的发展过程中的见解不同，大致可以划分为以下三个层次的研究：

第一，对公平性的研究。

主要观点　Yong 主张通过设计合理的累进税率、加强税前扣除和各项减免来实现收入的再分配。Hayek 则恰恰相反，他反对累进税制，提倡单一比例税率。Atkioson 则从费用扣除和家庭因素出发，考虑如何实现收入与再分配效应及公平效应。

评述　学者们对公平性的认识和重视程度的不同，导致了其税制设计观点的不同。如比例税率观点关注的是横向公平，而累进税率和不同程度的累进税率的制度设计则是强调纵向公平。这些观点和税制设计由于过分强调公平，容易忽略个人所得税税制设计的社会、经济和历史环境影响，容易忽略不同需求者的不同需求；同时，由于其设计复杂，不利于效率的体现。

第二，对边际性的研究。

主要观点　Mirrlees 研究提出了以最优的边际税率为核心的最优所得税理论，并形成了最优线性所得税和非线性所得税两个研究方向。

评述　这种理想化的研究，假设太多，与现实情况差异很大，而且在不同社会历史背景下对社会福利的界定不同，这就使得其具体税收制设计又不同，这种复杂的设计往往又使得其效率大大降低。

第三，对多元化的研究。

主要观点　单一税理论认为，只有所得税才是最能体现公平、最具确定性和最能明确收入程度的税收。此外还有以资本所得和劳动所得为主要内容的二元所得税理论，它将个人所得分为前述的"二元"，并用不同的税率征税。

评述　单一税、二元所得税在一定程度上以简化税制为手段，得到了一些国家的认可。从运用其理论的相关国家的实践来看，在单一税、二元所得税下个人所得税的效率减少了损失，但在一定程度上限制了其公平目标的实现。

第四，对具体税制的研究。

主要观点　在税制改革中，所得税方面的具体做法多是降低税率，拓宽税基，重视个人所得税与其他所得税和流通领域税收的整体协调。它更加注重效率和促进经济增长的效果；在税收公平方面更加注重横向公平。

评述　个人所得税产生至今有 200 多年，历经了多次改革和完善，总体说来，各国根据自身的经济情况对税制要素设计逐渐进行改变或优化，使之合时、合地、合国情，形成各具特色、百花齐放的局面。

（2）国内研究动态及评述

就我国而言，随着人们对税制改革公平性的呼声越来越高，有关个人所得税改革方向的探讨也成为热议的问题。

第一，对改革步骤的研究。刘福垣认为应直接取消；刘剑文认为要加快改革，逐渐实现从分类所得税制向综合所得税制的转变；贾康认为个人所得税改革应在综合改革上多下功夫。

第二，对功能作用的研究。刘小川等认为分类税制没有起到有效调节收入的作用；王亚芬等认为有一定调节收入分配差距的作用，但还不够大，需要通过调整不同收入阶层税负，以发挥更大的作用。

第三，对"三类课税模式"的研究。一部分学者，如刘小川等，提出从"综合 + 分类"至"综合课税"的逐步完善模式；王红晓提出"交叉型个税税制"的思路；杜莉则认为应该直接把"二元课税模式"确定为适合我国国情的模式。

第四，对具体制度的研究。对征税范围，高培勇等认为要适时扩大；孙飞主张用反列举免税项目法，而孙钢则反对此法。对费用扣除的问题，贾康、高培勇等认为提高工资薪金费用扣除标准对高收入者有利；赵恒等提出要综合考虑纳税人的生计、赡养、教育、残疾、社会保险费用等家庭的具体负担能力情况；孙钢直接将个税扣除项目分为三类（生计扣除、特许扣除、成本扣除）；岳树民、卢艺提出以低收入户家庭人均消费作为参考基准，同时认为免征额不宜再提高，应通过对税率结构的调整来减轻税负。对税率，魏明英认为中国应顺应个人所得税的世界性改革潮流，简化税制，降低税率，减少税率级次；王怀祖、张熙悦建立了"应税所得倍数—平均税率"函数。岳树民通过研究，表明中国的工薪所得课税对高收入群体的累进性并不明显，建议提高工薪所得课税的累进性。对申报单位，吴云飞等主张以家庭为单位；刘剑文等主张家庭或个人可以二选一；孙钢则不赞成以家庭为单位申报。对于个人所得税改革的配套措施，有人提出加快机构之间联网、建立个人所得税信息征管平台、实行财产实名制、减少现金使用等建议。

　　总体而言，国内学者对个人所得税制度的研究侧重于税制要素方面，从个人所得税的功能定位上看，具有一定的可行性；但从实现的日期看，大多都还比较长远。从近期来看，要充分发挥个人所得税的作用，还是要从实际的经济社会发展水平和税收征管水平出发，逐步完善。

2. 改革思路

（1）中国个人所得税制存在的主要问题

　　总体而言，我国当前个人所得税的制度设计仍存在以下几方面的问题：

　　第一，个人所得税所占比重偏低，预期宏观调节功能发挥受限。在中国目前的税制结构中，商品劳务税所占比重超过 70%，所得税比重较低，特别是个人所得税所占比重更低，2012 年、2013 年、2014 年占比分别为 4.59%、5.45%、5.70%，加上个人所得税制度本身的缺陷，与要其发挥较强的调节收入分配作用之间存在一定的矛盾，其调节经济运行的作用发挥受限。从再分配功能的发挥来看，由于对高收入者多样化的收入来源无法有效监管，而对收入相对较低的工薪阶层收入个人所得税进行源扣缴，使得工薪阶层成为个人所得税的主要纳税群体，难以发挥调节再分配的功能。

　　第二，税制设计不够完善合理，预期公平目标难以实现。中国现行个人所得税制是分类课税模式，不同的类别适用不同的税率，虽然金额相同，但由于收入的来源不同而适用不同的税负，造成税负与传统理念扭曲，如工薪等劳动所得与租赁等非劳动所得的税负差异。另外，由于分类是人为划分，也在一定程度上由于地区与经验值的差异造成相同收入不同税负的情况，一方面让投机或不法分子有机可乘，另一方面又增加了税务人员的执法风险。个人所得税制中对起征点、税率级次、扣除数等的设计也存在不合理的地方，纳税人的实际纳税能力不能得到真实反映，公平性更未实现。高收入者多交个税、中低收入者少交个税，通过"削高"缩小贫富差距的目标，现行中国个人所得税税制还未实现。

第三，倍受公众关注，但又相对陌生。一方面，经济的发展促进了个人所得税纳税人的增多；另一方面，因为涉及每一个收入者的切身利益，越来越多的人知晓和关注个人所得税这个税种，民众也越来越关注自身的切身利益，纳税意识和遵从度不断提高。但公众主要关注的不是"依法诚信纳多少税"，而是"尽量少交税"，以保留己利最大化。其主要原因是民众对个人所得税的作用认识不够，体会不深，对具体的制度设计特别是计算方法不清楚，有的甚至不理解，不会算，不知如何缴纳。这说明相关部门在税收的宣传辅导上还需要进一步加强，在税制的设计上还需要进一步简明易懂，在税收遵从上还需要进一步加大力度，让公众真正认识和遵从这个税制，意识到"纳税与死亡"同样不可避免。

（2）中国个人所得税制改革的总体思路

在深化税收制度改革、稳定税负、逐步提高直接税比重的前提下，按照"宽税基、低税率、严征管"的思路，改革个人所得税制的重点要落在如何提高其总量与比重上，逐步建立综合与分类相结合的个人所得税制，促进税制结构调整，形成直接税与间接税的均衡布局，共同完善收入分配调节机制。在改革中要把握好以下三个"有利于"：要有利于和谐社会的构建，充分发挥"削高"与"润滑剂"的作用；要有利于个人所得税税种的做大做强，从提高其占比方面强化作用；要有利于公平性、透明度的体现，提高税收遵从水平。重点在于做好以下三方面的工作：一是完成好混合型模式（综合＋分类）的转变；二是在合适的范围内调整税率，不断完善税基内容；三是提高征收管理水平，不断加强配套建设的完善。

（3）中国个人所得税制改革的总体原则

一是突出调配功能原则。尽管个人所得税制有组织收入和调配收入这两个功能，但由于当前我国居民收入水平总体不高，经济社会发展不平衡，并且我国税收体系以流转税为主体，在相当长一段时间内，我国个人所得税应主要定位于调节收入分配功能，组织财政收入只能是辅助功能。在我国个人所得税制度设计中，应充分考虑这一功能定位。

二是经济易行原则。从税收遵从度的角度出发，要提高效率，促进纳税人理性行为的培养，减少纳税人不遵从可能性；从税收征管的角度出发，要注重制度的可操作性，尽量减少征收和缴纳成本。

三是公平公开原则。主要是要政务公开、透明和程序公开、透明，方方面面做到征、用、纳三方都熟知。内容上注重个人所得税制的横向公平与纵向公平，促使纳税人"全面满意"和"一致遵从"，在规范税务人员执法行为的基础上，充分考虑纳税人的主观感受，关注纳税人的纳税行为及后果，进而提高制度执行的绩效。

四是逐步推进原则。改革对纳税人、征税人双方都提出了新的要求，对双方来讲适应改革变化需要一个过程。个人所得税在社会经济生活中实际所起的作用，除了税制本身外，在很大程度上取决于税务机关对该税种的征管能力及其他配套条件的完善程度。无论一个个人所得税制多么理想，如果受各方面条件制约没有操作性，其实际作用也会大打折扣，甚至会造成负面影响，因此，个人所得税改革不能过于超前或理想化，应坚持分步推进的改革原则。在改革过程中应重点关注配套政策、税务机关征管能力、公民纳税意识等内外条件是否成熟，只有当条件成熟后，改革才可能继续向前推进。

3. 税制设计的构想

（1）扩大个人所得税的税基和规模，提高个人所得税的调节作用

十八届三中全会提出，要改革税制、稳定税负，即在现有税负条件下做结构性调整，优化平衡税制结构。从 OECD 国家的情况来看，其间接税与直接税基本上是均衡的，间接税大概在 45% 左右，直接税大概在 55% 左右。而我国目前间接税和直接税的比重大约分别为 60% 和 40%，同时缴纳个人所得税的纳税人比例远低于普税制国家。资料显示，发达国家个人所得税的纳税面多为 50% 以上，比如美国 3 亿多人口，约 1.6 亿人缴纳个人所得税。因此在个人所得税制改革过程中，首先必须逐步扩大个人所得税税基和规模。

第一，采用反向列举，扩大课税范围和税基。随着我国收入分配改革的深入推进，居民收入规模和比重将进一步提升，未来个人所得税的规模和纳税面将会扩大，所以本书建议改变现有税目正向列举方式，采用反向列举。个人所得税不严格区分所得的来源、性质和形式，除属于法定不征税或者减免税范围的，原则上将个人的全部所得纳入课税范围，包括实物所得、隐形收入等。可以考虑将生育补贴、医保返还款、通过社会公益组织取得的救助款等列入不征税范围。

第二，通过反向列举，对征税范围进行调整，将以前一些未纳税的项目进行征税。比如将附加福利所得和资本所得纳入征税范围。劳动方通过劳动从劳动雇佣方取得的一般工资薪金或劳务报酬以外的各种收入通常称为附加福利所得，它可以是货币的形式，也可以是非货币的形式，但最终的结果都是增加了劳动方的收入或者说福利。在我国，这种灵活的福利方式一直广泛地存在，如单位发放的节日慰问品、公车补贴、困难慰问、免费的营养餐、住房或租房补贴等，其形式有实物又有货币，类目繁多。就近况看，随着我国金融制度的完善和相

关部门的功能强化，以及社会纳税意识的提高，对此类收入福利的核算和监督逐步迈上规范的渠道，将其纳入个人所得税征收范围的设计已具备可行的主客观条件。通俗地讲，通过买卖股票、贵金属、债券和房地产等资本所获得的低买高卖的价差收入，就是资本得利。我国早就对向资本得利征税的事宜进行了研究和决策，《个人所得税法》中的相关法律条款就是最好的证明。但由于没有具体的操作方法，涉及的各项情况又在不断地发生变化，导致目前我国对资本得利的税收还没有完全开征，更谈不上由此形成的收入调节作用。所以，本书建议，相关部门有必要再做进一步的调研和决策，进一步细化个人所得税中关于资本利得方面的条款，并通过法律的形式加以确定。

第三，增加直接税特别是个人所得税，减少间接税。本书对直接税的理解是纳税义务人同时是税收的实际负担者但又不能转嫁给别人的税种，如企业所得税、个人所得税、房产税、契税等。建议对中国的税制进行结构性完善，在稳定经济的前提下继续推进"营改增"，同时降低增值税税率，提高个人所得税平均税率，减少间接税比重，提高直接税特别是个人所得税在总税收入中的占比；建议统一用消费税来代替零售环节增值税，当个人购买时付了消费税可以抵扣个人所得税，所得是生产的结果，当人们消费的时候赋税较低而所得赋税较高，就会鼓励消费，增加经济的成长。

（2）采用综合与分类相结合的税制模式，进一步体现税收公平

实践证明，现行的分类所得税模式存在诸多问题，而综合课税模式税基较宽，对于收入来源多元化的纳税人进行项目合并征收能够有效抑制纳税人利用分解收入避税。但目前中国的征管手段相对落后，公民纳税意识比较弱，近期直接从分类式改到综合式还有一定的操作困难，建议先行采用混合型过渡模式（综合＋分类），在条件成熟的时候采用综合税制的模式。根据中国的国情，现阶段要缓解乃至扭转整体税制的累退性，调节高收入者税负，降低中低收入群体的税收负担，

必须推进"综合与分类相结合"的个人所得税改革。将所得项目按一定原则综合，全面地反映纳税人的真实收入和负担能力，以累进税率体现"量能负担"的公平原则。在综合与分类的具体设计上，应当尽可能考虑使纳税人的负担水平与负担能力基本保持平衡，与"提低、控高、扩中"的调控主线相符合，从而更好地实现对收入分配的调节作用。

第一，纳入综合计征范围的所得项目。在综合所得的基础上，有小、中、大三种范围的划分。最小范围为工资、薪金所得和劳务报酬所得的综合。中等范围一般包括劳动所得、经营所得、资本所得和其他所得。顾名思义，劳动所得一般指通过个人劳动所取得的收入，如工资、报酬等；经营所得一般指通过一定经营杠杆所取得的收入，如租赁收入、经营收入等；资本所得一般指利用所占资本资产取得的红利，如股息等；其他所得是指偶发、分散、与经营无关的所得，如偶然所得等。本书认为，可以先将劳动所得、经营所得纳入综合计征范围，适用综合累进税率；从全球化下竞争税基的考虑，其余所得（如资本所得）则适用比例税率。我国在改革初期可采用最小范围综合方案，视情况推出中等范围综合。

第二，分类税率结构。分类税率结构的设计从增加中低收入者可支配收入的角度出发，简单易行，适当考虑以前税率的延续性。例如工资薪金所得税率，可以适当减少税率级次，如把七档降为四或五档；适当减小前几级级距的税负差距，平缓地增加中低收入者的税收负担；适当下调最高边际税率，避免过高的边际税率对经济激励机制产生扭曲和负面效应，将最高边际税率由45%降至40%或35%。再者，可以提高一些征税对象和税目的最高税率，如个体经营者的生产经营所得。本书认为，在重构税制设计时，可以对偶然所得、红利、利息、股息等分类所得项目继续适用20%税率，但对高收入者实行加成征收，达到"保低削高"的效果。

第三，综合税率结构。综合税率设计的总体思路是：一是方便计算，建议保持与调整后的工资薪金所得税率相同的级次；二是设计综合费用扣除，包括基本免征额和其他费用扣除；三是综合税率累进税率表中最低级次的税率与未纳入综合计征范围的所得的比例税率不宜差距过大，避免纳税人以变换收入的形式避税、逃税；四是对年收入12万元以上的综合税率的设计上，综合汇算清缴的应纳税额应比分类计算的应纳税额略高，以适当提高高收入者的个人所得税负担率。

第四，完善综合税前扣除。首先，关于免征额。一是免征额的金额不宜过高，以基本生计费用为主。如前所述，当免征额提高到一定程度，利益受损的反而是中低收入者，并且提高免征额会侵蚀个人所得税的税基，不利于培养公民的纳税意识。二是建议免征额实行动态管理，如以社会平均工资的倍数进行扣除，可在一定程度上化解通货膨胀对此税种的影响。三是为公平税负，减少税款流失，建议取消对外籍个人的税收优惠，内外一视同仁。其次，关于特别费用扣除。现行个人所得税法在费用扣除方面，基本没有考虑纳税人负担能力不同的问题。从国外的做法看，通常允许扣除部分个人费用，或是以家庭为申报单位，以保证税收的公平性。但在现阶段中国实行"家庭申报"制度仍然有难度，本书认为，可以允许纳税人扣除一定限额的家庭重大支出，如教育费用、医疗费用、首套住房房贷利息、购买汽车等用品的支出（含银行贷款利息支出）等，以解决家庭负担特别是中低收入者负担问题，并且费用的扣除与否还需要看其是否便于税务机关确认和管理，以体现社会福利与公平。

第五，减少税收优惠政策的累退性。逐步清理、规范现行税收优惠政策，减少针对纳税人的特殊身份特征而施行的税收优惠政策，制定鼓励劳动所得的税收优惠政策，通过抵免或扣减的方式减轻中低税收者的税收负担。

第六，加强生产经营所得项目征管，完善税收政策。目前生产经营所得征管漏洞较大，体现在企业主个人及家庭支出在企业列支情况普遍，生产经营所得普遍实行定期定额征收管理方式，税收流失较多，特别是个人独资合伙企业生产经营所得的相关税收政策严重滞后且不明确，建议可对个人独资合伙企业生产经营所得相关政策比照企业所得税政策管理，加强征管和监控。

4. 具体实行举措

当然，我国个人所得税的制度改革并非一蹴而就，需要在尊重现实条件的前提下，发挥制度配套优势，稳步推进税制改革。

（1）尊重现实条件，稳步开展税制改革

第一，强化间接税转直接税的进度和深度，探索开征环保税、房屋土地税、社保税，从整个税收体系上进行结构上的优化。

第二，中国个人所得税制度的改革应坚持逐步推进的原则，从税制来看先期可完善某些要素；从空间来看可先行试点，逐步推进；从时间来看可分期实现。

从时间上看，可分如下步骤进行：

第一步：优化税率结构，调整免征额，进行特别费用扣除，内容如前文。

第二步：制定针对性强的高收入者征税政策，如对长期不分红、长期不发工资的企业主，对其挂账利润按一定比例视同分红所得征收个人所得税，再如对核定征收企业的企业主，按企业收入的一定比例视同分红所得征收个人所得税。

第三步：拓宽税基，对应税所得实行反列举法，税法只规定不纳入征税范围的所得项目，其他一律纳入征税范围，同时大幅减少税收优惠政策，只适当保留针对中低收入阶层的税收优惠政策。

第四步：逐步向分类与综合相结合的混合税制转变，即对劳动所得中的特许权使用费所得等，资本所得中的财产转让所得、利息股息红利所得等，其他所得中的偶然所得等偶然性或一次性所得，继续采用分类税制模式征收；对劳动所得中的工薪所得、劳务报酬所得等，对经营所得中的生产经营所得和财产租赁所得等收入，采用综合税制模式征收。

从空间上看，可以分地区展开：实施上述第一步和第二步措施无须试点，可在适当的时机全面推开。第三步和第四步可以在经济发达、信息技术发达的地区先行试点，待积累一定的经验，不断完善后，在2—4年内全面推开。

（2）以年所得12万元以上自行申报制度为依托推动综合纳税申报，为综合分类税制推行积累现实经验

年所得12万元以上自行申报制度运行以来，在加强高收入征管、提高依法纳税意识方面发挥了非常积极的作用，取得了较好的效果。以重庆市为例，2007—2013年，共计242565人进行了年所得12万元自行申报，申报税额共计101.10亿元，人均所得额33.91万元，人均税额4.16万元，补缴税款3.70亿元。申报人数和申报税额由2006年度的13084人和4.6亿元分别增长至2012年度的83708人和31.62亿元。可见自行申报制度的运行已有了较为成熟的基础，为个人所得税制向"综合与分类相结合"转型做了"预演"。随着将来经济社会的逐步发展和征管水平的提高，自行申报人数将进一步增加，申报质量将进一步提升，因此以年所得12万元以上自行申报制度为依托，推动综合纳税申报是最现实可行的。

第一，强化年所得12万元以上自行申报制度的法律责任。2006年，国家税务总局出台《个人所得税自行纳税申报办法（试行）》，并在全国范围内正式实行。该办法规定了年所得12万元以上的纳税人未按照规定自行申报的，依据《税收征收管理法》第六十二条的规定处罚，但并没有起到有力的威慑作用，每年应进行年所得12万元自行申报而未申报的人员仍然存在。我们认为，有必要在个人所得税法中明

文规定此制度，并加大自行申报的法律责任，对不按规定自行申报者，应在一定范围内公告，加大处罚力度，并在融资、贷款、离境入境、职务晋升等方面予以限制。

第二，综合申报的具体方式。对年所得 12 万元以上的纳税人，可按照本章所述最小范围或中等范围综合方案的要求，在年度终了后实行综合计征，其中，税率适用综合累计税率，扣除范围为综合费用扣除范围，以此计算其年度的综合应纳税额，要特别注意的是，对已分期预缴或者代扣代缴的税款要纳入预缴税额范围予以减除，对其他未纳入综合计征范围的所得，按照原规定自行申报。同时，对年所得未达到 12 万元以上的纳税人，可以由纳税人自行选择是否进行年度综合申报，并从综合税率上给予一定的优惠，以鼓励纳税人进行综合申报。

第三，积极拓展"互联网 + 税务"的功能，渐进地推进征管配套措施建设。从我国的现实国情看，目前还是以间接税为主体的税制结构，整个征管体系主要是围绕间接税展开，征管法及实施细则也主要针对单位纳税人，即便是个人所得税，由于实行源泉扣缴制度，主要的征管对象也是代扣代缴单位，因而缺乏以个人为纳税单位的征收管理流程和制度的设计，其配套制度方面的设计和构建更是缺乏。为此，税务机关必然进行相应的征管、配套制度改革，加强高收入者个人所得税的征管以强化对高收入者收入的调节，加大对信息整合的投入，才能支撑起这种综合结合分类的税制模式，但这势必会增加征税成本，征税成本的高低直接影响着国家可用财力的大小，因此，应考虑渐进地推进相应的措施建设，避免较大的投入增加国家的财政负担。

其一，完善源泉扣缴与自行申报制度，扩大扣缴义务人范围。继续沿用代扣代缴制度，并扩大扣缴义务人的范围。改变以支付所得的单位和个人为扣缴义务人的规定，将任何控制、收取、监控和支付所得的单位和纳税人作为扣缴义务人。如自然人股东股权转让所得的扣缴义务人按原税法规定为承让方，但如果将扣缴义务人界定为转让股权企业，将更有利于税款扣缴和征管。

对纳入综合计征范围的，平时通过代扣代缴（有扣缴义务人时）、分期预缴（无扣缴义务人时）的方式申报缴纳税款，年终后再进行自行申报并汇算清缴。通过建立以自然人为主要特征的个人所得税管理机制，完善代扣代缴与自行申报制度，培养公民的纳税意识和公共参与意识，逐步向直接征管机制转变，为综合与分类税制的建立奠定基础。

其二，确立全员全额明细申报的法律地位，构建自然人涉税信息库。全员全额明细申报制度推行以来，已建立起全国统一的以自然人有效身份证照号码为识别号的自然人涉税信息数据库。以重庆市为例，已建立起覆盖全市十万余户扣缴义务人、近 400 万户自然人的数据库，为加强个人所得税征管奠定了基础。建议将明细申报制度纳入个人所得税法，明确其法律地位，进一步推广个人所得税全员全额申报。可规定企业扣缴义务人必须使用个人所得税代扣代缴明细申报系统明细申报其员工的个人所得税后，其工资、薪金支出才能税前扣除，加强全员全额明细申报系统的推广。另外，目前个人所得税代扣代缴明细申报系统未将生产经营所得、自行申报和核定征收税款列入征收管理，其功能还有待优化，建议总局升级全员全额代扣代缴明细申报系统，构建全功能的明细申报系统，以加强对所有项目的监控。

其三，建立信息共享体系，完善第三方信息报告制度。建立信息共享平台，充分借鉴发达国家的经验，以金税工程为依托，继续推进信息化建设，逐步与银行、海关、工商、国土房管等部门联网，实现涉税信息的共享；健全协查机制，赋予税务机关查询纳税人相关涉税信息的权限，规定相关部门应当予以协助；完善第三方信息报告制度，要求代扣代缴义务人在向纳税人支付相应的收入和代扣代缴税款时，必须同时将纳税人的涉税信息向税务部门报告。

其四，控管非工资和薪金收入。从我国现行情况来看，非工资和薪金这部分收入所得缴纳的个人所得税占个税收入总额比重较低，在一定程度上使个人所得税沦为了"工薪税"，这与非工薪收入不能充分实现源泉控管有关。因此，应逐步建立税收前置制度，对非工薪所得实行税收控管，如不动产转让所得，国土房管部门在办理房屋、土地权属变更登记时，要求纳税人应当出具完税凭证；股权交易所得，工商部门在办理股权变更登记时，需纳税人提供完税凭证；法院强制执行被执行人财产时，应协助税务机关依法优先从该收入中征收税款。

其五，建立健全纳税人诚信申报激励机制。设计纳税人个税信用值指标，按照纳税人守法、按时等诚信纳税的程度在退休后分不同层级从政府领取补助金。对持续缴税的纳税人，给予子女教育、享受公共设施方面的免费或优先权利，调动纳税人的纳税积极性。也可将纳税金额与社保挂钩，纳税人超出规定比例的部分可以进入社保账户，让纳税人享受其纳税的社会福利。

推动纳税信用等级建立，使纳税与其信用等级挂钩，以是否诚信纳税作为职称评定、晋升选拔、贷款等的评定条件之一。

其六，完善非现金支付结算制度。在经济活动中，虽然目前的现金管理制度鼓励采用转账方式进行结算，但并没有作强制性规定，因此实践中使用现金的情况还是大量存在，采用现金支付结算导致税务机关很难掌握纳税人的真实收入情况，加大了个人所得税的征管难度。如果要从根本上解决这个问题，需要对现行的现金管理和支付结算制度进行改革，完善非现金支付结算制度，要求达到一定金额以上必须通过银行转账，这样一来，税务机关便能够准确掌握纳税人的收入来源及金额，从而加强对个人所得税特别是对高收入者个人所得税的征管。

（二）房地产税改革

1. 文献综述

（1）前古典经济学时期

对房屋和土地税的最早论述可以追溯至重商主义时期的威廉·配第[①]。配第在《赋税论》中提出土地税收的本质来源是剩余劳动，认为由于地价比地租更稳定因而较适宜作为计税依据，税收负担会转嫁给承租人和消费者。法国重农学派的代表魁奈认为，佃农只向地主支付地租，而土地税负应由地主直接承担；除了针对土地价值的税赋之外，其他一切税收都应该废除。

（2）古典经济学时期

亚当·斯密认为，不管是对地租征税还是对土地交易征税，最终的税负归宿都应是土地所有者。对地租的征税有两种形式：一是缴纳定额税，二是税额随地租收入的变动而变动。定额土地税虽然符合确定、便利和征税成本最小的原则，然而却不符合量能纳税原则（即公平原则）。针对地租的纳税，不会改变人们的真实财富和收入，超额负担最小。地皮租比普通地租更适合作为特定税的对象，因为地皮租超过普通地租的数额完全是由君主的善政造成的，对那些因为享受了国家良好管理而享受了价值增值的土地资源课征高税以支持公共开支是符合经济学逻辑的。他提出了对土地和房屋分别征税的分税率理论。他认为对地皮征税不会抬高房租，因此对土地征税比对房屋征税更为妥帖。

李嘉图的主要观点认为，土地供给是固定的，地价由土地需求决定，土地需求由土地产品市场决定，因此是"玉米价格决定了地租，

---

① 〔英〕威廉·配第：《赋税论》，商务印书馆 1978 年版，第 36—44 页。

而不是地租决定了玉米价格"；对土地征税不会改变地价和土地供给数量，税负由土地所有者承担。

前古典和古典经济学时期房地产税研究的特点是，重在描述而缺少税收效应的理论分析；重点关注农地税，较少关注城市房地产税，这与古典经济学产生和发展的农业经济背景有关；认为房地产税收主要是筹集财政收入，这与其自由经济思想的学术背景有关。

（3）新古典经济学时期

在新古典经济时期，城市经济的发展开始促使经济学家对房地产税的研究从农村转向了城市，研究的重点也由原来的对税种的简单描述转向对房地产税负的转嫁和归宿的探讨。其中，马歇尔对房地产税的研究贡献最大，其经典性成果集中在他的《经济学原理》一书中。马歇尔的观点主要包括：第一，应税的房地产价值应该包括建筑物价值与土地价值。第二，土地税的税负承担者应是土地所有者，由于土地供给的无弹性，土地税负难以转嫁，因此从效率上是良税。第三，政府公共投资导致地价升值，土地税是对升值部分的正当分享，因此土地税又体现了公平原则。第四，对建筑物的征税，要区别全国统一税率和地方差别税率。建筑物的差异税率下，高税负将使住户从高税区向低税区流动，从而产生区位迁移效应。马歇尔的研究达到了新古典经济学时期的顶峰，他的主要贡献在于在局部均衡框架下，对土地税负归宿和建筑物税收效应的分析思路和主要结论对现代房地产税的研究产生了深远影响，后人的研究基本沿着他的道路前进。

（4）现代财产税研究

现代房地产税的研究继续沿着马歇尔的税收效应的分析道路前进，对税收效应的分析主要涉及三个命题：税负归宿、税收效率和税收公平。现代经济学中三种代表性的房地产税观点的主要差异就表现在房地产税的税收归宿、是否造成福利损失以及房地产税是累退税还是累进税的问题上，如表12.5《现代房地产税的三种代表性观点》

所示：

表12.5　现代房地产税的三种代表性观点

理论派别	代表学者	前提假设	税种属性	税收效应	对房地产价值的影响	分析方法
货物税	Simon Netzer	（1）单个辖区征税；（2）土地供给无弹性；（3）资本可自由流动。	累退	资本不承担任何税负，住房消费者承担税负。	提高房价	静态局部均衡分析
受益税	Tiebout、Oates、Hamilton、Fischel	（1）居民的流动大于资本的流动；（2）居民与开发商拥有完全信息；（3）区划规制下，存有足够多的社区能够满足居民的不同需求偏好。	中性	房地产税是为地方公共服务的"付费"，不对住房市场产生扭曲效应。	税收和服务水平的差异资本化入房价，当实现Tiebout均衡时，对房价无影响。	Tiebout-Oates-Hamilton模型
资本税	Mieszkowski、Zodrow、Aron	（1）一国的资本存量供给固定；（2）资本自由流动；（3）所有辖区均征收房地产税，且税率存在差别。	累进	产生所得税效应和流转税效应。所得税效应下，资本持有者承担了税负。流转税效应下，税负由资本所有者和消费者共同承担。	所得税效应下，房地产价值下降；流转税效应下，价格差异被流动性消除，房地产相对价格不变。	动态一般均衡模型

2. 税制设计

（1）沪渝房地产税试点模式

据了解，上海、重庆两市对个人住房征收房产税的试点办法，由两市政府制定，报国务院及相关部门审批备案。由于是改革试点，两市的试点模式迥然各异，如表12.6《沪渝房地产税模式比较》所示，表现出两市的执政者不同的目的。

表12.6　沪渝房地产税模式比较

	上海版	重庆版
时间	从2011年1月28日开始	从2011年1月28日开始
征收范围	上海市行政辖区（18个区）	重庆主城9区

	上海版	重庆版
课税对象	①上海居民家庭新购第二套及以上住房；②非上海居民家庭的新购住房。	①个人拥有的独栋商品住宅；②个人新购的高档住房。高档住房是指建筑面积交易单价达到上两年主城9区新建商品住房成交建筑面积均价2倍（含）以上的住房；③在重庆同时无户籍、无企业、无工作的个人新购第二套（含）以上的普通住房。
计税依据	以应税建筑面积 × 交易价 × 评估率70%	应税建筑面积 × 交易价独栋商品住宅和高档住房一经纳入征税范围，无论是否出现产权变动均为征税对象，计税交易价和适用税率均不再变动。
税率	①适用税率0.6%；②交易价格低于上年底新建房均价2倍的，税率暂减为0.4%。	①独栋商品住宅和高档住房建筑面积交易单价在上两年主城9区新建商品住房成交建筑面积均价3倍以下的住房，税率为0.5%；3倍（含）至4倍的，税率为1%；4倍以上的，税率为1.2%。②在重庆同时无户籍、无企业、无工作的个人新购第二套（含）以上住房，税率为0.5%。
优惠措施（扣除标准）	上海居民家庭新购二套及以上住房的，合并计算的家庭全部住房面积人均不超过60平方米的，免税；超过的，就超过部分征税。	①存量独栋商品住宅，免税面积为每户180平方米；②增量新购独栋和高档住房，免税面积为每户100平方米；③在重庆同时无户籍、无企业、无工作的个人应税住房均不扣除免税面积。

第一，征税范围。上海模式可以称之为"增量税"，其征税对象为新购住房，包括上海居民新购二套及以上住房和外地居民新购住房，而不涉及存量房，政策目标侧重为对房地产市场宏观调控，遏制投机炒房行为，平抑房价。重庆模式可以称之为"豪宅税"，课税对象主要为存量独栋别墅、新购高档住房，相当于对豪宅征收了特别消费税，政策目标侧重于抑制高端住宅消费。

第二，税率设定。两市税率均低于世界大部分国家的房地产税税率，上海两档比例税率：0.6% 和 0.4%，此外，还有70%的评估率，则有效税率为 0.42% 和 0.28%。重庆三档累进税率0.5%、1% 和 1.2%，评估率为100%。调查发现，上海市的试点中，大部分的应税房屋价值在上年均价的2倍以下，适用0.4%的税率；重庆市大部分的应税房屋在均价的3倍以下，适用0.5%的税率，均低于世界各国房产税税率 0.5%—3%。

第三，计税依据。从计税依据上，以固定的房地产交易价格作为计税依据，与世界各国采用的房屋评估价不一致。尽管在办法中两市政府均明确表示未来将以房地产的市场评估值作为计税依据，然而由于住房信息系统和评估系统还未完善，房屋的评估价难以获得，因此试点初期均以房地产交易价为计税基础。对于上海市应税房屋而言，当前的新购房价将成为今后征收房产税的计税依据，除非有新规定，否则将一直不变。对于重庆市的存量独栋别墅而言，房屋交易价为若干年前的别墅交易价格，一经确认为征税对象，无论今后是否转让以及新转让价格是多少，均按照原来的交易价格作为计税依据。假如重庆甲某 2000 年新购一独栋别墅，当年的交易价格为 3000 元 / 平方米，2011 年该别墅市场单价为 10000 元，计算房产税时仍以原始交易价 3000 元 / 平方米作为计税基础计算；假设 2012 年以 12000 元 / 平方米的单价转让给乙某，2012 年税务部门找乙征税时，仍然按照甲某 2000 年的原始交易价 3000 元 / 平方米作为计税基础计算。

第四，免税面积。从免税面积上看，两市分别采用人均面积和户均面积扣除法。上海居民按照人均面积 60 平方米扣除，重庆存量别墅按每户 180 平方米扣除，新购高档住宅按每户 100 平方米扣除，对外来人员应税房屋均无免税面积。

（2）效果评价

第一，筹集收入。如表 12.7《沪渝两市地方财政收入及房地产税所占比重》所示，重庆市截至 2011 年底对居民住宅征收税款达 1 亿元，应税住房有 8563 套，建筑面积 210 万平方米，建筑均价 10992 元 / 平方米。2011 年重庆市本级财政收入 2908.8 亿元，房产税占本级财政收入比重为 0.03%（万分之三）。上海市政府披露的 2011 年房产税收入的数据为 22.1 亿元，然而该数据主要为对经营性房产征的税，没有将个人住房房产税的数据公开。根据 2011 年资料显示，截至

2011 年 6 月底，认定应税住房 7585 套，每套年均应纳税额约 4504 元，则半年的应征税额约为 3400 万，全年房地产税收入估计为 6800 万，2011 年上海本级财政收入总额为 3429.8 亿元，房产税收入占比 0.02%（万分之二）。可见，两个城市试点政策下，房产税筹集财政收入的效应均微弱。

表 12.7　沪渝两市地方财政收入及房地产税所占比重

地方财政收入各项	重庆市		上海市	
	金额（亿元）	房产税占比（%）	金额（亿元）	房产税占比（%）
一般预算收入	1488	0.07	1676	0.04
其中：税收收入	880	0.11	1473	0.05
政府性基金收入	1420		2101	
其中：土地出让金	1309	0.08	1491	0.05
地方本级财政收入	2908	0.03	3430	0.02

注：重庆市个人住房房产税收入按照 1 亿元计算，上海市按照估计为 0.68 亿元。
数据来源：《重庆市 2011 年财政预算执行情况和 2012 年财政预算草案的报告》和《上海市 2011 年财政预算执行情况和 2012 年财政预算草案的报告》。

第二，调控房价。如表 12.8《沪渝两市四年来的新建商品住宅价格指数》所示，2011 年底上海新建商品住宅价格环比略有下降，但是同比和定基指数均上涨，不过上涨幅度不大，同比总体上涨 1.8%，90 平方米以下小户型上涨最多，为 3.7%，90—144 平方米以及 144 平方米以上中、大户型同比指数上涨 2.3% 和 1.1%。重庆 2011 年底房价环比略有下降，小户型同比价格上升 1.4%，中、大户型同比指数下降 1.5% 和 1.9%，定基指数呈现上升。以上数据说明在试点一年后，上海的房价总体和结构上都处于上升趋势，但上升的幅度不大。重庆总体房价略有上升，但是不同户型结构有差异。小户型房价同比略有上升，大中户型房价同比下降，原因是重庆应税房屋为独栋别墅和高档住宅，小户型不属于应税范围。从分类指数来看，重庆房产税试点对高端住宅的价格有一定影响，抑制了高端住宅房价的上涨趋势。

2012 年底除一个房价指数持平之外，两市总体和分类住房的三个房价指数均为上升，对比来看重庆各指数略大于上海，显示重庆房价涨幅略高于上海。

2013 年底两市房价涨幅明显加快，对比看上海各房价指数大于重庆，显示上海房价涨幅快于重庆。上海房价无论是总体还是分类，上涨幅度均超过 20%，说明房价上涨的投资收益超过房产税的税负。重庆四个环比指数显示房价上涨幅度超过 9% 以上，且中户型房价的上涨幅度首次超过小户型房价，表明房产税对高端房的抑制作用已如强弩之末，投资投机的利益超过房产税的税负。可以认为，房产税的政策效应到 2013 年已经极为弱小。

2014 年 12 月，我国经济下滑，房地产市场整体不景气，近几年的过度开发使房地产库存量难以消耗，国家紧缩的货币金融政策尚未放缓，两市的房价均与全国同步处于下跌趋势，相比而言重庆的房价跌幅超过上海。

表 12.8　沪渝两市四年来的新建商品住宅价格指数

（单位：%）

时间	城市	总体			90 平方米以下			90—144 平方米			144 平方米以上		
		环比	同比	定基	环比	同比	定基	环比	同比	定基	环比	同比	定基
2011 年 12 月	上海	99.7	101.8	101.7	99.7	103.7	103.7	99.8	102.3	102.2	99.5	101.1	100.9
	重庆	99.7	99.4	103.0	99.8	101.4	105.1	99.5	98.5	102.0	99.7	98.1	101.6
2012 年 12 月	上海	100.7	100.0	102.0	100.4	100.0	103.7	100.9	100.3	102.4	100.6	99.9	100.9
	重庆	100.4	101.3	104.4	100.5	101.9	107.1	100.4	101.0	103.0	100.3	101.1	102.6
2013 年 12 月	上海	100.6	121.9	124.3	100.6	123.4	127.9	100.5	120.6	123.6	100.8	122.1	123.1
	重庆	100.2	109.5	114.3	100.3	109.5	117.2	100.2	109.6	112.9	100.1	109.3	112.2
2014 年 12 月	上海	99.7	95.6	118.8	99.7	96.9	124.0	99.9	95.5	118.5	99.5	94.7	116.6
	重庆	99.7	94.7	108.2	99.7	94.9	111.2	99.6	94.3	106.4	99.7	94.9	106.5

资料来源：数字来源于国家统计局网站。

从以上分析可以看出，房产税对房价的影响主要是试点前后的短期影响，试点的影响在 2013 年基本已经消失殆尽，长期来看两市房价更多地受整体经济发展面的影响。两市相比较，上海的整体房价变动幅度大于重庆的房价变动幅度，而重庆的试点效应更集中在抑制高端房价上。

第三，调节分配方面。如果房产税税源充裕，将收入用于公共服务和社会保障房建设，则可以充分发挥"削富济贫"，促进公平的功能。然而如上所述，由于两市征收体量太小，即便如政府所承诺的将所征收入全部用作保障性住房的补充资金，也是杯水车薪，在促进公平分配上的作用非常有限。

相反，由于政策制定的偏差，客观上造成了新的不公：首先，在试点城市与非试点城市之间造成税收待遇的不公。作为西部城市的重庆，公共服务程度比不上北上广深和东部沿海，却负担了相对高的税负，征管过程中纳税人怨言不少。而公共资源集中、房价较高的一线城市却因为各因素的考量，没有纳入试点范围。其次，在存量房主和增量房主之间产生税负不公。人为地以 2011 年 1 月 28 日为界限，将存量房和增量房割裂，存量房不需承担纳税义务，增量房需要承担纳税义务。这种政策的制定，既是"惰政"表现，也是对既得利益者的维护。再次，加大了代际的不公。1998 年我国实行住房商品化改革，单位分福利房、集资房的现象到 2004 年才陆续停止，五六十年代出生的人大部分都能够享受到福利房，部分 70 年代后出生的人也能赶上末班车，80 年代生人则很少能够享受到福利住房。而目前他们正处在结婚、生育的高峰期，是刚需购房的主力军。对存量房不征税，对增量房征税的制度安排，加剧了代际不公。最后，加大了本地与非本地居民、城市居民与外来务工者之间的不公。实行差别化的房产税政策，尤其是上海政策规定非上海市居民购买首套房就要负担税负，成为严格控制流入人口数量的工具。然而，这种试点政策客观上造成了新的不公。那些从事城市建设的外来务工者，不但享受不到应有的社会保障、子女教育等公共服务，还要承担更高的税收负担。

（3）剖析反思

通过分析沪渝两个试点模式的要素可以看到，从财税学角度看，试点的房产税不是现代意义上的房产税，同时财税法学者从法学角度对试点模式的合法性、正当性也提出了批评与质疑。

第一，对行政试点的合法性、正当性和民主性的质疑。

财税法学者刘剑文、陈立诚①认为房产税的行政试点违反了税收法定原则，对纳税人的财产权构成侵权。理由如下：

首先，国务院对地方政府授予的税收立法的转授权不符合《立法法》规定。国务院常务会议的措辞——"同意在部分城市进行对个人住房征收房产税的改革试点，具体征收办法由试点省（自治区、直辖市）人民政府从实际出发制定"——清楚地传达出授权制定地方性规定的含义。但是这与《立法法》第十二条规定的"被授权机关不得将该项权力转授给其他机关"产生了直接冲突。

其次，地方政府规章内容与上位法相冲突。上海、重庆的分条款的适用也直接与《房产税暂行条例》相冲突。国务院在授权地进行改革试点时，并没有修改该条例，也没有暂时停止该条例，该条例仍然在上海、重庆具有效力，不会因为地方政府规章的出台而自动失效。虽然沪渝出台的暂行办法是对条例的"改革"，但改革本身并不能够成为违反上位法的合法性事由。

再次，地方政府规章不能成为房产税征收依据。《税收征收管理法》第三条规定："税收的开征、停征以及减税、免税、退税、补税，依照法律的规定执行；法律授权国务院规定的，依照国务院制定的行政法规的规定执行。"而两地的房产税暂行办法既不是法律，也不是行

---

① 刘剑文、陈立诚：《论房产税改革路径的法治化建构》，《法学杂志》2014 年第 2 期。

政法规，因而不能成为税收征收的依据。

最后，税法是侵权性法律规范，应保障民众在税法设定过程中的知情权、参与权和监督权。两市的试点暂行办法均没有在媒体和网络上公开征求意见，税率、计税依据、免税面积的设定既没有公开听证和征求意见，也没有给予合理的解释，民众也无法监督房产税收入的用途是否用于公共服务。

第二，从要素设计上，试点房产税不具备现代房产税的内涵。

首先，从征税范围上，不是全面征税，上海仅对增量房征税，重庆仅对独栋别墅和高档住宅征税，上海市的应税房屋仅有 7585 套，重庆市的应税房屋也只有 8563 套，都只占全市房屋的很小一部分。

其次，从计税依据上，没有采用房屋的市场评估值，而是历史交易价，房产税作为受益税的本质无法体现，地方政府的公共服务是资本化到房屋市场价值中去的，市场评估价以市场价值为基础，才能够反映房屋受益程度，采用历史交易价，违背了受益税的特征，打破了"征收房产税—提供地方公共服务—房价增值—征收更多的房产税"的良性循环。

再次，偏低的税率与较高的征收成本相比，不符合效率原则。Bahl 测算认为，当发展中国家和转轨制国家的有效税率保持在房地产价值的 1%，并且房地产税收入达到 GDP 的 3% 及以上，则征管成本支出就是可以接受的。显然，两市试点明显收入低于该标准，征管成本相应高昂。

最后，免税面积过大。2011 年城镇人均住房面积为 32.7 平方米，上海市房产税的免税面积为人均 60 平方米，是统计数据的 1.83 倍。重庆市的独栋别墅扣除面积为 180 平方米，新购高档住宅户平均扣除面积为 100 平方米，分别为人均面积的 5.5 倍和 3.06 倍。

（4）现代房地产税制设计

经过对沪渝模式的分析，我们可以得出一些初步结论，即必须按照现代房地产税制模式进行要素设计。否则，房地产税的改革很难成功。

第一，纳税义务人和征税范围。房地产税是以我国境内土地和地上建筑物为征收对象，按照房地产的评估价值，向拥有土地、房屋权属者征收的一种财产税。纳税义务人为征税范围内的土地、房屋权属者，包括拥有房屋所有权和土地使用权的单位和个人。

征税范围应为城市、县城、建制镇和工矿区的所有土地和房屋。房地产税的征收范围暂不包括农村。其原因有二，一是当前农民的财产性收入占收入比例较低；二是我国城乡差距较大，农民不能享受与城市居民均等化的公共服务。

第二，税率。关于税率有两个方案。方案一：中央设定 0.5%—3% 幅度比例税率，各省政府可以在此范围内，按照本地区实际情况确定，给予地方一定的税权。0.5%—3% 是综合世界各国实践的税率。

方案二：对普通房地产实行 0.5%—1.2% 的幅度比例税率，对别墅、评估价超过当地前二年新购商品房交易均价三倍以上的高档房地产实行 1.5%—3% 的比例税率，对空置土地实行 3% 的比例税率。对普通房地产实行较低的幅度比例税率，对别墅、高档住宅实行较高的幅度比例税率，对空置土地实行固定的高比例税率。之所以实行差别化税率，一是考虑调节收入分配，缩小贫富差距，以及量能负担原则；二是别墅、高档住宅、空置土地占用土地资源较多，应该承担更多的纳税义务，以调节住房供给结构和纳税人消费倾向，鼓励资源集约化利用。

第三，计税依据和扣除面积。房地产税的计税依据应为计算机辅助批量评估系统（CAMA）和地理信息系统（GIS）评估出的房地产价格。各城市不同小区的房地产单价范围应在当地住房建设局网站上公示，方便纳税人的查找、比对和监督。同时，税务部门的纳税告知事项通知书上应列示应税房屋的评估价值。房价评估每隔 3—5 年评估一次，评估间期由各省、自治区、直辖市人民政府确定。

评估率应为 70%—100%，各地适用的评估率由各省、自治区、直辖市人民政府根据实际情况确定。比如房价上涨较快的时期或地区，为了限制纳税人的税负增长，可以确定一个适度的评估率。

扣除面积应为人均 35—50 平方米，各地具体扣除面积由各省、自治区、直辖市人民政府根据本地居民住房实际情况确定。据统计，2013 年我国城镇人均居住面积为 32.9 平方米，2020 年中国城镇人均住房面积为 40 平方米，扣除标准比人均居住面积略有上浮，相当于对第一套住房免税，对第二套住房略有减税，对三套以上房产全额征税。

规定评估率和扣除面积的幅度范围，是考虑我国不同地区、不同城市间房价和人均居住面积差别较大的现实，一般中西部地区、三四线城市的人均居住面积较大，房价较低，东部地区、一线城市的人均面积较小，房价较高，因此需要地方政府根据本地情况来确定房价评估率和扣除面积。

第四，应纳税额的计算公式为：

应纳税额 = （房地产建筑面积 – 家庭人数 × 人均扣除面积）× 评估单价 × 评估率 × 税率

第五，税收优惠。其一，对于国家机关、人民团体、军事单位自用的房地产，免征房地产税。

其二，事业单位，如学校，医疗卫生单位，托儿所，幼儿园，敬老院，文化、体育、艺术部门等实行全额或差额预算管理的事业单位自用的房地产，免征房地产税。

其三，宗教寺庙、名胜古迹、公园、公共墓地自用的房地产，免征房地产税。

其四，农村地区的房地产，暂免房地产税。

其五，当房地产税税额占年收入比例达到 5%（含）以上时，适用税率 0.5%。即根据"断路器"原理，解决税基（房价）与税源（收入）不一致的问题，防止税收对中低收入纳税人正常生活的侵害。

其六，每年缴纳的房地产税应允许在个人所得税的应纳税所得额中扣除。房地产税的特点就是税基（房地产价值）与税源（收入）不统一，房地产税缴付的资金流来自个人收入，因此应允许其作为购置（公共服务）费用在个人所得税计算所得额时扣除。而这一规定还将起到调节收入分配的效应，对中低收入者而言更具有优惠力度。

（三）消费税改革

在西方的财税理论研究中，很早就出现了消费税理论的相关论述。早在 18 世纪，被誉为"现代经济学之父"的亚当·斯密就对消费税做了十分准确的评价，他认为相对于其他税种而言消费税更加公平、方便征收且容易规避，并能随税收征管方式的不同发挥出相应的作用。近年来西方学者积极进行消费税理论探索，如约翰·阿尔布雷切特主张以消费税为重心建设欧洲的绿色税制，而埃肯斯则对课征固体废弃物消费税的理论体系及制度构建进行了全面阐述，罗伯特·阿莫特提出征收拥挤公路税的构想也同样是基于消费税的独特性能。通过 1994 年的税制改革，我国建立了现行的消费税制度；自 2013 年以来，国内关于消费税的理论研究主要聚焦于新经济背景下的政策调整。例如郝晓薇、廖勇建议将消费税的完善融入党的十八大提出的绿色发展新理念中，蒋震论述了消费税"扩围"至服务领域的必要性，杨芷晴分析了"营改增"后消费税改革的倒逼效应并说明了具体的改革思路。

为贯彻落实《全面深化改革的若干重大问题的决定》要求，切实解决资源税征管过程中征税范围不合理、税率制定不科学、征税环节过于单一等问题。在消费税改革中，应按照"宽税基、高税率、严征管"的思路，着重做好以下三方面内容：

1. 强化矫正外部性功能，适当调整消费税税率

综合借鉴国内和国外经验，消费税的税率制定通常应该遵从以下几个原则：一是对具有垄断性质的、专买专卖、利润大的商品制定较高的税率，反之则实行较低税率。二是对属于国家限制消费的商品和服务以及过度消费会对社会经济产生不利影响的商品提高税率，反之则降低税率。三是按照对环境影响程度不同设定税率，对于高污染、高能耗、高危害的消费品实行高税率，对低碳环保、绿色可持续的消费品实行低税率。比如：调高成品油的消费税税额；调高豪华、大排量车型消费税税率，降低环保节能家庭用车税率；酒精含量大采用高税率，酒精含量小采用低税率。

2. 强化收入调节功能，合理调整消费税征税范围

随着国民生活水平的提高，以前所认定的高档商品、奢侈品有些已经列入大众商品行列，而新兴的奢侈品和高消费行为却尚未被纳入消费税征管范围，因此需要按照"有增有减"的原则对消费税征收范围进行调整。一方面应取消对部分大众消费品的征税；比如酒及酒精、普通化妆品等普通的生活商品或原料。另一方面应将新型奢侈品和特定消费行为纳入征收范围：一是课征后不会降低生活标准的非生活必需品，如高档家具、电子数码产品等；二是属于资源稀缺类型、不可再生或再生极为缓慢的产品，如红木家具等；三是价格高昂并能获得丰厚利润的奢侈品和行为，如豪华别墅、私人飞机等；四是破坏环境的污染性的商品，如含磷洗衣粉、白炽灯等。

3. 强化消费税税收基础，逐步完善征税环节

我国消费税的征管主要集中在生产、委托加工、进口等环节，便于税务部门依法征管，但也存有纳税人逃避纳税的风险。所以在消费税改革中，应将批发、零售或消费行为的发生环节纳入征管范围，进

一步拓展税收基础，增加税收收入，增强调控力度。一方面，将征税环节改成消费环节，税负承担方由企业改变为消费者，降低企业转嫁税负的概率，还可让企业生产避免受到消费税征管的影响。另一方面，改变了征税环节后会使区域间、行业间税源发生变化，有利于形成财政收入分配新格局。最后，征税环节的改变将加速推动消费税征收管理的变革，可以将消费税改造成共享税（地方占大头）；在征管体制上，烟酒税等税目仍由国税部门征收，其余由地税部门征收。

（四）资源税改革

国外学者对资源税的研究颇多，主要包括矿产资源收益分配、促进资源节约等方面的有益探索，部分学者对资源税费制度也做了较为系统的梳理和总结。马克思指出矿产资源与土地一样具有垄断性，将地租概念扩展到矿山。霍特林提出了"霍特林规则"，认为政府可通过资源税收政策控制开采速度。萨马·纳雷希对世界主要矿产国家的资源课税问题进行了研究，并对国际范围内的资源税问题及其发展方向提出了自己的论点。国内理论界对资源税的研究主要集中在资源税费制度方面。如郑爱华认为应将矿产资源补偿费和资源税进行合并提高。张秀莲指出我国资源税单位税额过低，只能部分反映级差收益。谢美娥、谷树忠指出我国资源税的收入划分机制难以充分协调中央、地方和企业三者之间的利益分配关系。

根据地租理论、可持续发展理论和公共物品理论，完整的资源税改革应当由租税费三方面构成，并且租税费三方应形成系统完整的制度架构。而我国目前资源税费制度中税费种类繁多、功能重复，这要求我们及时对资源税费制度进行梳理和完善，确定不同税费的功能，厘清不同税费的关系，尽快建立起权利金制度，充分完善资源税外部矫正功能，全面清理不规范、不合理的政府性基金和收费。

1. 推行权利金制度，突显国家所有者权益

我国《宪法》明确规定矿产资源的所有权归于国家，政府应当依法对矿产资源开发者征收地租。但如今地租却被分散体现在矿产资源补偿费、资源税和矿业权价款当中。而随着资源税改革的深入，我国石油、天然气和煤炭等矿产地资源补偿费直降为零。因此，我国应当加快权利金制度的推行，同时明确权利金的地租地位。具体设计上，权利金应当同时包含绝对地租和级差地租，绝对地租在转让开采权时一次征收；级差地租在运营开采期间以矿产品销售收入为基础，参照国外 2%—12% 的征收幅度进行从价征收，全部纳入国家财政预算。当然，设定权利金基本标准时，还要将资源的种类、质量、数量、开采难易程度、经济地理优劣、经济价值大小等因素考虑在内，使征收差距适量拉大，从而达到级差调节收入的目的。

2. 发挥资源税作用，全面完善资源税制度

资源税还应当在鼓励节约资源、保护环境、促进可持续发展上发挥应有作用。首先，资源税的征管范围要逐步扩展，直到将占用各种自然生态空间的行为完全容纳进去。如开征水资源税，促进水资源的节约与合理利用；把耕地占用税并入资源税，体现了同样的税收价值取向。其次，坚持逐步实行从价计征的改革。由于资源开采很少销售原矿，大都进行连续加工（尤其是金属矿），确定原矿价格难度较大，建议建立从量计征附加价格动态调整机制。再次，资源税的收入分配最好只把海洋石油资源税划归中央集中征管，其他资源税全部留存地方，用以支持地方经济发展和生态恢复。

3. 清理一般性收费，实现政府和企业的双赢

当权利金能够完全体现地租后，就要将矿业权价款中具有租金性质的部分收费免去，如采矿权使用费、探矿权使用费等，使矿业权价

款能够恢复本来面目，重新成为国家的投资收益。还要对资源领域繁
杂且沉重的政府性基金和收费进行全面梳理，正本清源，合理配置税
费征管内容。对违规出台的收费基金项目和不适应财税体制改革要求
的收费全部取消。如此则企业负担有效降低，矿业发展得到促进，又
避免了政出多门、管理失控、滋生腐败等问题，从而实现政府和企业
的双赢。

4. 促成资源税到广义环境税的转变

环境税的概念有广义和狭义之分，狭义的环境税主要是指排污税；
广义环境税的内涵包括了资源税、污染排放税、污染产品税，以及其
他税种中基于保护环境考虑的税收差别。

显然，在环境税的广义概念中，资源税是环境税的重要组成部分。
因此我国的相关税制改革应力争统筹兼顾，一方面，充分发挥《环境
保护税法》的价值功能，全面完善环境税费制度；另一方面，通过强
化消费税、营业税等税种的环境保护功能，使资源税与其他税种形成
有效配合。

第十三章　征管重塑：协调顺畅与规范高效

一、税制改革与征管机制保障的关联分析

　　税制体系与征管机制紧密相关。一方面，税收制度的设计与选择应考虑征管实现的可行性。税制改革应以当前或可预期的税收征管外部环境、税收征管资源、税收征管手段等要素能否支持为前提。另一方面，征管机制的确立应服从、服务于税制改革，体现税制改革的理念，落实税制改革的要求，符合税收改革的方向。可实现、可管理的税制才有推行价值。管理问题是税制改革的核心而不是辅助的问题。现行税收征管机制，以主征间接税、企业税、现金流税为对接基础，无论是《税收征收管理法》，还是下位的规章，以及具体征管实践中制定的相关制度、管理办法，搭建的信息平台，对直接税、自然人税、存量税的征管支持严重不足。在现代税制体系构建过程中，现行税收征管机制迫切需要向现代税收征管机制转换，而构建现代税收征管机制这一构建任务十分艰巨，正如高培勇在《论完善税收制度的新阶段》中所言，现行税收征管机制向现代税收征管机制的转换是革命性、紧迫性的转换。自2015年《深化国税、地税征管体制改革方案》提出"到2020年建成与国家治理体系和治理能力现代化相匹配的现代税收征管体制"以来，通过《个人所得税法》的修改，在建立自然人税收管理体系、发挥税收大数据服务国家治理的作用、构建税收共治格局

等方面已经向前迈出了一步，但还远远不够，在税收法治体系重构中，必须对匹配的税收征管机制进行重构，特别是对面向自然人的税收征管服务体系和第三方涉税信息报告制度的构建进行重点研究，否则无从形成完整的税制体系。

二、税收征管重塑的途径与对策

（一）征管对象重塑：从企业为主向企业与自然人并重转移

随着我国经济高速发展，自然人工资薪金、劳务报酬、股利、存款或借款利息、房屋或设备租金、财产转让、特许权收入等劳动性、资本性、财产性收入快速增长，为地方税收孕育了丰厚的税源。过去几十年，受计划经济的影响，我国的经济管理以企业为重心，各级地税机关把主要的管理资源投向了涉税企业，对涉税自然人一般通过供职单位或支付方扣缴等方式进行间接、粗放管理。除工薪所得个人所得税外，对自然人在资本、管理、技术等要素收入方面产生的税源实际征收不足，流失较重。要从法律框架、制度安排、征管机制、资源配置等方面构建自然人税收管理体系。在管好、服务好企业的同时，解决好自然人纳税人量多难管的突出问题，将自然人涉税纳入管理重心，实施直接管理、全面管理、动态管理、精细管理将是地税征管工作转变的重要方向。而自然人税源存在点多面广、流动性强、分散隐蔽等特性，特别是随着我国市场化改革的深化、经济全球化的推进及互联网经济的发展，这些特性将更加凸显。因此，有必要针对税源特点，构建"税务管理"＋"自我管理、社会管理、信息管理"四位一体的自然人涉税征管服务体系。

1. 结合自然人税源特点，重塑税务管理机制

在法律框架方面，对自然人税务管理的法律基础在实体和程序上均存在缺失和模糊，尤其在程序方面，急需建立明确、系统、符合自然人纳税特点的税务管理体系。在现行《税收征收管理法》及各项管理法规文件中，对自然人纳税的管理大多采用比照企事业单位法人纳税管理的方式，未对自然人纳税人的纳税程序进行规范。但自然人纳税人与企事业单位法人纳税人，在纳税周期、纳税地点、纳税遵从度等方面存在重大差别，导致在现行征管模式下，自然人纳税人从税务登记、税源监控、税款征收到税务稽查等各环节都存在不同程度的执行困难。在具体的制度设计及征管实践方面，单一的扣缴征管方式必须全面调整，应在税务登记、税务认定、申报纳税、税收优惠、税额确认、税款追征、税务检查、违法处置、争议处理、凭证管理、信息披露等方面一一明确调整任务、强化管理。

2. 建设个人电子税局，完善自我管理涉税环境

自然人不像单位纳税人，通常设置专门的团队或专业的人员办理涉税事务，关注涉税信息。委托税务中介等第三方机构"打理"个人涉税事宜也还没发展成为社会习惯。在目前阶段，自然人对本人是否、何时发生了纳税义务，应纳税额如何计算，通过哪种方式完成应税行为往往缺乏全面及时的了解。对主动、及时、足额进行纳税申报，缺乏自觉性和能力。需尽快建立个人电子税务局，重点打造税（费）政策推送及辅导功能和涉税（费）事项办理、涉税（费）账户管理等功能，为所有公民及涉税外籍人员建立涉税账户，让个人电子税务局成为每位自然人日常生活组成部分，养成在电子税务局关注个人涉税知识、熟悉纳税权利义务、自觉申报纳税、关心本人纳税情况的习惯。提供手机、网络等便捷办税的渠道，让自然人方便快捷地访问个人电子税务局，办理个人涉税事宜。

3. 完善个人涉税"大数据"库，构建信息管税平台

从公安、工商、社保、房管、车管、国土、银行、企业等部门广泛、动态采集个人涉税关联信息，形成包含个人收入、支出、财产等信息在内的"大数据"库，并与个人电子税务局信息进行关联、比对，一方面为税务机关提供漏税风险识别，另一方面为相关自然人提供涉税提醒。通过提高多方信息对称性防范自然人逃税侥幸心理滋生、蔓延。

4. 完善个人纳税信用管理制度，营造社会管税氛围

积极借助社会信用体系的完善，促进纳税人诚信自律、遵从税法。国家税务总局 2014 年颁布的《纳税信用管理办法（试行）》只适用于查账征收的企业纳税人，对自然人信用评定及管理目前尚无具体规定。当前，应尽快结合自然人特点开展纳税信用信息的采集、评价、发布，尤其是要针对自然人的诉求和约束建立"守信便利、失信惩戒"的评价结果应用机制。针对自然人特点，除税务机关进行精神及物质奖惩外，更重要的是发挥社会合力，对诚信者在海关、信贷、社保、医疗、子女教育等众多方面提供绿色通道服务及优质资源配置，反之对失信者给予限制，逐步营造全民自觉遵从税法的良好社会氛围。

（二）征管税种重塑：从以流转税为主向多税种并行转移

在未来的税费收入体系中，财产、资源类税收将是重要组成部分，结合这类税源的"空间"特性，应以税源地理信息系统建设及应用落实精细监管。充分利用当前成熟的地理信息系统，在现有的土地、房产、资源分布图层等基础上添加税务管理服务信息，实现财产类税务管理从"按户找税"向"按图索税"转化；明确国土、房管等部门对税费系统税源项目真实性、完整性的协作责任，通过税务图层信息与

权属图层信息自动对接与同步，提升税务部门与其他部门之间在管理服务及信息方面的协同性。而对消费税征收环节调整的问题，只能根据课税对象的管理难度，以及对消费信息的掌控状况逐步由生产环节向批发零售环节转移。对环境保护税的征管需要环保部门的信息及执法等支持。

（三）征管主体重塑：从税务部门"单打独斗"向社会"综合治税"的转移

伴随"大众创业、万众创新"、"互联网＋"经济的深入推进，我国市场经济主体数量及经营规模剧增，其活动及核算形式日趋多样、复杂。税源的流动性、多样性、隐蔽性增强，征纳之间"税源信息不对称性"加剧。税务部门按照传统模式单兵作业，企业核算团队化、专业化、电子化，征纳之间"力量配置不对称性"突出。为化解两大不对称性带来的税源流失风险，税务部门在强化信息管税、优化内部资源调配的同时，必须借助外部力量实施社会"综合治税"。

1. 继续完善以涉税信息共享为核心的传统综合治税体系

通过"采集三方信息、比对分析、查漏补缺"工作模式解决征纳双方涉税信息不对称问题，实施税源事后管控。过去二十余年，此项工作推进陷入信息共享制度笼统、信息利用效率低下的困境，需在三方面突破：一是继续完善税务部门摄取第三方涉税信息的法律支持，细化各部门提供信息的具体种类及时限，明确不予提供的罚则，推动税务采集利用第三方信息工作法制化、常态化。二是完善三方信息采集、分析、利用的软件平台，着力解决跨系统间市场主体、项目主体、大宗资产等信息编码一致性问题，提高信息利用的质量和效率。三是规范、拓展税务部门向第三方推送的范围，实现信息的双向流动、多边开放，提高其他部门提供涉税信息、使用地税信息成果的积极性。

2. 构建以流程再造为重点的综合治税部门合作新模式

将协作形式从信息共享向流程对接及再造、平台共用及并联管理方式升级，将税源管控环节从事后提到事中、事前。如：与城建部门合作，城建税及附加随增值税同步进行税种认定、税款征收；与工商部门合作，个人股权转让涉税事宜联合办理；与国土房管等产权登记部门联合，对房屋土地转让行为实行先税后证，对房土持有者税源信息进行自动更新；与出入境部门联网，将欠税阻止出境工作网络化、实时化；等等，通过细化各项合作规则为各方信息系统打下对接基础。

3. 强化涉税违法行为的多部门惩戒

建立促进诚信纳税机制，强化守信便利、失信惩戒的力度，对纳税信用好的纳税人，在涉税事项办理方面提供更多便利，在税务检查或年检方面给予一定待遇。对进入税收"黑名单"的当事人，在严格税收管理的同时，与相关部门联合，在消费、融资授信、政府采购、政府供应土地和政府性资金支持、出境等方面给予限制、惩戒。更进一步，需加大纳税信用结果在社会信用体系中的权重，提高纳税信用社会影响力。根据各部门管理服务事项，系统梳理制定涉税违法企业及自然人限制性清单，变税务单方惩戒为社会共同惩戒，提高涉税违法成本。推行纳税人信用及涉税违法信息的生成、确认、输出专业化管理，提高此类信息的公信力和实时性。

（四）征管方式重塑：实体机构与电子税务征管并重

依托现代信息技术，转变管理方式，优化资源配置，提高税收征管质效，需要将信息化在税收征管中的作用提到新的高度。着力建设电子税务局，满足数量众多的纳税人日益增长的合理需求，发挥科技创新的突破作用和聚变效应。电子税务局建设应包含技术平台建设和组织机构建设两大部分。

技术平台建设方面，目前各地税务机关均纷纷建立用于纳税人网上办税的办税系统、政策供给系统、征纳交互系统等，并为纳税人提供了手机、PC 机、税控机具等接入渠道，但这些平台属于运行在互联网上的多个系统，建设标准不一，相互独立，信息对接困难，急需整合。此外，上述平台建设中通常以纳税人为管理服务对象和单元，对自然人、社会第三方的管理服务需求考虑不充分，不能很好适应税务体系发展的新形势；各地区网上办税系统还存在管理、服务功能覆盖范围多寡不一的状况。为此，电子税务局新平台应在数据、系统全国集中统一的框架下，基于互联网、云计算、大数据等电子技术，完成传统税务局各项管理与服务职能，充分体现"用户分类管理、服务体验至上；完成身份认证统一、渠道管理集约；实现业务全面覆盖、流程功能提升；坚持风险管理导向、权利责任明晰；保证业务技术融合，主动动态优化；体现大数据高并发、高效稳定安全"等特性。

组织机构建设方面，为保障电子税局有序运行、实时优化，需在四个方面强化组织机构建设。一是建立固定的系统建设管理机构，完成电子税局规划、建设、推广、优化任务。二是提供网上办税现场业务支持。为纳税人和自然人使用电子税务局提供开户、授信、扣税协议签订等线下服务；承办涉税预申请受理等后台人工服务；为纳税人网上办税异常数据提供修正等后续服务。三是提供网上办税技术运维服务。设置线上线下固定站点，完善运维平台，加强第三方运维机构监督和管理，为纳税人提供网上办税系统及涉税终端安装升级协作服务、技术故障应对服务。四是积极开展多部门网上业务联合办理。通过联设窗口、联建站点、业务联办等形式为纳税人提供网上办税联合服务；建立完善联合办证、网上扣款等跨部门服务平台问题查找及处理机制。

（五）征管重心重塑：从基础管理为主向风险管理为主转移

税务部门以往把大量的人力资源投入税务登记、账簿凭证、发票管理、纳税核定、优惠审核等基础管理，少量的人力资源从事纳税评估、税务检查等风险管理，试图以全面的正向管理促进税法遵从。随着纳税人数量剧增、税源多样化演进，这种正向管理出现"管不全、管不好"的状况。随着税收体系的重建、征管体制改革的推进，征管重心应适时调整，一是将以往的基础管理事项融合到纳税服务中，向纳税服务前台转移，向办税服务大厅转移，向网上服务平台转移，还责还权于纳税人；二是将主要管理资源投向事中事后风险监管，重点加强欠税追缴、税收保全、税收强制等管理事项的专业化管理；加强税收风险的分级分类管理；进一步强化纳税评估的法律地位，推进纳税评估、税款确认的规范化及常态化管理；进一步加强税务稽查的集约化和与其他部门的协同管理。

结 束 语

　　计利当计天下利，谋税应为社稷谋。十八届三中全会率先提出，要全面深化改革，实现国家治理体系和治理能力现代化。同时十八届三中全会还提出，税收是实现国家治理体系和治理能力现代化的重要基础和支柱，是实现国家和社会长治久安的重要保障。在现代国家治理体系下，能否合理构建地方税体系直接关系到现代财政在国家治理中职能作用的发挥以及地方公共治理能力的提升，地方税体系的有效建构成为一个具有重大现实意义的新课题。

　　当前，我国正处税政的高度集中期和税制改革的高峰期，在此背景下我们把财税体制改革法治化建构的重心放在地方税治理制度的改革创新和地方税收治理的现代化方面，是基于以下几大因素：从地方税治理体系来看，它包括地方税税制体系、地方税法律法规体系、地方税征管体系以及地方税保障体系等，对它的制度重塑不仅要适应地方政府履职和治理创新的需要，同时还应发挥调控调节经济发展、促进产业结构调整的功能，牵一发动全身。在此方面，地方主体税种的确立、地方税收入结构的优化以及地方税收入质量的提升都是突出的挑战和问题。从地方税治理能力来看，它包括税收汲取能力、税收征管能力、税源监控能力、税收服务水平及税收信息化水平等诸多方面，如何以强化纳税遵从为目标，以风险管理为导向，通过信息管税、优化服务来提高地方税收治理能力依然有待从制度创新上予以突破。就此而言，建立一个与我国深化财税体制改革的整体方案相配套的合法、高效、公平的地方税体系，是为深化财税体制改革打造一个以小见大的样板。

本书的研究认为，地方税体系的建设亟待走上法治路径，在法治理念的主导下推进深化改革。首先，地方税体系的建设应当遵循法治化的理念和路径，通过提升地方税收的立法层次来确保地方税建构的法制根基，有效限制征税权的滥用，确保地方税权的规范使用，并为地方税的征收建立健全法律保障体系。其次，地方税体系的建设还应坚持与税制改革整体方向相统一的"一致性原则"，保障地方税收收入可持续增长的"持续性原则"，使地方税收征管成本最小化的"效率性原则"，开展地方税体系的配套制度完善的"联动性"原则，用先进的理念和科学的原则正确指导地方税体系的建构。

在地方税权重建方面，明确划分中央和地方在地方税领域的权限，建构以"地方自主权能实现为核心"的地方税体系是基本的思路。对国民经济影响较大且税基流动性较大的地方税种，其开征、停征、税目的增减、税率浮动幅度的确定、减税、免税和加税的权力都应由中央掌握，地方拥有在中央规定的税率浮动幅度内确定本地区适用税率的权力。对税基较固定、区域性特征比较明显的地方税种，基本的税收法规由中央负责制定，具体的实施办法、税目、税率的调整等内容在中央规定的统一幅度和范围内授予省级人大一定的税政调整权，对于它们的税收减免以及征收管理等权限在中央限定的条件下可由省级人大自行决定。对于零星分布、征收成本较高的地方税种和具有特定用途的地方税种，其开征、停征权由中央掌握，税收政策的制定权则全部划归省级政府，由各地结合本地实际情况灵活确定税率和减免税等，中央不规定统一的幅度和范围，但其征收方案须报中央备案。

在地方主体税制建设以及带来的税收收入划分模式改革方面，随着"营改增"的全面落地，如何通过地方税主体税种的建设来弥补地方财政空缺，已成为一个热点问题。是采取"车辆购置税＋个人所得税＋资源税＋环保税"的辅助税种制度变革，重构增值税的分享比例，将零售税作为地方税主体税种，还是将国内消费税作为地方主体税种，均有其各自的优势，但也存在自身的局限性。我们的分析认为，地方主体税种应当具备的基本条件为：（1）税基较宽，税源丰富，且具有增长潜力，对增加地方税收规模影响较大；（2）在收入和地区产业结构方面具有较强的调节性；（3）在税收制度方面严密规范，透明度高，便于征管。就我国地方税主体税种的改革来看，应分阶段、动态地确定地方主体税种。近期可以考虑以共享税为主，逐步培养地方主体税种；长期则应采用以成熟的地方主体税种为主、共享税为辅的改革思路，逐步扩大地方专税收入占比，形成大共享税分成与地方税收入占比大体相当的格局。在此方面，可以考虑汲取域外先进经验，改革和完善我国以房产税为主导的财产税制度，建立以财产税为主导的地方主体税种体系。

在地方税的征管制度建设方面，对匹配的税收征管机制重构进行重点研究，包括征管对象重塑——从企业为主向企业与自然人并重转移，征管税种重塑——从以流转税为主向多税种并行转移，征管主体重塑——从税务部门"单打独斗"向社会"综合治税"的转移，征管方式重塑——从实体税局征管为主向实体税局与电子税局征管并重转移，征管重心重塑：从基础管理为主向风险管理为主转移等五个方面，以此推动我国地方税征管体系的高效、顺畅进行。

参考文献

1. 中文著作

薄贵利：《集权分权与国家兴衰》，北京：经济科学出版社，2001年。

蔡茂寅：《预算法之原理》，台北：元照出版公司，2008年。

陈共主编：《财政学》，北京：中国人民大学出版社，2012年。

邓子基、邱华炳主编：《财政学》，北京：高等教育出版社，2000年。

付子堂主编：《法理学初阶》，北京：法律出版社，2006年。

高培勇：《财税体制改革与国家治理现代化》，北京：社会科学文献出版社，2014年。

高培勇等：《公共经济学》，北京：中国社会科学出版社，2007年。

高培勇主编：《财政学》，北京：中国财政经济出版社，2004年。

高培勇主编：《世界主要国家财税体制：比较与鉴别》，北京：中国财政经济出版社，2010年。

葛静：《中国房地产税改革——功能定位、路径选择与制度设计》，北京：经济科学出版社，2015年。

葛克昌：《国家学与国家法》，台湾：月旦出版社股份有限公司，1996年。

葛克昌：《税法基本问题》（财政宪法篇），北京：北京大学出版社，2004年。

龚廷泰等：《法治文化建设与区域法治》，北京：法律出版社，

2011 年。

顾功耘主编:《经济法教程》,上海:上海人民出版社,2002 年。

国家统计局:《中国统计年鉴 2013》,北京:中国统计出版社,2013 年。

国家统计局:《中国统计年鉴 2014》,北京:中国统计出版社,2014 年。

国家统计局:《中国统计年鉴 2015》,北京:中国统计出版社,2015 年。

国家统计局重庆调查总队编:《重庆统计年鉴 2015》,北京:中国统计出版社,2015 年。

郭庆旺、吕冰洋等:《中国分税制:问题与改革》,北京:中国人民大学出版社,2014 年。

何真、唐清利:《财产权与宪法的演进》,北京:法律出版社,2010 年。

黄茂荣:《税法总论 —— 法学方法与现代法》第一册,台湾:台湾植根法学丛书编辑室,2005 年。

季卫东:《宪政新论 —— 全球化时代的法与社会变迁》,北京:北京大学出版社,2005 年。

江平:《我所能做的是呐喊》,北京:法律出版社,2010 年。

李萍主编:《财政体制简明图解》,北京:中国财政经济出版社,2010 年。

梁慧星:《民法总论》,北京:法律出版社,2005 年。

廖呈钱:《"纳税人观念"之法意研究》,北京:法律出版社,2021 年。

廖明月:《衡平理念下财政转移支付法律规制研究》,北京:法律出版社,2021 年。

林毅夫:《发展战略与经济发展》,北京:北京大学出版社,2004 年。

刘剑文:《中央与地方财政分权法律问题研究》,合肥:人民出版社,2009年。

刘剑文:《走向财税法治——信念与追求》,北京:法律出版社,2009年。

刘剑文:《财税法学前沿问题研究:地方财税法制的改革与发展》第二卷,北京:法律出版社,2014年。

刘剑文:《财税法学前沿问题研究:依法治国与财税法定原则》第六卷,北京:法律出版社,2016年。

刘剑文主编:《财税法学》,北京:高等教育出版社,2000年。

刘剑文、熊伟:《税法基础理论》,北京:北京大学出版社,2004年。

刘溶沧、赵志耘主编:《中国财政理论前沿》,北京:社会科学文献出版社,1999年。

刘文华:《宏观调控法制文集》,北京:法律出版社,2002年。

刘云龙:《民主机制与民主财政——政府间财政分工及分工方式》,北京:中国城市出版社,2006年。

刘洲:《参与式预算法治化研究》,北京:科学出版社,2017年。

卢现祥:《西方新制度经济学》,北京:中国发展出版社,2003年。

毛程连主编:《国有资产管理学》,上海:复旦大学出版社,2005年。

平新乔:《财政原理与比较财政制度》,上海:上海三联书店出版社,1995年。

漆多俊:《经济法基础理论》,武汉:武汉大学出版社,2000年。

钱颖一:《现代经济学与中国经济改革》,北京:中国人民大学出版社,2003年。

秋风:《立宪的技艺》,北京:北京大学出版社,2005年。

沈宗灵:《现代西方法理学》,北京:北京大学出版社,1992年。

孙柏瑛:《当代地方治理——面向21世纪的挑战》,北京:中国人民大学出版社,2004年。

汤贡亮：《中国财税改革与法治研究》，北京：中国税务出版社，2014 年。

唐云锋：《地方治理创新视角下的地方政府债务危机防范研究》，北京：中国言实出版社，2014 年。

王鸿貌：《税收法定原则中国化的路径研究》，西安：西北大学出版社，2020 年。

王绍光：《分权的底限》，北京：中国计划出版社，1997 年。

王绍光、胡鞍钢：《中国国家能力报告》，沈阳：辽宁人民出版社，1993 年。

王士如、高景芳、郭倩：《宪政视野下的公共权力与公民财产》，北京：法律出版社，2011 年。

王世涛：《财政宪法学研究：财政的宪政视角》，北京：法律出版社，2012 年。

王婷婷：《财政责任视野下的地方政府债务治理研究》，北京：中国法制出版社，2018 年。

魏建国：《中央与地方关系法治化研究：财政维度》，北京：北京大学出版社，2015 年。

谢晖：《法学范畴的矛盾辨思》，济南：山东人民出版社，1999 年。

徐孟洲主编：《税法原理》，北京：中国人民大学出版社，2008 年。

徐阳光：《财政转移支付制度的法学解析》，北京：北京大学出版社，2009 年。

徐阳光：《政府间财政关系法治化研究》，北京：法律出版社，2016 年。

许安平：《现代税法的构造论》，北京：光明日报出版社，2021 年。

杨之刚：《财政分权理论与基层公共财政改革》，北京：经济科学出版社，2006 年。

张庆福：《宪政论丛》，北京：法律出版社，1998 年。

张守文：《财税法学》第三版，北京：中国人民大学出版社，2011 年。

张文显：《法哲学范畴研究（修订版）》，北京：中国政法大学出版社，2001 年。

张怡：《人本税法研究》，北京：法律出版社，2016 年。

张怡等：《衡平税法研究》，北京：中国人民大学出版社，2012 年。

赵梦涵：《新中国财政税收史论纲（1927—2001）》，北京：经济科学出版社，2002 年。

钟晓敏主编：《财政学》，北京：高等教育出版社，2010 年。

中央财经大学税务学院编：《中国税收发展报告（2013—2014）——中国地方税改革研究》，北京：中国税务出版社，2014 年。

周飞舟：《以利为利：财政关系与地方政府行为》，上海：上海三联书店，2012 年。

朱丘祥：《分税与宪政——中央与地方财政分权的价值与逻辑》，北京：知识产权出版社，2008 年。

2. 中文译著

〔英〕阿克顿：《自由与权力——阿克顿勋爵论说文集》，侯健、范亚峰译，北京：商务印书馆，2001 年。

〔英〕威廉·配第：《赋税论》，陈冬野等译，北京：商务印书馆，1978 年。

〔英〕约翰·洛克：《政府论》下册，叶启芳、瞿菊农译，北京：商务印书馆，1996 年。

〔法〕卢梭：《社会契约论》，何兆武译，北京：商务印书馆，2003 年。

〔法〕萨伊：《政治经济学概论》，陈福生、陈振骅译，北京：商务印书馆，1963 年。

〔美〕昂格尔:《现代社会中的法律》,吴玉章、周汉华译,北京:中国政法大学出版社,1994 年。

〔美〕查尔斯·亚当斯:《善与恶 —— 税收在文明进程中的影响》,翟继光译,北京:中国政法大学出版社,2013 年。

〔美〕黄佩华、〔印度〕迪帕克:《中国:国家发展与地方财政》,吴素萍、王桂娟等译,北京:中信出版社,2003 年。

〔美〕J. R. 康芒斯:《制度经济学》(上),于树生译,北京:商务印书馆,1962 年。

〔美〕路易斯·亨金等编:《宪政与权利:美国宪政》,郑弋等译,北京:生活·读书·新知三联书店,1996 年。

〔美〕罗斯科·庞德:《法理学:第一卷》,余履雪译,北京:法律出版社,2007 年。

〔美〕罗伊·鲍尔:《中国的财政政策:税制与中央及地方的财政关系》,许善达等译,北京:中国税务出版社,2000 年。

〔美〕诺斯:《经济史上的结构和变革》,厉以平译,北京:商务印书馆,1992 年。

〔美〕萨尔瓦托雷·斯基亚沃 – 坎波、丹尼尔·托马西:《公共管理支出》,张通译,北京:中国财政经济出版社,2001 年。

〔美〕史蒂芬·霍尔姆斯、〔美〕凯斯·R . 桑斯坦:《权利的成本:为什么自由依赖于税》,毕竞悦译,北京:北京大学出版社,2004 年。

〔美〕特里萨·特尔 – 米纳什编:《政府间财政关系理论与实践》,政府间财政关系课题组译校,北京:中国财政经济出版社,2003 年。

〔日〕北野弘久:《税法学原论》,吉田庆子、汪三毛、陈刚等译,陈刚、杨建广校,北京:中国检察出版社,2001 年。

〔日〕吉村源太郎:《地方自治》,朱德权译,北京:中国政法大学出版社,2004 年。

〔日〕神野直彦:《财政学 —— 财政现象的实体化分析》,彭曦等译，南京：南京大学出版社，2012年。

〔爱尔兰〕J. M. 凯利：《西方法律思想简史》，王笑红译，北京：法律出版社，2002年。

〔古希腊〕亚里士多德：《政治学》，吴彭寿译，北京：商务印书馆，1983年。

〔澳〕杰佛瑞·布伦南、〔美〕詹姆斯·M. 布坎南：《宪政经济学》，冯克利等译，北京：中国社会科学出版社，2004年。

3. 中文期刊论文及学位论文

财政部财政科学研究所、吉林省财政厅联合课题组：《中国财政体制改革研究》，《经济研究参考》2011年第50期。

车海刚：《探索构建适合国情的央地争端解决机制——实现中央和地方关系法治化的一个思路》，《中国发展观察》2014年第1期。

陈清秀：《税捐立法权与税捐收益权归属》，《财税研究》1997年第1期。

陈晴：《我国财政收支划分的立法研究》，《现代财经》2007年第7期。

陈晴：《我国新一轮税制改革的理念变迁与制度回应——以税收正义为视角》，《法商研究》2015年第3期。

陈邵方：《地方自治的概念、流派与体系》，《求索》2005年第7期。

陈治：《国家治理转型中的预算制度变革——兼评新修订的〈中华人民共和国预算法〉》，《法制与社会发展》2015年第2期。

丛中笑：《减税降费导向下我国的增值税立法审思》，《河南财经政法大学学报》2020年第1期。

段晓红：《我国地方税建设路径之反思》，《晋阳学刊》2016年第4期。

范子英、李欣：《部长的政治关联效应与财政转移支付分配》，《经济研究》2014 年第 6 期。

丰子义：《马克思现代性思想的当代解读》，《中国社会科学》2005 年第 4 期。

付敏杰：《新一轮财税体制改革的目标、背景、理念和方向》，《经济体制改革》2014 年第 1 期。

高凤、宋良荣：《增值税扩围后中央与地方分享比例测算》，《财会月刊》2013 年第 4 期。

高培勇：《市场经济体制与公共财政框架》，《宁夏党校学报》2001 年第 1 期。

高培勇：《奔向公共化的中国财税改革 —— 中国财税体制改革 30 年的回顾和展望》，《财贸经济》2008 年第 11 期。

高培勇：《由适应市场经济体制到匹配国家治理体系 —— 关于新一轮财税体制改革基本取向的讨论》，《财贸经济》2014 年第 3 期。

高培勇：《论国家治理现代化框架下的财政基础理论建设》，《中国社会科学》2014 年第 12 期。

高培勇：《中国近期税制改革动向与趋势》，《国际税收》2015 年第 1 期。

高强：《关于深化财税体制改革的几点思考》，《上海财经大学学报》2014 年第 1 期。

高阳、李平：《部分 OECD 国家消费税的特征及借鉴》，《国际税收》2015 年第 5 期。

管卫华、林振山、顾朝林：《中国区域经济发展差异及其原因的多尺度分析》，《经济研究》2006 年第 7 期。

郭连成：《俄罗斯财税体制改革与财政政策调整及其效应分析》，《世界经济与政治》2002 年第 12 期。

郭庆旺、匡小平：《最适课税理论及对我国税制建设的启示》，《财政研究》2001 年第 5 期。

郭庆旺、吕冰洋：《地方税系建设论纲：兼论零售税的开征》，《税务研究》2013 年第 11 期。

何遐祥：《横向财政转移支付法律制度研究》，《甘肃政法学院学报》2005 年第 5 期。

胡伟：《财政民主之权利构造三题》，《现代法学》2014 年第 4 期。

胡宇：《试论我国地方税收立法权的确立与界定》，《中央财经大学学报》1999 年第 2 期。

华国庆：《全口径预算：政府财政收支行为的立法控制》，《法学论坛》2014 年第 3 期。

黄文艺：《权利本位论新解——以中西比较为视角》，《法律科学》2014 年第 5 期。

季才今：《我国“八五”财政体制改革的基本思路》，《计划经济研究》1990 年第 12 期。

季卫东：《法律程序的意义——对中国法制建设的另一种思考》，《中国社会科学》1993 年第 1 期。

贾康、程渝：《新一轮税制改革的取向、重点与实现路径》，《中国税务》2014 年第 1 期。

贾康、余小平、马晓玲：《财政平衡与财政赤字》，《财经科学》2001 年第 1 期。

贾小雷：《我国非税收入法律规制与国家财权治理的现代化》，《法学论坛》2017 年第 4 期。

蒋洪、温娇秀：《预算法修订：权力与职责的划分》，《上海财经大学学报》2010 年第 1 期。

靳东升、王则斌：《构建地方税体系的若干重要问题的思考》，《公共经济与政策研究》2013 年第 4 期。

寇铁军：《政府间事权财权划分的法律安排——英、美、日、德的经验及其对我国的启示》，《法商研究》2006 年第 5 期。

黎江虹：《预算公开的实体法进路》，《法商研究》2015 年第 1 期。

李昌麒、应飞虎：《论需要干预的分配关系 —— 基于公平最佳保障的考虑》，《法商研究》2002 年第 3 期。

李冬妍：《打造公共财政框架下全口径预算管理体系》，《财政研究》2010 年第 3 期。

李林木、李为人：《从国际比较看地方财政收入结构与主体税种选择》，《国际税收》2015 年第 6 期。

李齐云、马万里：《中国式财政分权体制下政府间财力与事权匹配研究》，《理论学刊》2012 年第 11 期。

李瑞昌：《界定"中国特点的对口支援"：一种政治性馈赠解释》，《经济社会体制比较》2015 年第 4 期。

李炜光：《财政何以为国家治理的基础和支柱》，《法学评论》2014 年第 2 期。

李炜光、任晓兰：《财政社会学源流与我国当代财政学的发展》，《财政研究》2013 年第 7 期。

李旭章：《抗震救灾需要加快服务型政府建设》，《创新》2008 年第 4 期。

林来梵：《针对国家享有的财产权 —— 从比较法角度的一个考察》，《法商研究》2003 年第 1 期。

林清：《"我国"地方自治法律本质之探讨》，《行政试讯》2003 年第 7 期。

刘和祥、诸葛续亮：《重构增值税分享比例　解决地方财政失衡问题》，《税务研究》2015 年第 6 期。

刘剑文：《论财税体制改革的正当性 —— 公共财产法语境下的治理逻辑》，《清华法学》2014 年第 5 期。

刘剑文：《论财政法定原则 —— 一种权力法治化的现代探索》，《法学家》2014 年第 4 期。

刘剑文、陈立诚：《论房产税改革路径的法治化建构》，《法学杂志》2014 年第 2 期。

刘剑文、耿颖：《新形势下人大财政监督职能之构建》，《河南财经政法大学学报》2014 年第 1 期。

刘剑文、侯卓：《现代财政制度的法学审思》，《政法论丛》2014 年第 2 期。

刘明、王友梅：《"营改增"后中央与地方增值税分享比例问题》，《税务研究》2013 年第 12 期。

刘伟：《财税体制转换中的利益冲突》，《学习与实践》1995 年第 11 期。

刘晓路：《现代财政制度的强国性与集中性 —— 基于荷兰和英国财政史的分析》，《中国人民大学学报》2014 年第 5 期。

卢洪友：《从建立现代财政制度入手推进国家治理体系和治理能力现代化》，《地方财政研究》2014 年第 1 期。

吕炜、陈海宇：《中国新一轮财税体制改革研究 —— 定位、路线、障碍与突破》，《财经问题研究》2014 年第 1 期。

马蔡琛、赵迪：《构建以环境保护税为基础的绿色税收体系》，《税务研究》2020 年第 11 期。

倪红日：《应该更新"事权与财权统一"的理念》，《涉外税务》2006 年第 5 期。

潘明星、匡萍：《创新政府非税收入管理方式的思考》，《中国行政管理》2005 年第 2 期。

佘倩影：《调节性功能视角下的消费税立法检视》，《税务研究》2021 年第 7 期。

施正文：《法治政府建设中的公共财政体制改革》，《国家行政学院学报》2008 年第 2 期。

施政文：《新预算法与建立现代预算制度》，《中国财政》2014 年第 18 期。

　　石亚军、施正文：《建立现代财政制度与推进现代政府治理》,《中国行政管理》2014 年第 4 期。

　　宋兴义：《分税制改革后我国中央和地方政府间财政分配关系走向分析》,《内蒙古社会科学》2005 年第 3 期。

　　孙伯龙：《我国财税体制改革中的税收法定主义建构 —— 基于法社会学视角的分析》,《西南石油大学学报（社会科学版）》2015 年第 5 期。

　　孙文基、魏文斌：《税权划分的国际比较与借鉴》,《国外社会科学》2011 年第 2 期。

　　唐善永、李丹：《政府间转移支付可能诱导民族扶贫县财政收入负面激励 —— 来自 241 个民族扶贫县的数据验证》,《现代财经》2014 年第 3 期。

　　童之伟：《20 世纪上半叶法本位研究之得失》,《法商研究》2000 年第 6 期。

　　万莹、徐崇波：《成品油消费税税率和税负水平的国际比较研究》,《当代财经》2016 年第 2 期。

　　汪庆红：《新中国公共财产的概念历史考察 —— 以宪法为中心》,《理论导刊》2014 年第 10 期。

　　王彩霞：《政府间转移支付的法治化路径》,《青岛农业大学学报（社会科学版）》2015 年第 4 期。

　　王国华、马衍伟：《财产税应当成为我国地方税的主体税种》,《福建论坛》（人文社会科学版）2005 年第 3 期。

　　王桦宇：《论现代财政制度的法治逻辑 —— 以面向社会公平的分配正义为中心》,《法学论坛》2014 年第 3 期。

　　王美涵：《我国财政收入体制特征和改革路径》,《财经论丛》2007 年第 5 期。

王绍光：《从税收国家到预算国家》，《读书》2007年第10期。

王秀芝：《深化分税制改革必须改进预算管理制度》，《财政监督》2014年第6期。

王雍君：《税收国家与"依法治税"》，《中国税务》2010年第2期。

王雍君：《"全口径预算"改革探讨》，《中国财政》2013年第6期。

王宇：《财税改革过程中地方主体税种的选择》，《税务研究》2015年第4期。

吴晓红：《新时代财税体制改革的法治逻辑及法律调适》，《东岳论丛》2019年第4期。

吴晓红、罗文萍：《我国地方税体系完善优化研究——以建立现代财政制度为目标》，《山东社会科学》2020年第11期。

谢鹏程：《论社会主义法治理念》，《中国社会科学》2007年第1期。

邢树东、陈丽丽：《增值税"扩围"改革后中央与地方分享比例问题研究》，《地方财政研究》2013年第5期。

熊伟：《法治财税：从理想图景到现实诉求》，《清华法学》2014年第5期。

熊伟：《税收法定原则与地方财政自主——关于地方税纵向授权立法的断想》，《中国法律评论》2016年第1期。

熊伟：《分税制模式下地方财政自主权研究》，《政法论丛》2019年第1期。

徐健：《地方财政自主权研究》，上海交通大学宪法学与行政法学系博士论文，2010年。

徐阳光：《地方财政自主的法治保障》，《法学家》2009年第2期。

徐阳光：《论财政转移支付法与地方分权自治》，《安徽大学法律评论》2007年第2期。

杨斌：《关于我国地方税体系存在依据的论辩》，《税务研究》2016年第5期。

杨楹、王富民:《对中国"官文化"的理性批判》,《科学社会主义》2004 年第 1 期。

杨志勇:《政府间财政关系的规范化应更加注意调动中央和地方两个积极性》,《中国财政》2014 年第 1 期。

姚轩鸽:《论财税体制与国民尊严的关系及其启示》,《道德与文明》2014 年第 3 期。

叶姗:《消费税法的解释与解释性规则》,《社会科学辑刊》2019年第 1 期。

尹音频、张莹:《消费税能够担当地方税主体税种吗?》,《税务研究》2014 年第 5 期。

於莉:《省会城市预算过程中党政首长的作用与影响——基于三个省会城市的研究》,《公共管理学报》2007 年第 1 期。

于淼:《税收法定视野下地方税体系之完善——一个地方税立法权的视角》,《法学杂志》2021 年第 3 期。

余鹏翼、夏振坤:《影响中国区域经济发展差异的非制度因素分析》,《江西财经大学学报》2002 年第 1 期。

张道庆:《美国与法国财政联邦主义比较》,《经济经纬》2005 年第 3 期。

张念明、庞凤喜:《稳定税负约束下我国现代税制体系的构建与完善》,《税务研究》2015 年第 1 期。

张守文:《税权的定位与分配》,《法商研究》2000 年第 1 期。

张守文:《改革开放、收入分配与个税立法的完善》,《社会科学文摘》2019 年第 4 期。

张文、张念明:《进一步优化税制结构的操作路径解析》,《公共财政研究》2015 年第 2 期。

张怡:《论非均衡经济制度下税法的公平与效率》,《现代法学》2007 年第 4 期。

张怡:《税收法定化:从税收衡平到税收实质公平的演进》,《现代法学》2015 年第 3 期。

郑成良:《权利本位说》,《中国法学》1991 年第 1 期。

郑成良:《论法治理念与法治思维》,《吉林大学社会科学学报》2000 年第 4 期。

郑毅:《浅议中央与地方纠纷之协商解决模式》,《政法学刊》2010 年第 2 期。

中国国际经济交流中心财税改革课题组:《深化财税体制改革的基本思路与政策建议》,《财贸研究》2014 年第 7 期。

周飞舟:《分税制十年:制度及其影响》,《中国社会科学》2006 年第 6 期。

周刚志:《宪法学视野中的中国财税体制改革》,《法商研究》2014 年第 3 期。

周文、刘少阳:《100 年来中国共产党对中央与地方经济关系的探索与完善》,《中国经济问题》2021 年第 3 期。

朱大旗:《新形势下中国财税体制改革与财税法制建设的应有理念》,《法学家》2004 年第 5 期。

〔加拿大〕理查德·M. 伯德、〔加拿大〕麦克尔·斯马特:《政府间财政转移支付对发展中国家的启示》,黄相怀编译,《经济社会体制比较》2005 年第 5 期。

4. 中文报纸文章

贾康:《合理界定事权是财税改革的首要环节》,《南方日报》2013 年 12 月 10 日。

江孟亚:《地方政府间税收竞争需要合作》,《学习时报》2013 年 8 月 26 日。

李岚清:《深化财税改革确保明年财税目标实现》,《人民日报》

1998 年 12 月 16 日。

李炜光：《在一个现代国家，税收是人民和政府关系最根本的体现》，《南方周末》2012 年 3 月 9 日。

刘剑文、耿颖：《应以法律形式合理确定地方的税收立法权和收益权》，《中国税务报》2013 年 11 月 20 日。

刘尚希：《地方税改革关乎国家治理》，《光明日报》2014 年 9 月 4 日。

5. 外文著作

Nedelsky, Junnifer, *Private Property and the Limits of American Constitutionalism*, Chicago: The University of Chicago Press, 1990.

6. 外文期刊论文

Bahl, R. W., J. Martinez-Vazquez, "The Determinants of Revenue Performance", in *Making the Property Tax Work: Experiences in Developing and Transitional Countries*, edited by Roy Bahl, Jorge Martinez-Vazquez and Joan Youngman, Lincoln Institute of Land Policy, 2008.

Dietsch, Peter, and Thomas Rixen, "Debate: In Defence of Fiscal Autonomy: A Reply to Risse and Meyer", *Journal of Political Philosophy* 27, 2019.

Ly, Tidiane, and Sonia Paty, "Local Taxation and Tax Base Mobility: Evidence from France", *Regional Science and Urban Economics* 82, 2020.

Pratchett, Lawrence, "Local Autonomy, Local Democracy and the 'New Localism'", *Political Studies* 52, 2004.

Samuelson, Paul A., "The Pure Theory of Public Expenditure", *Review of Economics and Statistics* 36, 1954.

Tiebout, C. M., "A Theory of Public Expenditure", *The Journal of*

Political Economy 64, 1956.

7. 其他外文文献

Buckle, R. A., and A. A. Cruickshank, "The Requirements for Long-run Fiscal Sustainability", New Zealand Treasury Working Paper, 2013.

Elmendorf, Douglas W., "The Distribution of Household Income and Federal Taxes", Congress of the United States Congressional Budget Office, 2012.

8. 立法资料、中央文件类

《中华人民共和国宪法》

《中华人民共和国税收征收管理法》

《中华人民共和国企业所得税法》

《中华人民共和国车船税法》

《中华人民共和国车船税法实施条例》

《中华人民共和国契税法》

《中华人民共和国营业税暂行条例》

《中华人民共和国资源税法》

《中华人民共和国耕地占用税法》

《中华人民共和国城镇土地使用税暂行条例》

《中华人民共和国房产税暂行条例》

《中华人民共和国增值税暂行条例实施细则》

《中华人民共和国契税暂行条例实施细则》

《中华人民共和国营业税暂行条例实施细则》

《中华人民共和国资源税暂行条例实施细则》

《中华人民共和国土地增值税暂行条例实施细则》

《国务院关于实行分税制财政管理体制的决定》（国发〔1993〕85号）

广州市人民政府《关于印发广州市全面深化财政体制改革总体方案的通知》（穗府〔2015〕5号）

广西壮族自治区人民政府《关于印发广西深化财税体制改革方案的通知》（桂政发〔2015〕20号）

《中共中央关于全面深化改革若干重大问题的决定》（2013年11月12日中国共产党第十八届中央委员会第三次全体会议通过）

《深化财税体制改革总体方案》（2014年6月30日中共中央政治局会议审议通过）

中共中央办公厅　国务院办公厅印发《深化国税、地税征管体制改革方案》（2015年10月13日）

财政部《关于全国政协十三届三次会议第1570号（财税金融类169号）提案答复的函》财预函〔2020〕155号

9. 相关网站

http://www.mof.gov.cn/mofhome/guojisi/pindaoliebiao/cjgj/201309/t20130927_994351.html.

http://www.audit.gov.cn/n6/n41/c19089/content.html.

http://www.chinataxlaw.org/tebietuijian/20131321.html.

http://www.mof.gov.cn.

http://www.gdsswxh.com/show.aspx?id=4772&cid=31.

后　记

　　《财税体制改革法治化建构研究》系张怡教授（国家二级）2017年结题的国家社会科学基金项目（项目批准号：14BFX097）的研究成果。该成果是在我国步入深化财税体制改革新时期，面对改税制、稳税负、透明预算、强化监管、事权与支出责任相适应的紧迫任务，发挥中央和地方两方面积极性，进行的财税体制改革法治化探讨。我们在三大方面进行了研究：其一，梳理我国现行财税体制相关联影响因子，为深化财税体制改革寻找落地生根的理据；其二，综合借鉴其他国家财税法理论，借力中国传统文明和体制特性，创设可供衡平纵横交错复杂利益关系且相对稳定的中央与地方财税法律制度架构，使财税体制改革成果法定化；其三，从调动中央和地方两方面积极性的角度，理顺财税分配法律关系，在增强中央财税可控力的同时，构建相对独立完整的、符合我国国情的地方税法制体系，在地方政府有效履行公共服务职能、具有稳定和可持续增长税源基础上，促进政府职能转变，实现实质意义上的依法行政。

　　该成果是高校研究院所与财税主管部门深度合作的产物。西南政法大学财税法研究中心、西南政法大学中国财税法治研究院研究团队与国家税务总局重庆市税务局政策法规研究团队通力合作，密切关注国家经济社会发展新情况、新问题，从理论上深入探讨，在实践中广泛调研、分析和总结，经过数年研究和反复修改，最终形成这一既有理论研究厚重基础，又具有实务应用操作价值的成果，其所提出的我国财税体制改革法治化和地方税体系重构建议，对国家层面财税立法和各地区财税立法具有极大参考价值，我们相信其社会影响和效益将逐步呈现。

由于该项研究时间跨度比较长，参加研究的人员人事组织关系有所调整，故以现职注明参与研究并撰稿人员：

黄玉林：重庆市人大财经委员会主任

邓尧：博士，中国四川国际投资有限公司董事、香港中国企业协会四川企业分会秘书长

廖明月：博士，西南政法大学商学院讲师

王彩霞：博士，山东科技大学经济管理学院讲师

王小渝：重庆市渝北区区委副书记

田野：国家税务总局重庆市税务局二级巡视员

安然：国家税务总局重庆市税务局第六稽查局局长

国家税务总局重庆市税务局以研究团队形式参与研究，其成员有：吴梅、乔伟、胡果林、陈孜佳、曾也芳、葛静、欧涉远、刘昌贤、王婷婷、侯渝乐、彭丹、覃力。

《财税体制改革法治化建构研究》的出版得到国家社会科学基金、西南政法大学教授文库资助和商务印书馆的大力支持，廖明月博士和王彩霞博士在后期校改过程中做了大量繁琐细致的工作，西南政法大学税务专硕研究生赵磊磊也参与了部分校改工作，在此一并致谢！

张　怡

2022 年 2 月 28 日于山城重庆